W0196412

Kindler
Taschenbücher

Geist und Psyche

# Karen Horney
# Selbstanalyse

Kindler
Taschenbücher

Aus dem Amerikanischen übertragen von Liselotte Julius.
Die Originalausgabe ist im Verlag W. W. Norton & Company, Inc., New York, unter dem Titel *Self-Analysis* erschienen.


Redaktion: M. Waeber
Korrekturen: Kurt Werner
Gesamtherstellung: Friedrich Pustet, Regensburg
Printed in Germany 1974
ISBN 3 463 18119 3

# Einleitung

Die Psychoanalyse entwickelte sich zuerst als eine Therapiemethode im strikt medizinischen Sinn. Freud hatte entdeckt, daß bestimmte begrenzte Störungen, die keine erkennbare organische Basis haben – wie hysterische Krämpfe, Phobien, Depressionen, Drogensucht, funktionelle Magenbeschwerden – dadurch geheilt werden können, daß die unbewußten Faktoren, die ihnen zugrunde liegen, aufgedeckt werden. Im Lauf der Zeit wurden Störungen dieser Art summarisch als neurotisch bezeichnet.

Nach einer Weile – innerhalb der letzten dreißig Jahre – erkannten die Psychiater, daß Neurotiker nicht nur an diesen manifesten Symptomen leiden, sondern auch in all ihren Beziehungen zum Leben beträchtlich gestört sind. Und sie erkannten ferner die Tatsache, daß viele Menschen Persönlichkeitsstörungen haben, ohne eines der bestimmten Symptome zu zeigen, die zuvor als charakteristisch für Neurosen angesehen wurden. Mit anderen Worten – es wurde allmählich klarer, daß bei Neurosen Symptome vorhanden sein können oder nicht, Persönlichkeitsschwierigkeiten aber nie fehlen. Daraus ergab sich somit unvermeidlich der Schluß, daß diese weniger spezifischen Schwierigkeiten den wesentlichen Kern von Neurosen ausmachen.

Diese Erkenntnis spielte bei der Entwicklung der psychoanalytischen Wissenschaft eine überaus konstruktive Rolle, da sie nicht nur deren Wirksamkeit erhöhte, sondern auch ihren Bereich erweiterte. Manifeste Charakterstörungen wie zwanghafte Unentschlossenheit, wiederholte falsche Freundes- oder Partnerwahl, schwere Arbeitshemmungen wurden ebenso zum Gegenstand der Analyse wie die gesamten klinischen Symptome. Trotzdem standen die Persönlichkeit und ihre bestmögliche Entfaltung nicht im Mittelpunkt des Interesses; das Endziel war vielmehr, die offensichtlichen Störungen zu verstehen und schließlich zu beseitigen, und die Charakteranalyse war nur ein Weg zu diesem Ziel. Wenn die gesamte Entwicklung eines Menschen als Folge einer solchen Arbeit einen besseren Verlauf nahm, so war das beinahe eine zufällige Begleiterscheinung.

Die Psychoanalyse ist immer noch eine Therapiemethode für spezifische neurotische Störungen und wird es auch bleiben. Aber die Tatsache, daß sie eine Hilfe für die allgemeine Charakterentwicklung sein kann, hat mittlerweile ein Eigengewicht gewonnen. In zunehmendem Maße wenden sich Menschen der Analyse zu, nicht weil sie an Depressionen, Phobien oder vergleichbaren Störungen leiden, sondern weil sie spüren, daß sie nicht mit dem Leben fertig werden können, oder meinen, daß innere Faktoren sie hemmen oder ihre Beziehungen zu anderen beeinträchtigen.

Wie immer, wenn sich eine neue Perspektive eröffnet, wurde die Bedeutung dieser Neuorientierung zunächst überschätzt. Es wurde häufig erklärt, und diese Ansicht ist nach wie vor weitverbreitet, daß die Analyse das einzige Mittel sei, die Entwicklung der Persönlichkeit zu fördern. Unnötig zu sagen, daß das nicht stimmt. Das Leben selber ist die wirksamste Hilfe für unsere Entwicklung. Die Härten, die uns das Leben auferlegt – der Zwang, die Heimat zu verlassen, organische Krankheit, Zeiten der Einsamkeit –, und ebenso seine Gaben – eine gute Freundschaft, sogar nur der Kontakt mit einem wirklich guten und wertvollen Menschen, kooperative Arbeit in Gruppen –, alle solchen Faktoren können uns helfen, unser volles Potential zu erreichen. Leider hat die so gebotene Unterstützung gewisse Nachteile: die hilfreichen Faktoren sind nicht immer zu der Zeit da, in der wir sie brauchen; die Härten können nicht nur unsere Aktivität und unseren Mut herausfordern, sondern auch unsere verfügbare Kraft übersteigen und uns nur niederdrücken; schließlich können wir zu sehr in psychische Schwierigkeiten verstrickt sein, um die vom Leben gebotene Hilfe nützen zu können. Da die Psychoanalyse zwar andere, aber nicht diese Nachteile hat, kann sie zu Recht ihren Platz als ein spezifisches Mittel im Dienst der Persönlichkeitsentwicklung einnehmen.

Jede Hilfe dieser Art wird doppelt notwendig durch die verwickelten, schwierigen Bedingungen, unter denen wir alle in unserer Zivilisation leben. Aber fachliche analytische Hilfe kann, selbst wenn sie mehr Menschen zugänglich gemacht werden könnte, kaum jeden erreichen, dem sie zu nützen vermag. Aus diesem Grund gewinnt die Frage der Selbstanalyse Bedeutung.

Es wurde immer nicht nur als nützlich, sondern auch als praktikabel angesehen, »sich selbst zu kennen«, aber es ist möglich, daß dieses Bestreben wesentlich durch die Entdeckungen der Psychoanalyse unterstützt werden kann. Andererseits haben gerade diese Entdeckungen mehr über die eigentlichen Schwierigkeiten, die in einem solchen Unternehmen enthalten sind, offenbart, als man je zuvor wußte. Deshalb erfordert jede Diskussion über die Möglichkeit der psychoanalytischen Selbsterforschung sowohl Bescheidenheit als auch Hoffnung.

Es ist das Ziel dieses Buches, diese Frage ernsthaft aufzuwerfen, mit aller gebotenen Berücksichtigung der darin enthaltenen Schwierigkeiten. Ich habe auch versucht, gewisse grundlegende Überlegungen, das Vorgehen betreffend, zu unterbreiten, aber da es auf diesem Gebiet wenig tatsächliche Erfahrung gibt, die als Richtschnur dienen könnte, war es eher meine Absicht, das Thema aufzugreifen und Bestrebungen im Hinblick auf eine konstruktive Selbsterforschung zu fördern, als irgendwelche klar umrissenen Antworten anzubieten.

Versuche konstruktiver Selbstanalyse können wichtig sein, an erster Stelle für das Individuum selbst. Ein solches Bestreben gibt ihm Gelegenheit zur Selbstverwirklichung, und damit meine ich nicht nur die Entwicklung besonderer Gaben, die zu nutzen es gehindert gewesen sein mag, sondern auch, was sogar noch wichtiger ist, die Entfaltung seiner inneren Kräfte als starker, integrierter Mensch, frei von lähmenden Zwängen. Aber das schließt auch ein weiterreichendes Problem ein. Ein wesentlicher Bestandteil der demokratischen Ideale, für die wir heute kämpfen, ist die Überzeugung, daß sich der einzelne – und zwar so viele einzelne wie möglich – im vollen Umfang seiner Möglichkeiten entwickeln sollte. Indem sie ihm dazu verhilft, kann die Psychoanalyse zwar nicht die Leiden der Menschheit beheben, aber sie kann zumindest einige der Schwierigkeiten und Mißverständnisse klären, die Haßgefühle, Ängste, Kränkungen und Verwundbarkeiten, von denen diese Leiden Ursache und Wirkung zugleich sind.

In zwei früheren Büchern habe ich eine Theorie der Neurosen umrissen, die im vorliegenden Band ausgearbeitet wurde. Ich hätte es gern vermieden, diese neuen Gesichtspunkte und Formulierungen hier einzuführen, aber es erschien nicht angezeigt, irgend etwas vorzuenthalten, das für die Selbsterforschung nützlich sein könnte. Ich habe mich jedoch bemüht, die Dinge so einfach wie möglich darzulegen, ohne den Inhalt zu entstellen. Die höchst komplizierte Natur psychologischer Probleme ist eine Tatsache, die nicht verschleiert werden kann und darf, aber, dieser Kompliziertheit voll eingedenk, war ich bestrebt, sie nicht noch durch schwerfällige Terminologie zu steigern.

Ich benutze die Gelegenheit, Miss Elizabeth Todd Dank zu sagen für das kluge Verständnis, mit dem sie geholfen hat, das Material zu ordnen. Und ich möchte meiner Sekretärin Mrs. Marie Levy für ihre unermüdlichen Bemühungen danken. Ich möchte auch den Patienten meinen Dank aussprechen, die es mir gestattet haben, ihre Erfahrungen mit der Selbstanalyse zu veröffentlichen.

1. Kapitel

# Ist eine Selbstanalyse durchführbar und erstrebenswert?

Jeder Analytiker weiß, daß eine Analyse um so schneller und wirkungsvoller vorangeht, je mehr der Patient »kooperiert«. Wenn ich von Kooperation spreche, meine ich nicht die höfliche, zuvorkommende Hinnahme von allem, was der Analytiker vorbringt, durch den Patienten. Ebensowenig beziehe ich mich auf die bewußte Bereitschaft des Patienten, Auskunft über sich zu geben; die meisten Patienten, die aus eigenem Antrieb zur Analyse kommen, erkennen und akzeptieren früher oder später die Notwendigkeit, sich mit größter Aufrichtigkeit zu äußern. Ich beziehe mich vielmehr auf eine Art der Selbstäußerung, über die der Patient so wenig bewußt verfügt, wie es in der Macht des Komponisten liegt, seine Gefühle in Musik auszudrücken. Wenn bestimmte Faktoren in seinem Innern ihn an der Äußerung hindern, ist der Komponist absolut außerstande zu arbeiten; er ist unproduktiv. Ähnlich wird ein Patient trotz seiner besten Absichten, kooperativ zu sein, unproduktiv, sobald seine Bemühungen einem »Widerstand« begegnen. Aber je häufiger die Perioden sind, in denen er imstande ist, sich frei zu äußern, desto eher kann er seine eigenen Probleme lösen und desto wichtiger ist die gemeinsame Arbeit von Patient und Analytiker.

Ich habe meinen Patienten oft erklärt, daß es ideal wäre, wenn der Analytiker nur die Rolle eines Führers auf einer schwierigen Bergtour spielen würde, der darauf hinweist, welcher Weg eingeschlagen oder vermieden werden sollte. Um genau zu sein, sollte man hinzufügen, daß der Analytiker ein Führer ist, der sich über den Weg selber nicht allzu sicher ist, weil er zwar Erfahrung im Bergsteigen besitzt, aber diesen speziellen Berg noch nicht erklommen hat. Und diese Tatsache macht die geistige Aktivität und Produktivität des Patienten um so wünschenswerter. Es ist kaum eine Übertreibung, daß es – abgesehen von der Befähigung des Analytikers – die konstruktive Aktivität des Patienten ist, die Dauer und Ergebnis einer Analyse bestimmt.

Die Bedeutung der geistigen Aktivität des Patienten bei der

analytischen Therapie tritt oft zutage, wenn eine Analyse aus irgendeinem Grund unterbrochen oder beendet werden muß, während sich der Patient noch in einer schlechten Verfassung befindet. Patient wie Analytiker sind unzufrieden mit dem erzielten Fortschritt, aber nachdem einige Zeit ohne weitere Analyse verstrichen ist, kann es geschehen, daß beide von der beträchtlichen und andauernden Besserung des Patienten angenehm überrascht sind. Wenn sich nach eingehender Prüfung keine Veränderung in seinen Lebensumständen zeigt, die für die Besserung verantwortlich sein könnte, kann man diese zu Recht als Spätfolge der Analyse betrachten. Eine solche Nachwirkung ist jedoch nicht leicht zu erklären. Verschiedene Faktoren können dazu beitragen. Die vorangegangene Arbeit kann den Patienten befähigt haben, so genaue Selbstbeobachtungen anzustellen, daß er fester als zuvor von der Existenz gewisser störender Tendenzen überzeugt oder sogar imstande ist, neue Faktoren in sich selbst zu entdekken. Oder es kann sein, daß er jede vom Analytiker gegebene Anregung als Fremdeinmischung betrachtet hatte und sich Einsichten leichter zu eigen machen kann, wenn sie als seine eigenen Entdeckungen wieder auftauchen. Oder wenn seine Schwierigkeit in einem starren Bedürfnis bestand, anderen überlegen zu sein und sie zu besiegen, kann er außerstande gewesen sein, dem Analytiker die Befriedigung zu geben, erfolgreiche Arbeit zu leisten, und vermochte daher nur zu gesunden, nachdem der Analytiker von der Bildfläche verschwunden war. Schließlich muß daran erinnert werden, daß verspätete Reaktionen auch in vielen anderen Situationen eintreten: so kann es geschehen, daß wir den eigentlichen Sinn eines Witzes oder einer Bemerkung, die im Gespräch gefallen ist, erst viel später erfassen.

So verschieden diese Erklärungen sind, deuten sie alle in eine Richtung: sie weisen darauf hin, daß irgendeine geistige Aktivität in dem Patienten vor sich gegangen sein muß, ohne daß er das gemerkt oder sich zumindest bewußt darum bemüht hat. Daß solche geistigen Aktivitäten und sogar bedeutungsvolle gelenkte Aktivitäten ohne Bewußtsein stattfinden, wissen wir durch die Existenz bedeutungsvoller Träume und durch Erlebnisse, daß man etwa abends vor einer Aufgabe zurückscheute und nach dem Erwachen die Lösung kannte. Da gibt es nicht nur das berühmte mathematische Problem, dessen Lösung sich am Morgen präsentiert, auch eine abends in Dunkel gehüllte Entscheidung kann geklärt werden, nachdem man »darüber geschlafen« hat. Ein bei Tage nicht einmal wahrgenommener Groll kann so scharf ins Bewußtsein durchgedrungen sein, daß wir plötzlich um fünf Uhr früh erwachen und Provokation und Reaktion deutlich erkennen.

Tatsächlich vertraut jeder Analytiker auf das Wirken dieser unterschwelligen geistigen Aktivitäten. Ein solches Vertrauen ist in der Doktrin inbegriffen, daß eine Analyse zufriedenstellend vorangeht, wenn die »Widerstände« beseitigt werden. Ich möchte auch den positiven Aspekt hervorheben: je stärker und je weniger gehemmt der Antrieb eines Patienten zur Befreiung ist, desto mehr produktive Aktivität wird er entfalten. Aber ob man den negativen Aspekt (Widerstand) oder den positiven (Antrieb) unterstreicht, das zugrundeliegende Prinzip ist das gleiche: indem die Hindernisse beseitigt werden oder genügend Antrieb ausgelöst wird, wird die geistige Energie des Patienten in Gang gesetzt, und er liefert Material, das schließlich zu weiterer Einsicht führt.

Die Frage, die in diesem Buch aufgeworfen wird, lautet, ob man einen Schritt weiter gehen könnte. Wenn der Analytiker auf die unbewußte geistige Aktivität des Patienten vertraut, wenn der Patient die Fähigkeit hat, allein auf die Lösung eines Problems hinzuarbeiten, könnte diese Fähigkeit auf bewußtere Weise genutzt werden? Könnte der Patient seine Selbstbeobachtungen oder seine Assoziationen mit seinem eigenen kritischen Verstand untersuchen? Gewöhnlich findet eine Arbeitsteilung zwischen Patient und Analytiker statt. Im großen und ganzen fördert der Patient seine Gedanken, Gefühle und Impulse zutage, und der Analytiker benutzt seinen kritischen Verstand, um zu erkennen, worauf der Patient hinauswill. Er stellt die Gültigkeit der Äußerungen in Frage, er fügt anscheinend unzusammenhängendes Material zusammen, er macht Vorschläge über mögliche Bedeutungen. Ich sagte »im großen und ganzen«, weil der Analytiker auch seine Intuition benutzt und der Patient ebenfalls Dinge zusammenfügen kann. Aber insgesamt ist eine solche Arbeitsteilung vorhanden, und sie hat eindeutige Vorteile für die analytische Sitzung. Sie ermöglicht es dem Patienten, sich zu entspannen und lediglich das auszudrücken oder zu registrieren, was jeweils auftaucht.

Aber wie steht es mit dem Tag oder den Tagen zwischen den

analytischen Sitzungen? Wie steht es mit längeren Unterbrechungen, die aus verschiedenen Gründen eintreten? Warum es dem Zufall überlassen, daß ein Problem sich unwillkürlich von selbst klärt? Wäre es nicht möglich, den Patienten zu ermutigen, daß er nicht nur bewußte und genaue Selbstbeobachtungen anstellt, sondern auch zu einer Einsicht gelangt, indem er seine Urteilskraft einsetzt? Zugegeben, es wäre eine schwere Aufgabe, voll von Risiken und Einschränkungen – die später erörtert werden –, diese Schwierigkeiten sollten uns jedoch nicht abhalten, die Frage zu stellen: Ist es unmöglich, sich selbst zu analysieren?

Am breiteren Rahmen ist diese Frage uralt: Kann man sich selbst erkennen? Es ist ermutigend festzustellen, daß Menschen diese Aufgabe zwar stets als schwierig, jedoch als durchführbar betrachtet haben. Die Ermutigung führt uns aber nicht weit, denn es besteht ein großer Abstand zwischen der Art, wie die Alten diese Aufgabe ansahen, und der unseren. Wir wissen, vor allem seit Freuds grundlegenden Entdeckungen, daß die Aufgabe unendlich viel komplizierter und verwickelter ist, als es sich die Alten je vorgestellt haben – so schwierig in der Tat, daß es wie eine Abenteuerfahrt ins Unbekannte ist, diese Frage nur ernsthaft zu stellen.

Letzthin sind zahlreiche Bücher erschienen, die den Menschen helfen wollen, besser mit sich und anderen fertig zu werden. Einige von ihnen, wie Dale Carnegies *How to Win Friends and Influence People,* haben, wenn überhaupt, wenig mit Selbsterkenntnis zu tun, sondern bieten mehr oder weniger guten, praktischen Rat, wie man persönliche und soziale Probleme bewältigt. Einige aber, wie David Seaburys *Adventures in Self-Discovery,* zielen eindeutig auf Selbstanalyse hin. Wenn ich das Bedürfnis habe, ein weiteres Buch über das Thema zu schreiben, so deshalb, weil ich glaube, daß selbst die besten dieser Autoren wie Seabury nicht genügend Gebrauch von der psychoanalytischen Methode machen, die von Freud ins Leben gerufen wurde, und daher unzureichende Anweisungen geben*. Weiter

* Marold D. Laswell weist im Kapitel »Know Thyself« in seinem *Democracy Through Public Opinion* auf den Wert der freien Assoziation für die Selbsterkenntnis hin. Aber da sich das Buch mit einem anderen Thema befaßt, erörtert er die spezifischen Probleme nicht, die in der Frage der Selbstanalyse enthalten sind.

erkennen sie die darin enthaltenen Schwierigkeiten nicht, was deutlich aus Titeln wie *Self-Analysis Made Easy* (Selbstanalyse leicht gemacht) hervorgeht. Die in Büchern dieser Art geäußerte Tendenz ist auch in gewissen psychiatrischen Versuchen mit Persönlichkeitsforschung impliziert.

Alle diese Versuche erwecken die Vorstellung, daß es eine leichte Sache sei, sich selbst zu erkennen. Das ist eine Illusion, ein Glaube, der auf Wunschdenken gegründet ist, und im übrigen eine zweifellos schädliche Illusion. Menschen, die sich auf diesen verheißenen mühelosen Weg begeben, gelangen entweder zu einer falschen Überheblichkeit und glauben, sie wüßten alles über sich, oder sie werden entmutigt, wenn das erste ernstliche Hindernis sie aufhält, und dazu neigen, die Suche nach der Wahrheit als lästige Beschäftigung aufzugeben. Keine dieser Folgen wird so leicht eintreten, wenn man weiß, daß Selbstanalyse ein mühsamer, langwieriger Prozeß ist, der zuweilen schmerzhaft und verwirrend sein muß und alle verfügbaren konstruktiven Energien erfordert.

Ein erfahrener Analytiker würde niemals einem solchen Optimismus erliegen, weil er zu vertraut mit dem harten und manchmal verzweifelten Kampf ist, den ein Patient liefern kann, bevor er einem Problem offen gegenüberzutreten vermag. Ein Analytiker würde vielmehr zum entgegengesetzten Extrem tendieren und die Möglichkeit der Selbstanalyse gänzlich ablehnen, und er wäre dazu nicht nur wegen seiner Erfahrung, sondern auch aus theoretischen Gründen geneigt. Er würde zum Beispiel das Argument vorbringen, daß ein Patient sich nur von seinen Schwierigkeiten befreien kann, wenn er eine Wiederholung seiner kindlichen Wünsche, Ängste und Bindungen in bezug auf den Analytiker erlebt; sich selbst überlassen, könnte der Patient bestenfalls zu untauglichen »nur verstandesmäßigen« Einsichten gelangen. Wenn solche Argumente im einzelnen untersucht würden – was hier nicht geschehen wird –, würden sie auf einen Zweifel daran hinauslaufen, daß der Antrieb des Patienten stark genug ist, um ihn zu befähigen, allein die Hindernisse zu überwinden, die den Weg zur Selbsterkenntnis bedecken.

Ich unterstreiche diesen Punkt aus guten Gründen. Der Antrieb des Patienten, zu einem Ziel zu gelangen, ist ein wichtiger Faktor in jeder Analyse. Man kann getrost sagen, daß ein Analytiker den Patienten nicht weiter bringen kann, als der Patient selber gehen will. In einer Analyse hat der Patient jedoch den Vorteil der Hilfe des Analytikers, seine Ermutigung, seine Leistung, deren Wert wir in einem anderen Kapitel erörtern werden. Wenn der Patient seinen eigenen Hilfsmitteln überlassen wird, wird die Frage des Antriebs entscheidend – faktisch so entscheidend, daß die Durchführbarkeit der Selbstanalyse von dessen Stärke abhängt.

Freud erkannte natürlich, daß manifestes, schweres Leiden unter neurotischen Problemen einen solchen Antrieb liefern kann. Aber offenbar fühlte er sich nicht in der Lage, einen Antrieb zu begründen, wenn schweres Leiden nie existiert hat oder während der Behandlung verschwunden ist. Er äußerte die Ansicht, daß die »Liebe« des Patienten zu dem Analytiker einen zusätzlichen Antrieb liefern könne, vorausgesetzt, diese »Liebe« ziele nicht auf eine konkrete sexuelle Befriedigung ab, sondern begnüge sich damit, die Hilfe des Analytikers zu empfangen und zu nutzen. Das klingt einleuchtend. Wir dürfen jedoch nicht vergessen, daß die Liebesfähigkeit bei jeder Neurose stark beeinträchtigt ist und daß das, was als solche erscheint, meist das Ergebnis eines gesteigerten Verlangens des Patienten nach Zuneigung und Anerkennung ist. Es stimmt, daß es Patienten gibt – und ich vermute, daß Freud sie im Auge hatte –, die sehr weit gehen, um dem Analytiker zu gefallen; dazu gehört die Bereitschaft, Interpretationen mehr oder weniger unkritisch hinzunehmen, und der Versuch, Besserung zu beweisen. Bemühungen dieser Art werden jedoch nicht durch »Liebe« zum Analytiker ausgelöst; sie stellen vielmehr die Mittel des Patienten dar, mit denen er seine latente Menschenangst beschwichtigt, und in weiterem Sinne seine Art, mit dem Leben fertig zu werden, denn er fühlt sich außerstande, das auf selbständigere Weise zu tun. Daher hängt diese Motivation, gute Arbeit zu leisten, völlig von der Beziehung zum Analytiker ab. Sobald sich der Patient zurückgewiesen oder kritisiert fühlt – wie es dieser Typ leicht tut –, wird er sein eigenes Interesse aus den Augen verlieren, und die psychoanalytische Arbeit wird dann zum Austragungsort für sein Ressentiment und seine Rache. Was beinahe noch wichtiger als die Unzuverlässigkeit dieses Antriebs ist: der Analytiker muß ihn verhindern. Die Tendenz, Dinge nur zu tun, weil jemand anders das erwartet, ohne Rücksicht auf die eigenen Wünsche, ist eine beträchtliche Quelle von Schwierigkeiten für den Patienten; deshalb muß sie analysiert, nicht benutzt werden. So bleibt der einzige wirksame Antrieb, den Freud erkannte, der Wunsch des Patienten, manifestes schweres Leiden loszuwerden; und diese Motivation führt – wie Freud richtig feststellte – nicht weit, weil sie genau proportional zur Abnahme der Symptome geringer werden muß.

Dennoch könnte dieser Antrieb genügen, wenn eine Beseitigung der Symptome das einzige Ziel der Analyse wäre. Aber ist es das? Freud hat seine Ansicht über diese Ziele niemals eindeutig formuliert. Zu sagen, ein Patient sollte fähig werden zur Arbeit und zum Genuß, bedeutet nichts, wenn man nicht auch beide Fähigkeiten charakterisiert. Fähig zur Routinearbeit oder zu schöpferischer Arbeit? Fähig, Sexualität oder das Leben allgemein zu genießen? Zu sagen, die Analyse sollte eine Umerziehung darstellen, ist ebenso vage und gibt keine Antwort auf die Frage, Erziehung wozu? Wahrscheinlich hat Freud über diese Frage nicht viel nachgedacht, denn von seinen frühesten bis zu seinen spätesten Werken war er primär an der Beseitigung neurotischer Symptome interessiert; eine Veränderung der Persönlichkeit kümmerte ihn nur insoweit, als sie eine dauerhafte Heilung der Symptome gewährleisten würde.

Freuds Ziel ist also im wesentlichen auf negative Weise zu definieren: »Freiheit von« zu erlangen. Andere Autoren jedoch, darunter ich, würden das Ziel der Analyse auf positive Weise formulieren: einen Menschen dadurch, daß man ihn von inneren Zwängen befreit, frei zu machen für die Entfaltung seiner besten Kräfte. Das mag sich wie ein bloßer Akzentunterschied anhören, aber selbst wenn es nichts als das wäre, genügt der unterschiedliche Nachdruck, um die Frage des Antriebes völlig zu verändern.

Das Ziel auf positive Weise zu setzen hat nur einen realistischen Wert, wenn in dem Patienten ein Antrieb existiert, der stark genug ist, daß man mit ihm rechnen kann, um die jeweils vorhandenen Fähigkeiten zu entwickeln, um gegebene Möglichkeiten zu realisieren, um sich mit sich selbst auseinanderzusetzen trotz aller Qualen, die er vielleicht zuweilen durchmachen muß; um es auf die denkbar einfachste Art zu sagen: wenn es einen Antrieb zur Selbstentwicklung gibt.

Wenn das Problem so unmißverständlich dargelegt wird, ist es klar, daß hierin mehr enthalten ist als ein Akzentunterschied, weil Freud nachdrücklich bestritt, daß ein solcher Wunsch existiert. Er spottete sogar darüber, als sei das Postulat eines solchen Wunsches eine Art hohler Idealismus. Er erklärte, das Verlangen nach Selbstentwicklung entstamme »narzißtischen« Trieben, das heißt, es stelle eine Tendenz zur Selbstüberhebung und zum Übertreffen anderer dar. Freud postulierte selten etwas nur aus Liebe zu theoretischen Erwägungen. Zugrunde lag dabei fast immer eine scharfsinnige Beobachtung. In diesem Fall ist es die Beobachtung, daß Tendenzen zur Selbstverherrlichung manchmal ein starkes Element in dem Wunsch nach Selbstentwicklung sind. Was Freud zu erkennen ablehnte, ist die Tatsache, daß dieses »narzißtische« Element nur ein mitwirkender Faktor ist. Wenn das Bedürfnis nach Selbstverherrlichung analysiert und aufgegeben worden ist, bleibt der Wunsch nach Entwicklung trotzdem bestehen, ja, er tritt klarer und mächtiger als zuvor zutage. Die »narzißtischen« Elemente haben zwar den Wunsch zu wachsen entfacht, aber gleichzeitig seine Verwirklichung behindert. Um es mit den Worten eines Patienten zu sagen: »Der ›narzißtische‹ Impuls ist auf die Entwicklung eines falschen Ich gerichtet.« Die Förderung dieses falschen Ich geht immer auf Kosten des wahren Ich, das mit Verachtung behandelt wird, bestenfalls wie eine arme Verwandte. Je mehr das falsche Ich reduziert wird, desto mehr Interesse wendet sich nach meiner Erfahrung dem wahren Ich zu und desto ungezügelter tritt ein Antrieb zutage, sich dadurch zu entfalten, daß man frei von inneren Bindungen wird, und ein so erfülltes Leben zu leben, wie es die gegebenen Umstände zulassen. Es scheint mir, daß der Wunsch, die eigenen Kräfte zu entwickeln, zu den Strebungen gehört, die einer weiteren Analyse Widerstand entgegensetzen.

Theoretisch ist Freuds Zweifel an einem Wunsch nach Selbstentwicklung verknüpft mit seinem Postulat, das »Ich« sei eine schwache Instanz, die zwischen den Forderungen instinktiver Triebe, der Außenwelt und eines Gewissens, das Verbotscharakter hat, hin und her gerissen wird. Letztlich glaube ich jedoch, daß die zwei Formulierungen analytischer Ziele Ausdruck verschiedener philosophischer Auffassungen über die Natur des Menschen sind. Mit den Worten von Max Otto: »Der tiefste Ursprung für die Philosophie eines Menschen, der sie formt und speist, ist der Glaube oder der fehlende Glaube an die Menschheit. Wenn er Vertrauen zu Menschen hat und glaubt, daß etwas Schönes durch sie erreicht werden kann, wird er zu Gedanken über das Leben und über die Welt gelangen, die sich in Harmonie mit seinem Vertrauen befinden. Mangelndes Vertrauen wird entsprechende Gedanken erzeugen.« Es sei erwähnt, daß Freud in seinem Buch über die Traumdeutung zumindest implizite zugab, daß ein gewisses Maß an Selbstanalyse möglich ist, denn hier analysierte er seine eigenen Träume. Das ist besonders interessant angesichts der Tatsache, daß seine gesamte Philosophie die Möglichkeit der Selbstanalyse verneinte.

Doch selbst wenn wir zugestehen, daß genügend Antrieb zur Selbstanalyse gegeben ist, bleibt trotzdem die Frage, ob sie von einem »Laien«, der nicht das erforderliche Maß an Wissen, Ausbildung und Erfahrung besitzt, gewagt werden kann. Man kann nun durchaus fragen, und dies mit einiger Schärfe, ob ich behaupte, daß drei oder vier Kapitel dieses Buches einen angemessenen Ersatz für die spezifischen Fähigkeiten eines Fachmannes darstellen können. Natürlich halte ich keinen Ersatz für möglich. Ich bin nicht bestrebt, auch nur einen annähernden Ersatz zu bieten. So scheint es, daß wir hier in einer Sackgasse sind. Aber sind wir das wirklich? Gewöhnlich impliziert die Anwendung eines Ausschließlichkeitsprinzips, trotz anscheinender Glaubwürdigkeit, manchen Trugschluß. Im Hinblick auf dieses Problem ist es wünschenswert, sich bei allem gebotenen Respekt für die Rolle der Spezialisierung in der kulturellen Entwicklung daran zu erinnern, daß zuviel Ehrfurcht vor Spezialisierung die Initiative lähmen kann. Wir alle glauben nur zu bereitwillig, nur ein Politiker könne Politik verstehen, nur ein Mechaniker unser Auto reparieren, nur ein geschulter Gärtner unsere Bäume beschneiden. Natürlich kann der Ausgebildete seine Aufgabe rascher und wirksamer erfüllen als der Ungeschulte, der in vielen Fällen völlig versagen wird. Aber der Abstand zwischen einem Ausgebildeten und einem Nichtausgebildeten wird häufig größer bewertet, als er es ist. Vertrauen auf Spezialisierung kann leicht in blinde Ehrfurcht umschlagen und jeden Versuch einer neuen Tätigkeit ersticken.

Allgemeine Überlegungen dieser Art sind ermutigend. Doch um zu einer richtigen Einschätzung der technischen Möglichkeit der Selbstanalyse zu gelangen, müssen wir uns in konkreten Einzelheiten vergegenwärtigen, was das Rüstzeug eines berufsmäßigen Analytikers ausmacht. An erster Stelle erfordert die Analyse anderer ein umfassendes psychologisches Wissen über das Wesen unbewußter Kräfte, die Formen ihrer Äußerung, die für ihre Stärke verantwortlichen Ursachen, den von ihnen ausgeübten Einfluß, die Wege, sie aufzudecken. An zweiter Stelle setzt sie bestimmte Fähigkeiten voraus, die durch Schulung und Erfahrung entwickelt werden müssen: der Analytiker muß mit dem Patienten umzugehen verstehen; er muß sich in einem vernünftigen Maß darüber sicher sein, mit welchen Faktoren in dem dargebotenen Labyrinth von Material er sich befassen und welche er vorläufig weglassen soll; er muß eine hochentwickelte Fähigkeit erworben haben, sich in den Patienten »einzufühlen«, eine Sensibilität für psychische Unterströmungen, die fast ein sechster Sinn ist. Schließlich erfordert die Analyse anderer eine gründliche Selbsterkenntnis. Bei der Arbeit mit einem Patienten muß sich der Analytiker in eine fremde Welt versetzen, mit ihren eigenen Besonderheiten und ihren eigenen Gesetzen. Und da besteht eine erhebliche Gefahr, daß er mißversteht, irreführt, vielleicht sogar wirklichen Schaden zufügt – nicht aus bösem Willen, sondern aus Fahrlässigkeit, Unwissenheit oder Selbstüberschätzung. Deshalb muß er nicht nur mit seinem Rüstzeug gründlich vertraut sein und es geschickt verwenden können, sondern, ebenso wichtig, er muß mit seinen Beziehungen zu sich und anderen im reinen sein. Da alle drei Forderungen unerläßlich sind, sollte niemand, der sie nicht erfüllt, die Verantwortung, die das Analysieren anderer beinhaltet, übernehmen.

Diese Bedingungen sind nicht automatisch auf die Selbstanalyse übertragbar, denn uns selbst zu analysieren unterscheidet sich in bestimmten wesentlichen Punkten von dem Analysieren anderer. Der einschlägigste Unterschied besteht hier in der Tatsache, daß die Welt, die jeder von uns repräsentiert, uns nicht fremd ist; sie ist faktisch die einzige, die wir wirklich kennen. Zugegeben, daß ein neurotischer Mensch großen Teilen dieser Welt entfremdet worden ist und ein zwingendes Interesse hat, Teile von ihr nicht zu sehen. Auch besteht immer die Gefahr, daß er in seiner Vertrautheit mit sich gewisse bedeutsame Faktoren zu sehr als selbstverständlich betrachten wird. Aber die Tatsache bleibt, daß es seine Welt ist, daß alles Wissen darüber irgendwo vorhanden ist, daß er nur zu beobachten und seine Beobachtungen zu nutzen braucht, um Zugang zu ihr zu bekommen. Wenn er daran interessiert ist, die Ursprünge seiner Schwierigkeiten zu erkennen, wenn er seine Widerstände, sie zu erkennen, zu überwinden vermag, kann er sich selbst in mancher Beziehung besser beobachten, als es ein Außenstehender kann. Schließlich lebt er Tag und Nacht mit sich. Man könnte seine Aussichten, Selbstbeobachtungen zu betreiben, mit denen einer intelligenten Krankenschwester vergleichen, die ständig bei einem Patienten ist; ein Analytiker jedoch sieht den Patienten bestenfalls täglich eine Stunde. Der Analytiker hat bessere Beobachtungsmethoden und klarere Gesichtspunkte, unter denen er beobachtet und Schlüsse zieht, aber der Krankenschwester steht ein breiterer Spielraum für ihre Beobachtungen zur Verfügung.

Diese Tatsache stellt einen wichtigen Faktor bei der Selbstanalyse dar. In der Tat reduziert sie die erste der an einen berufsmäßigen Analytiker gestellten Forderungen und eliminiert die zweite: bei der Selbstanalyse wird weniger psychologisches Wissen verlangt als bei der Analyse anderer, und wir brauchen keineswegs das strategische Geschick, das im Umgang mit jedem anderen Menschen notwendig ist. Die entscheidende Schwierigkeit bei der Selbstanalyse liegt nicht auf diesen Gebieten, sondern in den emotionalen Faktoren, die uns unbewußten Kräften gegenüber blind machen. Daß die Hauptschwierigkeit mehr gefühlsmäßiger als verstandesmäßiger Natur ist, wird durch die Tatsache bestätigt, daß Analytiker, wenn sie sich selber analysieren, keinen so großen Vorteil gegenüber dem Laien haben, als wir anzunehmen geneigt wären.

Aus theoretischen Gründen sehe ich also keinen zwingenden Anlaß, weshalb die Selbstanalyse nicht durchführbar sein sollte. Zugegeben, daß viele Menschen zu tief in ihre eigenen Probleme verstrickt sind, um sich selber analysieren zu können; zugegeben, daß Selbstanalyse niemals annähernd das Tempo und die Genauigkeit analytischer Behandlung durch einen Fachmann erreichen kann; zugegeben, daß es bestimmte Widerstände gibt, die nur mit Hilfe von außen überwunden werden können – trotzdem ist all das kein Beweis, daß die Aufgabe im Prinzip nicht bewältigt werden kann.

Ich würde jedoch nicht wagen, das Problem der Selbstanalyse nur auf der Basis theoretischer Erwägungen anzuschneiden. Der Mut, die Frage aufzuwerfen, und zwar ernsthaft, ist aus Erfahrungen hervorgegangen, die darauf hinweisen, daß die Selbstanalyse möglich ist. Es sind dies eigene Erfahrungen, solche von Kollegen, die mir davon berichtet haben, von Patienten, die ich ermutigt habe, während Unterbrechungen der analytischen Arbeit an sich zu arbeiten. Diese erfolgreichen Versuche betrafen nicht nur oberflächliche Schwierigkeiten. Tatsächlich befaßten sich manche von ihnen mit Problemen, die im allgemeinen als unzugänglich betrachtet werden, sogar mit Hilfe eines Analytikers. Sie wurden jedoch unter einer günstigen Voraussetzung gemacht: alle diese Menschen waren analysiert worden, bevor sie sich an Selbstanalyse wagten, was bedeutet, daß sie mit der Methode des Vorgehens vertraut waren und aus Erfahrung wußten, daß bei der Analyse nichts außer rücksichtsloser Ehrlichkeit mit sich selbst hilfreich ist. Ob und in welchem Ausmaß die Selbstanalyse ohne solche vorausgehende Erfahrung möglich ist – diese Frage muß offenbleiben. Es gibt jedoch die ermutigende Tatsache, daß viele Menschen eine genaue Einsicht in ihre Probleme gewinnen, bevor sie zur Behandlung kommen. Diese Einsichten sind fraglos unzureichend, aber die Tatsache bleibt, daß sie ohne vorhergehende analytische Erfahrung erworben wurden.

So sind die Möglichkeiten der Selbstanalyse kurz folgende, vorausgesetzt, ein Mensch ist überhaupt fähig, sich selbst zu analysieren, worüber später etwas gesagt wird. Ein Patient kann sich daran wagen in den längeren Zwischenpausen, die bei den meisten Analysen vorkommen: Ferien, kurze Reisen aus beruflichen oder privaten Gründen, verschiedene andere Unterbrechungen. Ein Mensch, der außerhalb der wenigen Städte lebt, in denen es kompetente Analytiker gibt, kann versuchen, die Hauptarbeit selbst auszuführen, und einen Analytiker nur zu gelegentlichen Kontrollen aufsuchen; das gleiche würde für diejenigen gelten, die in einer Stadt leben, in der es zwar Analytiker gibt, die sich aber aus finanziellen Gründen keine regelmäßigen Behandlungen leisten können. Und es kann für jemanden, dessen Analyse vorzeitig beendet wurde, möglich sein, selbst weiterzumachen. Schließlich – und das mit einem Fragezeichen – kann Selbstanalyse durchführbar sein ohne analytische Hilfe von außen.

Aber es gibt eine andere Frage. Zugegeben, daß es in Grenzen möglich ist, sich selbst zu analysieren – aber ist es auch wünschenswert? Ist nicht die Analyse ein zu gefährliches Werkzeug, um es ohne die Leitung eines kompetenten Menschen zu benutzen? Hat nicht Freud die Analyse mit der Chirurgie verglichen

– wobei er allerdings hinzufügte, daß Menschen nicht an einer falschen Anwendung der Analyse stürben, wie es bei einer schlecht durchgeführten Operation der Fall sein könne?

Da es niemals konstruktiv ist, in der Rumpelkammer vager Begriffe zu bleiben, wollen wir versuchen, im einzelnen zu ergründen, welches die möglichen Gefahren der Selbstanalyse sind. An erster Stelle werden viele meinen, sie könnte eine gesteigerte, ungesunde Selbstbeobachtung herbeiführen. Derselbe Einwand ist gegen jede Form der Analyse erhoben worden und wird es noch, aber ich möchte diese Diskussion wiedereröffnen, weil ich überzeugt bin, daß er sogar noch lauter zu hören sein wird, wenn die Analyse ohne oder mit wenig Leitung erfolgt.

Die Mißbilligung, die sich in der Auffassung äußert, daß die Analyse einen Menschen zu mehr Selbstbeobachtung veranlassen könnte, scheint aus einer Lebensphilosophie zu stammen – *The Late George Apley* ist dafür ein Paradebeispiel –, die dem Individuum oder seinen individuellen Gefühlen und Bestrebungen keinen Raum zugesteht. Es zählt nur, daß es sich der Umgebung anpaßt, der Gemeinschaft dient und seine Pflichten erfüllt. Daher sollten individuelle Ängste oder Wünsche, welcher Art auch immer, kontrolliert werden. Selbstdisziplin ist die höchste Tugend. Über sich selbst in irgendwelcher Hinsicht viele Gedanken zu machen, ist Sichgehenlassen und »Selbstsucht«. Andererseits betonen die besten Vertreter der Psychoanalyse nicht nur die Verantwortung gegenüber anderen, sondern ebenso die gegen sich selber. Deshalb versäumen sie nicht, das unveräußerliche Recht des Individuums auf das Streben nach Glück zu unterstreichen, einschließlich seines Rechts, seine Entwicklung zu innerer Freiheit und Selbständigkeit ernst zu nehmen.

Jeder einzelne muß seine eigene Entscheidung treffen, was die Bewertung der zwei Philosophien angeht. Wenn er sich für die erste entscheidet, dann hat es wenig Sinn, mit ihm über die Analyse zu argumentieren, weil er es sicher nicht für richtig halten wird, daß jemand so viel an sich und seine Probleme denkt. Man kann ihm nur versichern, daß das Individuum als Folge der Analyse gewöhnlich weniger egozentrisch und verläßlicher in seinen menschlichen Beziehungen wird; dann dürfte er bestenfalls zugeben, daß Selbstbeobachtung ein fragwürdiges Mittel sei, das möglicherweise zu einem achtbaren Ziel führe.

Ein Mensch, dessen Ansichten mit der anderen Philosophie übereinstimmen, könnte unmöglich behaupten, daß Selbstbeobachtung an sich tadelnswert sei. Für ihn ist die Erkenntnis des Ich ebenso wichtig wie die Erkenntnis anderer Umweltfaktoren; nach der Wahrheit über das Ich zu forschen ist gleichermaßen wertvoll wie die Suche nach Wahrheit in anderen Lebensbereichen. Die einzige Frage, die ihn beschäftigen würde, ist, ob Selbstbeobachtung konstruktiv oder nutzlos ist. Ich würde sagen, sie ist konstruktiv, wenn sie zur Unterstützung eines Wunsches eingesetzt wird, ein besserer, innerlich reicherer und stärkerer Mensch zu werden – wenn sie ein verantwortungsvolles Bestreben ist, dessen Endziel in Selbsterkenntnis und Änderung besteht. Ist sie ein Ziel an sich, das heißt, wird sie nur aus kritiklosem Interesse an psychologischen Zusammenhängen verfolgt – *l'art pour l'art* –, dann kann sie leicht zu dem entarten, was Houston Peterson als *»mania psychologica«* bezeichnet. Und sie ist ebenso zwecklos, wenn sie nur dazu führt, daß man in Selbstbewunderung oder Selbstmitleid versinkt, in auswegloses Nachgrübeln über sich, in leere Selbstbeschuldigung.

Und hier kommen wir zu dem einschlägigen Punkt: Würde nicht die Selbstanalyse leicht gerade zu dieser Form von ziellosem Nachdenken entarten? Nach meiner Erfahrung mit Patienten zu urteilen, glaube ich, daß diese Gefahr nicht so allgemein ist, wie man zu denken geneigt sein könnte. Die Annahme erscheint gesichert, daß nur diejenigen ihr erliegen würden, die auch bei ihrer Arbeit mit einem Analytiker dazu tendieren, sich ständig in derartige Sackgassen zu verrennen. Ohne Leitung würden diese Menschen sich in sinnloses Umherirren verlieren. Aber immerhin dürften ihre Versuche mit der Selbstanalyse, wiewohl zum Scheitern verurteilt, kaum schädlich sein, weil es nicht die Analyse ist, die ihre Grübeleien verursacht. Sie dachten über ihre Leibschmerzen oder ihr Aussehen nach, über Unrecht, das sie getan haben oder das ihnen zugefügt wurde, oder sie spannen komplizierte und zwecklose »psychologische Erklärungen« aus, bevor sie überhaupt in Berührung mit der Analyse kamen. Von ihnen wird die Analyse als Rechtfertigung gebraucht – oder mißbraucht –, sich weiterhin in ihren alten Kreisen zu bewegen: sie liefert die Illusion, die Kreisbewegungen seien aufrichtige Selbstprüfung. Wir sollten daher diese Versuche eher zu den Grenzen als zu den Gefahren der Selbstanalyse rechnen.

Erwägt man die möglichen Gefahren der Selbstanalyse, so ist das wesentliche Problem, ob sie das Risiko eines eindeutigen Schadens für das Individuum einschließt.

Beschwört sie nicht verborgene Kräfte herauf, mit denen er nicht fertig werden kann, wenn er sich allein an diesem Abenteuer versucht? Wenn er einen entscheidenden unbewußten Konflikt erkennt, ohne jedoch einen Ausweg zu sehen, werden da nicht in ihm so tiefe Gefühle von Angst und Hilflosigkeit erweckt, daß er einer Depression erliegen oder sogar an Selbstmord denken könnte?

Wir müssen in dieser Hinsicht zwischen vorübergehenden und dauernden Schäden unterscheiden. Vorübergehende Schäden müssen in jeder Analyse auftreten, denn jedes Stochern nach unterdrücktem Material muß Angst entfachen, die zuvor durch Abwehrmechanismen beschwichtigt wurde. Ebenso muß es Affekte wie Ärger und Wut in den Vordergrund bringen, die sonst vom Bewußtsein ausgeschlossen werden. Dieser Schockeffekt ist so stark, nicht weil die Analyse zu der Erkenntnis irgendeines unerträglich schlechten oder gemeinen Zuges geführt, sondern weil sie ein Gleichgewicht erschüttert hat, das zwar unstabil war, aber das Individuum davor bewahrt hat, sich im Chaos divergierender Triebe verloren zu fühlen. Da wir später über die Natur dieser vorübergehenden Störungen sprechen werden, mag es hier genügen, nur die Tatsache, daß sie vorkommen, zu konstatieren.

Wenn ein Patient während des analytischen Prozesses eine solche Störung erlebt, kann ihn das einfach tief beunruhigen, oder es können alte Symptome wiederauftreten. Natürlich fühlt er sich dann entmutigt. Diese Rückschläge werden gewöhnlich nach kurzer Zeit überwunden. Sobald die neue Einsicht wirklich integriert ist, verschwinden sie und weichen dem wohlbegründeten Gefühl, einen Schritt vorwärts gemacht zu haben. Sie stellen die Schocks und Qualen dar, die eine Neuorientierung des Lebens unvermeidlich mit sich bringt, und sind in jedem konstruktiven Prozeß inbegriffen.

In diesen Perioden inneren Umbruchs würde der Patient den Beistand eines Analytikers besonders vermissen. Aber wir betrachten es als selbstverständlich, daß der ganze Prozeß mit sachkundiger Hilfe leichter wird. Hier beschäftigt uns die Möglichkeit, daß das Individuum nicht imstande sein könnte, diese Aufregungen allein zu meistern, und daher nachhaltig geschädigt wird. Oder daß er, wenn er seine Grundlagen erschüttert fühlt, etwas Verzweifeltes tun könnte, zum Beispiel leichtsinnig Autofahren oder spielen, seine Stellung gefährden oder einen Selbstmordversuch machen.

In den Fällen von Selbstanalyse, die ich beobachtet habe, sind solche widrigen Folgen nie eingetreten. Aber diese Beobachtungen sind bisher zu begrenzt, um überzeugendes statistisches Beweismaterial zu liefern; ich könnte zum Beispiel nicht sagen, daß bei nur einem von hundert Fällen ein solch unglückliches Resultat zu verzeichnen ist. Aus guten Gründen kann man jedoch annehmen, daß die Gefahr so selten besteht, daß sie nicht ins Gewicht fällt. Die Beobachtung zeigt bei jeder Analyse, daß die Patienten sehr wohl imstande sind, sich vor Einsichten zu schützen, denen sie noch nicht standhalten können. Wenn sie eine Interpretation bekommen, die eine zu große Bedrohung für ihre Sicherheit darstellt, kann es geschehen, daß sie sie bewußt zurückweisen; oder daß sie sie vergessen; daß sie die Bedeutung, die sie für sie hat, entkräften, sie mit Argumenten abwehren oder sie schlicht als unfaire Kritik verübeln.

Man kann mit Sicherheit voraussetzen, daß diese Kräfte des Selbstschutzes auch bei der Selbstanalyse funktionieren würden. Einem Menschen, der sich selbst zu analysieren versucht, würde es einfach mißlingen, Selbstbeobachtungen zu machen, die zu derzeit noch unerträglichen Einsichten führen würden. Oder er würde lediglich versuchen, schnell und oberflächlich eine Einstellung zu korrigieren, die von ihm als fehlerhaft empfunden wird, und dadurch eine weitere Untersuchung unmöglich machen. So wäre bei der Selbstanalyse die tatsächliche Gefahr geringer als bei der fachlichen Analyse, weil der Patient intuitiv weiß, was er vermeiden muß, während selbst ein sensibler Analytiker irren und dem Patienten eine verfrühte Lösung anbieten kann. Wieder besteht die Gefahr der Zwecklosigkeit, und zwar liegt sie eher darin, daß der Patient Problemen zu sehr ausweicht, als daß tatsächlicher Schaden angerichtet wird.

Und wenn ein Mensch sich zu einer für ihn zutiefst beunruhigenden Einsicht durcharbeitet, glaube ich, daß es mehrere Überlegungen gibt, auf die wir uns stützen können. Die eine ist die, daß es nicht nur beunruhigend ist, auf eine Wahrheit zu stoßen, sondern auch, und zwar gleichzeitig, befreiend. Diese befreiende Kraft, die jeder Wahrheit innewohnt, kann die beunruhigende

Wirkung von Anfang an aufheben. In diesem Fall wird sofort ein Gefühl der Erleichterung folgen. Aber selbst wenn die beunruhigende Wirkung die Oberhand gewinnt, schließt die Entdekkung einer Wahrheit über sich trotzdem die aufdämmernde Erkenntnis eines Auswegs ein; wird das auch nicht klar gesehen, so wird es doch intuitiv empfunden und damit die Kraft erzeugt weiterzumachen.

Ein zweiter zu erwägender Faktor ist, daß es selbst dann, wenn eine Wahrheit zutiefst erschreckend ist, etwas wie eine heilsame Angst gibt. Erkennt ein Mensch zum Beispiel, daß er insgeheim auf Selbstzerstörung zusteuert, so ist seine klare Erkenntnis dieses Triebes viel weniger gefährlich, als ihn stillschweigend wirken zu lassen. Die Erkenntnis ist erschreckend, aber sie muß selbsterhaltende Gegenkräfte mobilisieren, sofern überhaupt Lebenswille vorhanden ist. Und ist kein ausreichender Lebenswille da, wird der Mensch sowieso zerbrechen, mit und ohne Analyse. Um einen ähnlichen Gedanken positiver auszudrücken: Wenn ein Mensch genügend Mut gehabt hat, eine unerfreuliche Wahrheit über sich zu entdecken, kann man getrost darauf vertrauen, daß dieser Mut auch stark genug ist, ihm durchzuhelfen. Allein die Tatsache, daß er so weit gegangen ist, weist darauf hin, daß sein Wille, sich mit sich selbst auseinanderzusetzen, stark genug ist, um zu verhindern, daß er zerbricht. Aber die Zeitspanne zwischen dem Punkt, an dem man mit einem Problem zu kämpfen beginnt, und seiner Lösung und Verarbeitung kann bei der Selbstanalyse verlängert werden.

Schließlich dürfen wir nicht vergessen, daß wirklich alarmierende Erregungszustände bei der Analyse selten nur deshalb auftreten, weil eine Interpretation zur Zeit nicht richtig erfaßt werden kann. Häufig liegt der wirkliche Ursprung beunruhigender Entwicklungen in der Tatsache, daß die Deutung oder die analytische Situation insgesamt Haß entfacht, der gegen den Analytiker gerichtet ist. Wenn dieser Haß vom Bewußtsein und damit von der Artikulierung ausgeschlossen wird, kann er vorhandene selbstzerstörerische Tendenzen steigern. Sich zerrütten zu lassen kann dann ein Mittel zur Rache an dem Analytiker werden.

Wird ein Mensch mit einer beunruhigenden Einsicht ganz allein konfrontiert, so bleibt fast nichts anderes übrig, als es mit sich durchzufechten. Oder, vorsichtig ausgedrückt, die Versuchung, die Einsicht dadurch abzuwehren, daß man andere verantwortlich macht, wird geringer. Die Vorsicht ist gerechtfertigt, denn wenn die Tendenz, andere für die eigenen Unzulänglichkeiten verantwortlich zu machen, ohnehin stark ist, kann sie auch bei der Selbstanalyse ausbrechen, sobald man einen Fehler erkennt und sofern man die Notwendigkeit, Verantwortung für sich zu übernehmen, noch nicht akzeptiert hat.

Ich würde also sagen, daß Selbstanalyse im Bereich des Möglichen liegt und daß die Gefahr, sie könnte wirklichen Schaden zur Folge haben, vergleichsweise gering ist. Fraglos hat sie verschiedene Nachteile, die mehr oder weniger ernster Natur sind und – kurz gesagt – vom Scheitern bis zur Verlängerung des Prozesses reichen; es kann erheblich mehr Zeit kosten, ein Problem zu erfassen und es zu lösen. Aber gegen diese Nachteile stehen viele Faktoren, die ohne Zweifel die Selbstanalyse wünschenswert machen. Es gibt zunächst einmal klare äußere Faktoren der zuvor erwähnten Art. Die Selbstanalyse wäre für diejenigen günstig, die sich aus Gründen des Geldes, der Zeit oder des Wohnsitzes keiner regelmäßigen Behandlung unterziehen können. Und sogar für diejenigen, die behandelt werden, könnte es das Verfahren beträchtlich abkürzen, wenn sie in den Pausen zwischen den analytischen Sitzungen und auch währenddessen von dem Mut beseelt würden, aktiv und selbständig an sich zu arbeiten.

Aber selbst von solchen eklatanten Gründen abgesehen, winken denjenigen gewisse Vorteile, die zur Selbstanalyse fähig sind; diese Vorteile sind mehr geistiger Natur, weniger greifbar, aber nicht minder real. Sie lassen sich als Zunahme an innerer Stärke und damit an Selbstvertrauen zusammenfassen. Jede erfolgreiche Analyse erhöht das Selbstvertrauen, aber es liegt ein gewisser zusätzlicher Gewinn darin, ausschließlich durch eigene Initiative, eigenen Mut und eigene Ausdauer Terrain erobert zu haben. Dieser Effekt ist bei der Analyse und in anderen Lebensbereichen der gleiche. Einen Bergpfad ganz allein zu finden vermittelt ein größeres Kraftgefühl, als einen Weg zu nehmen, der einem gezeigt wird, obwohl die damit verbundene Arbeit und das Ergebnis die gleichen sind. Eine solche Leistung erweckt nicht nur berechtigten Stolz, sondern auch ein wohlbegründetes Gefühl des Vertrauens in die eigene Fähigkeit, mißliche Situationen zu meistern und sich ohne Leitung nicht verloren vorzukommen.

2. Kapitel

# Die Triebkräfte bei Neurosen

Die Psychoanalyse hat – wie bereits besprochen – nicht nur einen klinischen Wert als Neurosentherapie, sondern auch einen menschlichen Wert dadurch, daß sie den Menschen zu ihrer bestmöglichen Weiterentwicklung zu verhelfen vermag. Beide Ziele können auf anderen Wegen verfolgt werden; der Analyse eigen ist der Versuch, diese Ziele durch menschliches Verständnis zu erreichen – nicht allein durch Sympathie, Toleranz und das intuitive Erfassen wechselseitiger Verbindungen, Eigenschaften, die bei jeder Form menschlichen Verständnisses unerläßlich sind, sondern, grundlegender, durch ein Bemühen, ein genaues Bild der gesamten Persönlichkeit zu erhalten. Das wird mit Hilfe spezifischer Methoden, unbewußte Faktoren aufzudecken, versucht, denn Freud hat deutlich gezeigt, daß wir ein solches Bild nicht erhalten können, ohne die Rolle der unbewußten Kräfte zu erkennen. Durch ihn wissen wir, daß solche Kräfte uns zu Handlungen, Gefühlen und Reaktionen treiben, die sich von dem, was wir bewußt wünschen, unterscheiden und sogar befriedigende Beziehungen zu unserer Umwelt zerstören können.

Sicher existieren diese unbewußten Motivationen in jedem und führen keineswegs immer zu Störungen. Nur dann, wenn Störungen vorhanden sind, ist es wichtig, die unbewußten Faktoren aufzudecken und zu erkennen. Gleichgültig, welche unbewußten Kräfte uns zum Malen oder Schreiben drängen, wir werden kaum darüber nachdenken, wenn wir uns einigermaßen adäquat durch Malen oder Schreiben ausdrücken können. Gleichgültig, welche unbewußten Motivationen uns zu Liebe oder Zuneigung verleiten, wir sind an ihnen nicht interessiert, solange Liebe oder Zuneigung unserem Leben einen konstruktiven Inhalt geben. Aber wir müssen die unbewußten Faktoren in Betracht ziehen, wenn ein offensichtlicher Erfolg bei schöpferischer Arbeit oder bei der Begründung einer guten menschlichen Beziehung, ein Erfolg, den wir verzweifelt gewünscht haben, in uns nur Leere und Verstimmung hinterläßt; oder wenn ein Versuch nach dem anderen fehlschlägt und wir trotz aller gegenteiligen Bemühungen unklar empfinden, daß wir die Fehlschläge nicht insgesamt äußeren Umständen zuschreiben können. Kurz, wir müssen unsere unbewußten Motivationen prüfen, wenn es den Anschein hat, daß uns von innen etwas an unseren Bestrebungen hindert.

Seit Freud sind unbewußte Motivationen als elementare Tatsachen der Humanpsychologie akzeptiert worden, und das Thema braucht hier nicht ausgeführt zu werden, zumal jeder sein Wissen über unbewußte Motivationen auf verschiedene Weise mehren kann. An erster Stelle sind da Freuds eigene Schriften, wie seine *Vorlesungen zur Einführung in die Psychoanalyse, Zur Psychopathologie des Alltagslebens* und *Die Traumdeutung,* und die Bücher, die seine Theorien zusammenfassen, wie *Facts and Theories of Psychoanalysis* von Ives Hendrick. Auch diejenigen Autoren, die Freuds grundlegende Entdeckungen weiterzuentwickeln suchen, lohnt es sich zu konsultieren, wie H. S. Sullivan mit *Conceptions of Modern Psychiatry,* Edward A. Strecker mit *Beyond the Clinical Frontiers,* Erich Fromm mit *Escape from Freedom* oder mich selbst mit *Der neurotische Mensch unserer Zeit* und mit *Neue Wege der Psychoanalyse.* A. H. Maslow und Bela Mittelmann in *Principles of Abnormal Psychology* und Fritz Kunkels Bücher wie *Character Growth and Education* bieten viele wertvolle Hinweise. Philosophische Werke, vor allem die Schriften von Emerson, Nietzsche und Schopenhauer, offenbaren denjenigen, die sie aufgeschlossen lesen, psychologische Schätze, ebenso einige der Bücher über die Kunst zu leben, wie Charles Allen Smarts *Wild Geese and How to Chase Them.* Shakespeare, Balzac, Dostojewski, Ibsen und andere sind unerschöpfliche Quellen psychologischen Wissens. Und keineswegs zuletzt läßt sich eine Menge aus der Beobachtung unserer Umwelt lernen.

Die Kenntnis von der Existenz und Wirksamkeit solcher unbewußten Motivationen ist ein nützlicher Leitfaden bei jedem Versuch einer Analyse, besonders wenn er nicht nur ein Lippenbekenntnis ist, sondern ernst genommen wird. Sie kann sogar ein ausreichendes Instrument sein, um sporadisch diesen oder jenen Kausalzusammenhang zu entdecken. Für eine systematischere Analyse jedoch ist es notwendig, ein etwas spezifischeres Verständnis für die unbewußten Faktoren, die die Entwicklung stören, zu besitzen.

Wesentlich für jedes Bemühen, eine Persönlichkeit zu begreifen, ist es, deren zugrundeliegende Triebkräfte zu entdecken. Versucht man, eine gestörte Persönlichkeit zu verstehen, ist es wesentlich, die für die Störung verantwortlichen Triebkräfte zu entdecken.

Hier befinden wir uns auf mehr kontroversem Boden. Freud glaubte, daß die Störungen aus einem Konflikt zwischen Umweltfaktoren und verdrängten instinktiven Impulsen entstehen. Adler, rationalistischer und oberflächlicher als Freud, glaubt, daß sie durch die Mittel und Wege erzeugt werden, mit denen Menschen ihre Überlegenheit über andere geltend zu machen pflegen. Jung, mystischer als Freud, glaubt an kollektive unbewußte Phantasien, die zwar voller kreativer Möglichkeiten sind, aber Zerstörung bewirken können, weil die von ihnen gespeisten unbewußten Strebungen das genaue Gegenteil der im Bewußtsein vorhandenen sind. Meine Antwort ist, daß im Zentrum psychischer Störungen unbewußte Bestrebungen entwickelt werden, mit dem Leben trotz Ängsten, Hilflosigkeit und Isolation fertig zu werden. Ich habe sie »neurotische Tendenzen« genannt. Meine Lösung ist ebenso weit davon entfernt, endgültig zu sein, wie die von Freud oder Jung. Aber jeder Erforscher des Unbekannten hat irgendeine Vision dessen, was er zu finden erwartet, und er kann für die Richtigkeit seiner Vision keine Garantie haben. Entdeckungen sind sogar gemacht worden, obwohl die Vision unrichtig war. Diese Tatsache mag als Trost dafür dienen, wie unsicher unser gegenwärtiges psychologisches Wissen ist.

Was also sind neurotische Tendenzen? Welches sind ihre Kennzeichen, ihre Funktion, ihr Ursprung, ihre Wirkung auf unser Leben? Es sollte abermals betont werden, daß ihre wesentlichen Elemente unbewußt sind. Ein Mensch kann von ihren Wirkungen Kenntnis haben, obwohl er in diesem Fall wahrscheinlich nur sich selbst lobenswerte Charakterzüge beilegen wird: wenn er zum Beispiel ein neurotisches Liebesbedürfnis hat, wird er meinen, eine gute, liebevolle Veranlagung zu besitzen; oder wenn er das Opfer eines neurotischen Perfektionismus ist, wird er meinen, er sei von Natur aus ordentlicher und genauer als andere. Er mag sogar flüchtig etwas von den Trieben sehen, die solche Wirkungen hervorrufen, oder sie erkennen, wenn seine Aufmerksamkeit darauf gelenkt wird: er kann zum Beispiel gewahr werden, daß er ein Bedürfnis nach Zuneigung hat oder eines, vollkommen zu sein. Aber er weiß nie, in welchem Ausmaß er von diesen Strebungen gefangen ist, in welchem Ausmaß sie sein Leben bestimmen. Noch weniger Kenntnis hat er von den Gründen, warum sie solche Macht über ihn haben.

Das hervorstechende Merkmal neurotischer Tendenzen ist ihre zwanghafte Natur, eine Eigenschaft, die sich hauptsächlich auf zweifache Weise zeigt. Erstens werden ihre Ziele wahllos verfolgt. Wenn es Zuneigung ist, die ein Mensch haben muß, muß er sie von Freund und Feind, vom Arbeitgeber und vom Schuhputzer empfangen. Ein Mensch, der vom Bedürfnis nach Perfektion besessen ist, verliert weitgehend seinen Sinn für Proportionen. Seinen Schreibtisch in makelloser Ordnung zu haben wird für ihn ebenso zwingend wie die perfekte Vorbereitung eines wichtigen Berichtes. Überdies werden die Ziele mit äußerster Mißachtung von Realität und wirklichem Eigeninteresse verfolgt. Wenn eine Frau sich an einen Mann hängt, dem sie die gesamte Verantwortung für ihr Leben überträgt, kann sie in höchstem Maße blind sein gegenüber solchen Fragen, ob dieser bestimmte Mann ganz der geeignete Mensch ist, sich an ihn zu klammern, ob sie tatsächlich glücklich ist mit ihm, ob sie ihn mag und achtet. Wenn ein Mensch unabhängig und autark sein muß, wird er es ablehnen, sich an irgend jemanden oder irgend etwas zu binden, gleichgültig, wie sehr er dadurch sein Leben verdirbt; er darf weder Hilfe erbitten noch annehmen, gleichgültig, wie sehr er sie braucht. Dieser Mangel an Unterscheidungsvermögen ist für andere häufig erkennbar, aber der Betreffende selbst weiß möglicherweise nichts davon. In der Regel jedoch wird es dem Außenstehenden nur auffallen, wenn die speziellen Tendenzen ihm unbequem sind oder wenn sie sich nicht mit bekannten Verhaltensweisen decken. Er wird zum Beispiel einen zwanghaften Negativismus feststellen, eine zwanghafte Unterwürfigkeit wohl aber nicht.

Das zweite Kennzeichen für die zwanghafte Natur von neurotischen Tendenzen ist die Angstreaktion, die sich aus ihrer Gefährdung ergibt. Dieses Merkmal ist höchst bedeutsam, da es den Sicherheitswert der Tendenzen zeigt. Ein Mensch fühlt sich entscheidend bedroht, wenn aus irgendeinem inneren oder äußeren Grund die zwanghaften Bestrebungen erfolglos sind. Ein Perfektionist gerät in Panik, wenn er einen Fehler macht. Ein Mensch mit einem zwanghaften Bedürfnis nach uneingeschränkter Freiheit wird durch die Aussicht auf jede Bindung erschreckt, sei es eine Verlobung oder das Mieten einer Wohnung. Eine gute Illustration von Angstreaktionen dieser Art findet sich in Balzacs *Chagrinleder.* Der Held des Romans ist überzeugt davon, daß seine Lebensspanne verkürzt wird, sobald er einen Wunsch ausspricht, und ist deshalb ängstlich darauf bedacht, dies zu unterlassen. Doch als er einmal nicht aufpaßt, äußert er einen Wunsch, und obwohl der Wunsch an sich unwichtig ist, gerät er in Panik. Das Beispiel veranschaulicht den Schrecken, der einen Neurotiker erfaßt, wenn seine Sicherheit bedroht wird: er meint, alles sei verloren, wenn er von Perfektion, von ständiger Unabhängigkeit abweicht oder von dem jeweiligen Maßstab, den sein Triebbedürfnis setzt. Dieser Sicherheitswert ist es, der für den zwanghaften Charakter der neurotischen Tendenzen in erster Linie verantwortlich ist.

Die Funktion dieser Tendenzen läßt sich besser verstehen, wenn wir ihren Ursprung betrachten. Sie entwickeln sich früh im Leben durch das Zusammenwirken von vorhandenen temperaments- und umweltbedingten Einflüssen. Ob ein Kind unter dem Druck elterlichen Zwanges unterwürfig oder rebellisch wird, hängt nicht allein von der Art des Zwanges ab, sondern auch von gegebenen Eigenschaften wie dem Grad seiner Vitalität, der relativen Weiche oder Härte seines Wesens. Da wir von den konstitutionellen Faktoren weniger wissen als von den Umwelteinflüssen und da die letzteren als einzige eine Veränderung zulassen, werde ich mich nur mit ihnen befassen.

Unter allen Umständen wird ein Kind durch seine Umgebung beeinflußt. Was zählt, ist, ob dieser Einfluß die Entwicklung hemmt oder fördert. Und welche Entwicklung genommen wird, hängt weitgehend von der Art der Beziehung ab, die zwischen dem Kind und seinen Eltern oder anderen Personen seiner Umgebung besteht, einschließlich anderer Kinder in der Familie. Wenn zu Hause ein Geist herrscht, zu dem Wärme, gegenseitige Achtung und Rücksichtnahme gehören, kann sich das Kind ungehindert entwickeln.

Leider gibt es in unserer Zivilisation viele Umweltfaktoren, die der Entwicklung eines Kindes entgegenwirken. Eltern können in bester Absicht so viel Druck auf das Kind ausüben, daß seine Initiative gelähmt wird. Es kann eine Kombination von erdrückender Liebe und Einschüchterung, von Tyrannei und

Glorifizierung bestehen. Eltern können das Kind mit den Gefahren, die es außerhalb der häuslichen vier Wände erwarten, tief beeindrucken. Ein Elternteil kann das Kind zwingen, für ihn gegen den anderen Partei zu ergreifen. Eltern können unberechenbar sein und von herzlicher Kameradschaft zu einem strikt autoritären Verhalten umschwenken. Und – besonders wichtig – im Kind kann das Gefühl geweckt werden, seine Existenzberechtigung liege einzig darin, daß es den Erwartungen der Eltern gerecht wird – daß es die Ansprüche der von ihnen gesetzten Maßstäbe und Ambitionen erfüllt, ihre Prestige fördert, ihnen blinde Ergebenheit bezeigt; mit anderen Worten, es kann an der Erkenntnis gehindert werden, daß es ein Individuum mit eigenen Rechten und eigenen Verantwortungen ist. Die Wirksamkeit solcher Einflüsse wird nicht durch die Tatsache gemindert, daß sie oft subtil und verschleiert sind. Zudem ist für gewöhnlich nicht nur ein nachteiliger Faktor vorhanden, sondern eine Kombination von mehreren.

Als Folge einer solchen Umgebung entwickelt das Kind keine richtige Selbstachtung. Es wird unsicher, ängstlich, isoliert und gereizt. Anfangs ist es gegenüber diesen Kräften ringsum hilflos, allmählich aber entwickelt es durch Intuition und Erfahrung Mittel und Wege, mit der Umwelt fertig zu werden und seine eigene Haut zu retten. Es bekommt ein wachsames Gefühl dafür, wie man andere manipuliert.

Die speziellen Methoden, die es entwickelt, hängen von der Gesamtkonstellation der Umstände ab. Ein Kind erkennt, daß es durch sturen Negativismus und gelegentliche Wutanfälle Zudringlichkeit abwehren kann. Es schließt andere aus seinem Leben aus, lebt auf einer privaten Insel, auf der es der Herr und Gebieter ist, und verübelt jede Forderung, die ihm gestellt wird, jeden Vorschlag, jede Erwartung als gefährlichen Übergriff auf sein Eigenleben. Für ein anderes Kind ist nur der eine Weg offen, sich selbst und seine Gefühle auszumerzen und sich blind zu unterwerfen, wobei es nur hier und da ein kleines Stückchen ausspart, wo es frei ist, es selbst zu sein. Diese nichtbesetzten Bereiche können primitiv oder sublim sein. Sie reichen von heimlicher Masturbation in der Abgeschlossenheit des Badezimmers bis in die Sphäre der Natur, der Bücher, der Phantasien. Im Gegensatz zu diesem Weg läßt ein drittes Kind seine Gefühle nicht gefrieren, sondern klammert sich mit einer Art verzweifelter Hingabe an den stärkeren Elternteil. Es macht sich blind dessen Vorlieben und Abneigungen, seine Lebensweise, seine Lebensanschauung zu eigen. Allerdings kann es unter dieser Tendenz leiden und gleichzeitig ein leidenschaftliches Verlangen nach Unabhängigkeit entwickeln.

So werden die Grundlagen für die neurotischen Tendenzen gelegt. Sie stellen eine Lebensform dar, die durch ungünstige Umstände erzwungen wird. Das Kind muß sie entwickeln, um seine Unsicherheit, seine Ängste, seine Einsamkeit zu überstehen. Aber sie geben ihm ein unbewußtes Gefühl, es müsse unter allen Umständen auf dem vorgezeichneten Weg bleiben, um nicht den drohenden Gefahren zu erliegen.

Ich glaube, daß man mit hinlänglicher, detaillierter Kenntnis relevanter Faktoren in der Kindheit verstehen kann, warum ein Kind eine bestimmte Reihe von Tendenzen entwickelt. Es ist hier nicht möglich, diese Behauptung zu beweisen, weil das erfordern würde, etliche Entwicklungsgeschichten von Kindern in allen Einzelheiten aufzuzeichnen. Aber es ist auch nicht notwendig, sie zu beweisen, da jeder, der über ausreichende Erfahrung mit Kindern oder mit der Rekonstruktion ihrer frühen Entwicklung verfügt, sie allein nachprüfen kann.

Wenn diese erste Entwicklung einmal eingetreten ist, ist sie dann unbedingt von Dauer? Haben gegebene Umstände ein Kind nachgiebig, trotzig, schüchtern gemacht, muß es dann notwendigerweise so bleiben? Die Antwort lautet, daß es seine Abwehrmethoden zwar nicht unvermeidlich beibehält, daß hierfür aber ernstliche Gefahr besteht. Sie können durch einen frühzeitigen radikalen Wechsel der Umgebung ausgemerzt werden, oder sie können sogar nach einer beträchtlichen Zeitspanne durch jede Menge von zufälligen Ereignissen – etwa einen verständnisvollen Lehrer, einen Freund, Liebhaber, Gefährten zu finden, eine interessante Aufgabe, die seiner Persönlichkeit und seinen Fähigkeiten entspricht – modifiziert werden. Sind aber keine starken entgegenwirkenden Faktoren gegeben, besteht erhebliche Gefahr, daß die erworbenen Tendenzen nicht nur fortdauern, sondern mit der Zeit einen stärkeren Einfluß auf die Persönlichkeit gewinnen werden.

Um diese Fortdauer zu verstehen, muß man sich ganz klarmachen, daß diese Tendenzen mehr als eine bloße Strategie sind, die als wirksame Abwehr gegen einen schwierigen Elternteil entstanden ist. Sie sind im Hinblick auf alle sich darin entwickelnden Faktoren der einzig mögliche Weg für das Kind, mit dem Leben insgesamt fertig zu werden. Vor Angriffen davonzulaufen ist die Strategie des Hasen angesichts von Gefahren, und zwar die einzige, die er hat; er könnte unmöglich beschließen, statt dessen zu kämpfen, weil er dazu einfach nicht die Mittel hat. Ähnlich entwickelt ein Kind, das unter schwierigen Verhältnissen aufwächst, eine Reihe von Einstellungen dem Leben gegenüber, die grundlegend neurotische Tendenzen sind, und diese kann es nicht aus freiem Willen ändern, sondern es muß zwangsläufig an ihnen festhalten. Die Analogie mit dem Hasen ist jedoch nicht ganz gültig, weil dieser von Natur aus keine anderen Möglichkeiten hat, der Gefahr zu begegnen, während der Mensch, sofern er nicht von Natur aus geistig oder körperlich unterentwickelt ist, andere Möglichkeiten besitzt. Sein Bedürfnis, an seinen besonderen Einstellungen festzuhalten, liegt nicht in konstitutionellen Begrenzungen begründet, sondern in der Tatsache, daß die Gesamtsumme seiner Ängste, Hemmungen, Verwundbarkeiten, falschen Zielsetzungen und illusorischen Ansichten über die Welt ihn auf bestimmte Wege beschränkt und andere ausschließt; mit anderen Worten, das macht ihn starr und läßt keine grundlegenden Änderungen zu.

Dieser Punkt läßt sich einmal dadurch veranschaulichen, daß man vergleicht, wie ein Kind und ein reifer Erwachsener mit Personen, die vergleichbare Schwierigkeiten bieten, fertig werden können. Man muß berücksichtigen, daß der folgende Vergleich lediglich veranschaulichenden Wert hat und nicht beabsichtigt, sich mit allen in die beiden Situationen einbezogenen Faktoren zu befassen. Das Kind, Clare – und hier denke ich an eine tatsächliche Patientin, auf deren Analyse ich später zurückkommen werde –, hat eine selbstgerechte Mutter, die von dem Kind Bewunderung und ausschließliche Zuneigung erwartet. Der Erwachsene ist ein Angestellter, psychologisch gut integriert, der einen Chef mit ähnlichen Eigenschaften wie die Mutter hat. Beide, Mutter und Chef, sind von selbstgefälliger Bewunderung für sich erfüllt, despotisch, bevorzugen andere ungerecht und neigen dazu, feindselig zu werden, wenn das, was sie als die ihnen gebührende Ehrerbietung betrachten, nicht gezollt wird oder wenn sie eine kritische Haltung spüren.

Unter diesen Umständen wird der Angestellte, sofern er zwingende Gründe hat, in seinem Job auszuhalten, mehr oder weniger bewußt eine Methode entwickeln, den Chef zu behandeln. Er wird es wahrscheinlich unterlassen, Kritik zu äußern; er wird es sich zum Prinzip machen, alle vorhandenen guten Eigenschaften ausdrücklich zu würdigen; er wird sich mit Lob für die Konkurrenten des Chefs zurückhalten; er wird mit den Plänen des Chefs übereinstimmen, ohne Rücksicht auf seine eigenen Ansichten; er wird seine Vorschläge so erscheinen lassen, als habe der Chef sie angeregt. Und welchen Einfluß wird diese Strategie auf seine Persönlichkeit haben? Er wird die Diskriminierung verübeln und die Falschheit nicht mögen, die sie notwendig macht. Aber da er ein Mensch mit Selbstachtung ist, wird er finden, die Situation werfe eher auf den Chef als auf ihn ein schlechtes Licht, und das Verhalten, das er sich aneignet, wird ihn nicht zu einem willfährigen, kriecherischen Subjekt machen. Seine Strategie wird nur für diesen besonderen Chef existieren. Falls ein Stellenwechsel stattfinden sollte, würde er sich dem nächsten Arbeitgeber gegenüber anders verhalten.

Für das Verständnis neurotischer Tendenzen hängt viel davon ab, daß man ihren Unterschied zu solcher Ad-hoc-Strategie erkennt. Sonst könnte man ihre Stärke und Tiefenwirkung nicht abschätzen und würde einem ähnlichen Fehler wie Adler mit seiner allzu großen Vereinfachung und seinem Rationalismus erliegen. Als Folge würde man auch die zu leistende therapeutische Arbeit zu leicht nehmen.

Clares Situation ist der des Angestellten vergleichbar, denn Mutter und Chef sind im Charakter ähnlich, aber bei Clare lohnt es sich, mehr ins Detail zu gehen. Sie war ein ungewolltes Kind. Die Ehe war unglücklich. Nach dem ersten Kind, einem Jungen, wollte die Mutter keine weiteren mehr. Clare wurde nach etlichen mißglückten Abreibungsversuchen geboren. Sie wurde im groben Sinne weder schlecht behandelt noch vernachlässigt: sie wurde in ebenso gute Schulen geschickt, wie sie der Bruder besuchte, sie bekam ebenso viele Geschenke wie er, sie hatte beim selben Lehrer Musikunterricht und wurde in jeder materiellen Beziehung gleichgestellt. Aber in weniger greifbaren Dingen bekam sie weniger als der Bruder, weniger Zärtlichkeit, weniger Interesse an Schulzeugnissen und an den tausend kleinen täglichen Erlebnissen eines Kindes, weniger

Fürsorge, wenn sie krank war, weniger Verlangen, sie um sich zu haben, weniger Bereitschaft, sie als Vertraute zu behandeln, weniger Bewunderung für ihr Aussehen und ihre Talente. Es bestand eine starke, allerdings für ein Kind nicht greifbare Gemeinschaft zwischen der Mutter und dem Bruder, von der sie ausgeschlossen war. Der Vater war keine Hilfe. Als Landarzt war er die meiste Zeit abwesend. Clare machte einige rührende Versuche, ihm näherzukommen, aber er war an keinem der Kinder interessiert. Seine Zuneigung richtete sich in einer Art hilfloser Bewunderung ausschließlich auf die Mutter. Schließlich bot er keine Stütze, weil ihn die Mutter, die intellektuell, attraktiv und ohne Zweifel die dominierende Kraft in der Familie war, unverhohlen verachtete. Der unverhüllte Haß und die Verachtung, die die Mutter für den Vater empfand, wozu offen gegen ihn geäußerte Todeswünsche gehörten, trugen viel zu Clares Gefühl bei, daß es weit sicherer sei, auf der Seite des Mächtigen zu stehen.

Als Folge dieser Situation hatte Clare nie eine echte Chance, Selbstvertrauen zu entwickeln. Es gab nicht genügend offene Ungerechtigkeit, um dauernde Auflehnung zu provozieren, aber sie wurde unzufrieden, mürrisch und nörglig. Folglich wurde sie gehänselt, weil sie sich immer als Märtyrerin fühlte. Weder Mutter noch Bruder kam es nur entfernt in den Sinn, daß sie recht haben könnte, wenn sie sich ungerecht behandelt glaubte. Sie nahmen es als erwiesen hin, daß ihre Einstellung ein Zeichen für einen häßlichen Charakter war. Und Clare, die sich nie sicher gefühlt hatte, unterwarf sich unschwer der Mehrheitsauffassung über sie und begann alles für ihre Schuld zu halten. Verglichen mit der Mutter, die jeder wegen ihrer Schönheit und ihres Charmes bewunderte, und mit dem Bruder, der heiter und intelligent war, war sie ein häßliches Entlein. Sie wurde zutiefst davon überzeugt, daß sie unleidlich sei.

Dieser Wechsel von im wesentlichen wahren und berechtigten Beschuldigungen anderer zu im wesentlichen unwahren und unberechtigten Selbstbeschuldigungen hatte weitreichende Folgen, wie wir bald sehen werden. Und der Wechsel zog mehr nach sich als eine Hinnahme der Mehrheitsmeinung über sie. Er bedeutete auch, daß sie alle Ressentiments gegen ihre Mutter unterdrückte. Wenn alles ihre eigene Schuld war, wurden ihr die Gründe, ihrer Mutter zu grollen, unter den Füßen weggezogen.

Von einer solchen Verdrängung der Feindseligkeit war es nur ein kurzer Schritt, sich der Gruppe derjenigen anzuschließen, die die Mutter bewunderten. Bei diesem weiteren Überwechseln zur Mehrheitsmeinung lag ein starker Ansporn für sie darin, daß die Mutter sich allem außer restloser Bewunderung widersetzte: es war viel sicherer, Unzulänglichkeiten bei sich selbst als bei der Mutter zu entdecken. Wenn auch sie die Mutter bewunderte, brauchte sie sich nicht länger isoliert und ausgeschlossen zu fühlen, sondern konnte hoffen, etwas Zuneigung zu empfangen oder zumindest akzeptiert zu werden. Die Hoffnung auf Zuneigung verwirklichte sich nicht, doch sie erhielt statt dessen ein Geschenk von zweifelhaftem Wert. Die Mutter war ihrerseits wie alle, für die die Bewunderung anderer der Nährboden ist, großzügig darin, denen, die sie anbeteten, Bewunderung zu spenden. Clare war nicht mehr das unbeachtete häßliche Entlein, sondern avancierte zur wundervollen Tochter einer wundervollen Mutter. So entwickelte sie anstelle eines schwer erschütterten Selbstvertrauens den unechten Stolz, der auf Bewunderung von außen gegründet ist.

Durch diesen Wechsel von echter Auflehnung zu unechter Bewunderung verlor Clare die schwachen Spuren von Selbstvertrauen, die sie hatte. Um einen etwas vagen Ausdruck zu gebrauchen: sie verlor sich selbst. Dadurch, daß sie das bewunderte, was sie in Wirklichkeit ablehnte, wurde sie ihren eigenen Gefühlen entfremdet. Sie wußte nicht mehr, was sie selber mochte oder wünschte, fürchtete oder ablehnte. Sie verlor jede Fähigkeit, ihre Wünsche nach Liebe geltend zu machen, oder überhaupt irgendwelche Wünsche. Trotz eines oberflächlichen Stolzes vertiefte sich tatsächlich ihre Überzeugung, nicht liebenswert zu sein. Daher konnte sie später, als der eine oder andere Mensch sie gern hatte, diese Zuneigung nicht für bare Münze nehmen, sondern schob sie auf verschiedene Weise beiseite. Manchmal dachte sie, ein solcher Mensch halte sie fälschlich für etwas, das sie nicht sei; manchmal schrieb sie die Zuneigung der Dankbarkeit dafür zu, daß sie jemandem nützlich gewesen war, oder der Erwartung, sie würde es in Zukunft sein. Dieses Mißtrauen störte zutiefst jede menschliche Beziehung, die sie einging. Sie verlor auch ihre kritische Urteilsfähigkeit, da sie nach der unbewußten Maxime handelte, daß es sicherer sei, andere zu bewundern, als kritisch zu sein. Diese Einstellung hemmte ihre in

Wirklichkeit hochgradige Intelligenz und trug erheblich dazu bei, daß sie sich dumm vorkam.

Infolge all dieser Faktoren entwickelten sich drei neurotische Tendenzen. Eine bestand in einer zwanghaften Bescheidenheit, was ihre eigenen Wünsche und Forderungen anging. Das zog eine zwanghafte Tendenz nach sich, sich selbst an die zweite Stelle zu setzen, weniger von sich als von anderen zu halten, zu denken, andere hätten recht und sie unrecht. Aber sogar in diesem beschränkten Bereich konnte sie sich nicht sicher fühlen, sofern nicht jemand da war, auf den sie sich verlassen konnte, jemand, der sie beschützen und verteidigen, für sie verantwortlich sein, ihr alles geben würde, was sie brauchte. Sie brauchte all das, weil sie die Fähigkeit verloren hatte, ihr Leben selbst in die Hand zu nehmen. So entwickelte sie das Bedürfnis nach einem »Partner« – Freund, Liebhaber, Ehemann –, auf den sie sich verlassen konnte. Sie würde sich ihm unterordnen, wie sie es bei der Mutter getan hatte. Aber gleichzeitig würde er, durch seine ungeteilte Zuneigung für sie, ihre vernichtete Würde wiederherstellen. Eine dritte neurotische Tendenz – ein zwanghaftes Bedürfnis, andere zu übertreffen und über sie zu triumphieren – strebte ähnlich nach Wiederherstellung der Selbstachtung, absorbierte aber zusätzlich die ganze Rachsucht, die sich durch Kränkungen und Demütigungen angesammelt hatte.

Um unseren Vergleich wiederaufzunehmen und zusammenzufassen, was er veranschaulichen sollte: beide, der Angestellte und das Kind, entwickeln Strategien, um mit der Situation fertig zu werden; für beide besteht die Methode darin, das Ich in den Hintergrund zu stellen und eine bewundernde Haltung demjenigen gegenüber einzunehmen, der die Autorität besitzt. So mögen ihre Reaktionen ganz allgemein vergleichbar erscheinen, aber in Wirklichkeit sind sie völlig unterschiedlich. Der Angestellte verliert seine Selbstachtung nicht, er gibt sein kritisches Urteil nicht auf, verdrängt seinen Groll nicht. Das Kind jedoch verliert seine Selbstachtung, verdrängt seine Feindseligkeit, gibt seine kritischen Fähigkeiten auf und wird zurückhaltend. Kurz, der Erwachsene paßt sein Verhalten lediglich an, während das Kind seine Persönlichkeit verändert.

Die starre, allgegenwärtige Natur der neurotischen Tendenzen hat für die Therapie eine bedeutsame Folge. Patienten erwarten häufig, sobald sie ihre zwanghaften Bedürfnisse entdeckt haben, werden sie imstande sein, sie aufzugeben. Sie sind dann enttäuscht, wenn die Macht, die diese Tendenzen über sie haben, in kaum verringerter Intensität fortbesteht. Es stimmt, daß diese Hoffnungen nicht absolut aus der Luft gegriffen sind: bei einfachen Neurosen kann die neurotische Tendenz tatsächlich verschwinden, wenn sie erkannt ist, wie an einem der in dem Kapitel über gelegentliche Selbstanalyse zitierten Beispiele erörtert wird. Aber bei allen komplizierteren Neurosen sind solche Erwartungen ebenso vergeblich wie die, ein sozialer Notstand wie Arbeitslosigkeit werde aufhören zu existieren, nur weil er als Problem erkannt wird. In jedem Fall, sei er sozial oder persönlich, ist es notwendig, jene Kräfte zu untersuchen und, wenn möglich, zu beeinflussen, die die zerstörerische Tendenz hervorgerufen haben und die für ihr Fortbestehen verantwortlich sind.

Ich habe die Sicherheit hervorgehoben, die von den neurotischen Tendenzen geboten wird. Wie zuvor erwähnt, ist diese Eigenschaft für deren zwanghaften Charakter verantwortlich. Aber die Rolle, die das Gefühl der von ihnen erzeugten Befriedigung oder die Hoffnung auf Befriedigung spielen, sollte nicht unterschätzt werden. Dieses Gefühl oder diese Hoffnung fehlen nie, wenn auch ihre Intensität unterschiedlich ist. Bei manchen neurotischen Tendenzen, wie dem Perfektionsbedürfnis oder der zwanghaften Bescheidenheit, ist der defensive Aspekt vorherrschend. Bei anderen kann die durch den Erfolg des Bestrebens erlangte oder erhoffte Befriedigung so stark sein, daß sie den Charakter einer verzehrenden Leidenschaft annimmt. Das neurotische Bedürfnis nach Abhängigkeit zum Beispiel zeitigt gewöhnlich eine lebhafte Glückserwartung in bezug auf den Menschen, der das Leben des Betreffenden in seine Hände nehmen wird. Ist eine Tendenz stark mit erreichter oder vorweggenommener Befriedigung durchsetzt, wird sie der Therapie weniger zugänglich.

Neurotische Tendenzen können auf verschiedene Weise klassifiziert werden. Bestrebungen, die auf Vertrautheit und Nähe zu anderen gerichtet sind, ließen sich jenen gegenüberstellen, die auf Zurückhaltung und Distanz abzielen. Jene, die auf die eine oder andere Art von Abhängigkeit zusteuern, ließen sich zusammenfassen im Gegensatz zu jenen, die Unabhängigkeit in den Vordergrund stellen, Tendenzen zu Offenheit und Aufgeschlossenheit stehen gegen jene, die auf eine Einengung des Lebens hinwirken. Tendenzen zu einer Betonung persönlicher Eigenheiten ließen sich kontrastieren mit jenen, die auf Anpassung oder auf Ausmerzung der Individualität abzielen, jene zur Selbstverherrlichung mit jenen, die Selbstherabsetzung nach sich ziehen. Doch solche Klassifizierungen durchzuführen würde das Bild nicht klarer machen, weil die Kategorien sich überschneiden. Ich werde daher nur jene Tendenzen aufzählen, die sich derzeit als beschreibbare Phänomene herausheben. Ich bin überzeugt davon, daß die Liste weder vollständig noch klar umrissen ist. Andere Tendenzen werden hinzuzufügen sein, und eine Tendenz, die als autonomes Phänomen dargestellt wird, kann sich als bloße Variante einer anderen erweisen. Es würde den Rahmen dieses Kapitels sprengen, die verschiedenen Tendenzen eingehend zu beschreiben, selbst wenn eine solche Kenntnis wünschenswert ist. Manche von ihnen sind detaillierter in früheren Veröffentlichungen behandelt. Es muß hier genügen, sie zu registrieren und eine kursorische Aufzählung ihrer Hauptmerkmale zu geben.

1. Das neurotische Bedürfnis nach Liebe und Anerkennung (siehe *Der neurotische Mensch unserer Zeit,* Kapitel über das Liebesbedürfnis):
   Unterschiedsloses Bedürfnis, anderen zu gefallen und von anderen gern gehabt und anerkannt zu werden;
   automatisch den Erwartungen anderer gemäß leben;
   Schwerpunkt in anderen und nicht im Ich, wobei ihre Wünsche und Meinungen das einzige sind, was zählt;
   Angst vor Selbstbehauptung;
   Angst vor Feindseligkeit von seiten anderer oder vor feindseligen Gefühlen in sich selbst.

2. Das neurotische Bedürfnis nach einem »Partner«, der das eigene Leben in die Hand nimmt (siehe *Neue Wege in der Psychoanalyse,* 15. Kapitel, über masochistische Phänomene und Fromms *Escape from Freedom,* 5. Kapitel, über Autorität; ebenso das im 8. Kapitel gegebene Beispiel):
   Schwerpunkt völlig im »Partner«, der alle Erwartungen an das Leben erfüllen und die Verantwortung für Gut und Böse übernehmen soll, wobei seine erfolgreiche Manipulierung zur vorherrschenden Aufgabe wird;

Überbewertung von »Liebe«, weil »Liebe« alle Probleme lösen soll; Angst vor Verlassenwerden;
Angst vor Alleinsein.

3. Das neurotische Bedürfnis, das eigene Leben auf enge Grenzen zu beschränken:
Bedürfnis, nicht anspruchsvoll und mit wenig zufrieden zu sein und Ambitionen und Wünsche nach materiellen Dingen einzuschränken; Bedürfnis, unauffällig zu bleiben und den zweiten Platz einzunehmen;
Herabsetzung vorhandener Fähigkeiten und Möglichkeiten, wobei Bescheidenheit als oberster Wert rangiert;
Antrieb, lieber zu sparen als auszugeben;
Angst, irgendwelche Forderungen zu erheben;
Angst, weitgespannte Wünsche zu haben oder geltend zu machen.

Diese drei Tendenzen finden sich, wie zu erwarten, häufig zusammen, weil sie alle ein Eingeständnis der Schwäche mit sich bringen und Versuche darstellen, das Leben auf dieser Basis einzurichten. Sie sind das Gegenteil von Tendenzen, sich auf die eigene Stärke zu verlassen oder Verantwortung auf sich zu nehmen. Die drei Tendenzen stellen jedoch kein Syndrom dar. Die dritte kann ohne die beiden anderen existieren und dabei eine beachtliche Rolle spielen.

4. Das neurotische Bedürfnis nach Macht (siehe *Der neurotische Mensch unserer Zeit,* Kapitel über die Sucht nach Macht, Anerkennung und Besitz):
Dominieren über andere, das um seiner selbst willen benötigt wird;
Hingabe an eine Sache, Pflicht, Verantwortung spielen zwar eine gewisse Rolle, sind aber nicht die treibende Kraft;
absolute Mißachtung für andere, für ihre Individualität, ihre Würde, ihre Gefühle, wobei die einzige Sorge ihrer Unterordnung gilt;
große Unterschiede, was einbezogene destruktive Elemente betrifft;
kritiklose Anbetung von Stärke und Verachtung von Schwäche;

Angst vor unkontrollierbaren Situationen;
Angst vor Hilflosigkeit.

4a. Das neurotische Bedürfnis, sich selbst und andere durch Vernunft und Voraussicht zu kontrollieren (eine Variante von 4 bei Menschen, die zu gehemmt sind, Macht direkt und offen auszuüben): Glaube an die Allmacht von Intelligenz und Vernunft;
Verneinung der Macht emotionaler Kräfte und Verachtung für sie;
höchster Wert wird Voraussicht und Vorhersage beigemessen;
Überlegenheitsgefühl anderen gegenüber, verbunden mit der Fähigkeit der Voraussicht;
Verachtung für alles im Ich, das hinter dem Selbstbild geistiger Überlegenheit zurückbleibt;
Angst, objektive Grenzen der Macht der Vernunft zu erkennen;
Angst vor »Dummheit« und Fehlurteil.

4b. Das neurotische Bedürfnis, an die Allmacht des Willens zu glauben (um eine etwas verschwommene Formulierung zu verwenden, eine introvertierte Variante von 4 bei überaus indifferenten Menschen, für die eine direkte Machtausübung zuviel Kontakt mit anderen bedeutet):
Gefühl der Stärke, das aus dem Glauben an die magische Willenskraft gewonnen wird (wie der Besitz eines Wunschringes);
Reagieren mit Niedergeschlagenheit auf jede Vereitelung von Wünschen;
Tendenz, Wünsche aufzugeben oder einzuschränken und das Interesse zurückzuziehen aus Furcht vor »Fehlschlag«;
Angst, irgendwelche Begrenzungen des reinen Willens anzuerkennen.

5. Das neurotische Bedürfnis, andere auszunutzen und sie mit allen Mitteln zu besiegen:
Andere in erster Linie danach bewerten, ob sie ausgenutzt oder benutzt werden können oder nicht;

verschiedene Brennpunkte der Ausnutzung – Geld (Handeln wird zu einer Leidenschaft), Ideen, Sexualität, Gefühle; Stolz auf Geschicklichkeit im Ausnutzen;
Angst, ausgenützt zu werden und daher »dumm« zu sein.

6. Das neurotische Bedürfnis nach sozialer Anerkennung oder Prestige (kann, aber muß nicht mit Machtgier zusammengehen):
Alle Dinge – tote Gegenstände, Geld, Personen, die eigenen Qualitäten, Aktivitäten und Gefühle – nur nach ihrem Prestigewert taxiert;
Selbsteinschätzung völlig abhängig davon, wie man öffentlich aufgenommen wird;
Unterschiede, was Anwendung von traditionellen oder rebellischen Mitteln, Neid oder Bewunderung zu erregen, betrifft;
Angst, seine gesellschaftliche Stellung zu verlieren (»Demütigung«), sei es durch äußere Umstände oder durch innere Faktoren.

7. Das neurotische Bedürfnis nach persönlicher Bewunderung:
Inflation des Selbstbildes (Narzißmus);
Bedürfnis, nicht für das, was man besitzt oder in den Augen der Öffentlichkeit darstellt, bewundert zu werden, sondern für das gedachte Ich;
Selbsteinschätzung hängt davon ab, diesem Selbstbild gerecht zu werden, und von dessen Bewunderung durch andere;
Angst, Bewunderung zu verlieren (»Demütigung«).

8. Der neurotische Ehrgeiz nach persönlicher Leistung:
Bedürfnis, andere zu übertreffen nicht durch das, was man darstellt oder ist, sondern durch die eigenen Aktivitäten;
Selbsteinschätzung hängt davon ab, der allerbeste zu sein – Liebhaber, Sportler, Schriftsteller, Arbeiter –, vor allem in den eigenen Augen, wobei jedoch die Anerkennung durch andere ebenfalls lebenswichtig ist und ihr Fehlen verübelt wird;
Zusatz von destruktiven Tendenzen (hinsichtlich der Niederlage anderer) fehlt nie, variiert aber in der Intensität;

schonungsloses Antreiben zu größeren eigenen Leistungen, allerdings mit immer gegenwärtiger Angst;
Angst vor Versagen (»Demütigung«).

Die Tendenzen 6, 7 und 8 haben einen mehr oder weniger offenen Konkurrenztrieb zur absoluten Überlegenheit über andere gemeinsam. Aber obwohl sich diese Tendenzen überschneiden und kombiniert sein können, können sie auch getrennt existieren. Das Bedürfnis nach persönlicher Bewunderung kann zum Beispiel mit einer Mißachtung von sozialem Prestige zusammengehen.

9. Das neurotische Bedürfnis nach Unabhängigkeit und Selbständigkeit:
Bedürfnis, niemals irgend jemanden zu brauchen oder sich irgendeinem Einfluß zu überlassen oder an irgend etwas gebunden zu werden, an irgendeine Vertrautheit, die die Gefahr der Versklavung mit sich bringt;
Distanz und Absonderung die einzige Quelle der Sicherheit;
Angst, andere zu brauchen, Angst vor Bindungen, Vertrautheit, Liebe.

10. Das neurotische Bedürfnis nach Perfektion und Unangreifbarkeit (siehe *Neue Wege in der Psychoanalyse,* 3. Kapitel, über den Begriff des »Über-Ich« und *Escape from Freedom,* 5. Kapitel, über automatische Konformität);
schonungsloser Antrieb zur Perfektion;
Grübeln und Selbstbeschuldigungen hinsichtlich möglicher Unzulänglichkeiten;
Überlegenheitsgefühle anderen gegenüber wegen der eigenen Vollkommenheit;
Angst, Mängel in sich zu entdecken oder Fehler zu machen;
Angst vor Kritik oder Vorwürfen.

Eine bemerkenswerte Überlegung bei der Überprüfung dieser Tendenzen ist, daß keine der Bestrebungen und Einstellungen, die sie beinhalten, in sich selbst »abnormal« oder ohne menschlichen Wert ist. Die meisten von uns wünschen und schätzen Zuneigung, Selbstbeherrschung, Bescheidenheit, Rücksicht auf andere. Die Erfüllung seines Lebens von einem anderen Menschen zu erwarten, wird, zumindest für eine Frau, als »normal« oder sogar als Tugend angesehen. Unter den Bestrebungen sind einige, die hoch einzuschätzen wir nicht zögern würden. Selbständigkeit, Unabhängigkeit und Lenkung durch Vernunft werden allgemein als wertvolle Ziele betrachtet.

Angesichts dieser Tatsachen muß sich wieder und wieder die Frage erheben: Warum diese Tendenzen neurotisch nennen? Was stimmt wirklich nicht mit ihnen? Zugegeben, daß bei manchen Menschen gewisse Tendenzen vorherrschend sind, sogar ein Maß von Starre haben, während ganz andere Tendenzen das Verhalten von anderen bestimmen – ist nicht diese Vielfalt von Bestrebungen lediglich der Ausdruck von gegebenen Unterschieden zwischen Menschen mit unterschiedlichen Werteinstellungen, von unterschiedlichen Wegen, mit dem Leben fertig zu werden? Ist es zum Beispiel nicht natürlich, daß ein weichherziger Mensch Zuneigung schätzt, ein stärkerer wiederum Unabhängigkeit und Führung?

Diese Fragen aufzuwerfen ist nützlich, weil es nicht nur von theoretischer, sondern von außerordentlicher praktischer Bedeutung ist, die Unterschiede zwischen solchen grundlegenden menschlichen Bestrebungen und Wertungen und ihren neurotischen Korrelaten zu erkennen. Die Ziele der zwei Typen von Bestrebungen sind ähnlich, ihre Basis und ihre Bedeutung jedoch völlig unterschiedlich. Der Unterschied ist fast so groß wie der zwischen $+7$ und $-7$: in beiden Fällen haben wir die Zahl 7, genauso wie wir dieselben Worte verwenden, Zuneigung, Vernunft, Perfektion, aber das Präfix verändert Charakter und Wert. Die den offensichtlichen Ähnlichkeiten zugrundeliegenden Gegensätze wurden bereits kurz erwähnt in dem Vergleich zwischen dem Angestellten und dem Kind Clare, aber ein paar mehr verallgemeinerte Vergleiche sollen den Unterschied zwischen normalen und neurotischen Tendenzen näher beleuchten.

Ein Wunsch nach der Zuneigung anderer ist nur bedeutsam, wenn Zuneigung für sie vorhanden ist, ein Gefühl, etwas mit ihnen gemeinsam zu haben. Das Schwergewicht wird dann nicht nur auf der empfangenen Freundlichkeit liegen, sondern auch auf den positiven Gefühlen, die für andere zu empfinden und ihnen zu zeigen man fähig ist. Aber dem neurotischen Liebesbedürfnis fehlt der Wert der Gegenseitigkeit. Für den neurotischen Menschen zählen seine eigenen Gefühle der Zuneigung so wenig, wie sie es täten, wenn er von fremdartigen, gefährlichen Tieren umgeben wäre. Genau gesagt, wünscht er die Zuneigung der anderen nicht einmal wirklich, sondern ist lediglich daran interessiert, und zwar lebhaft und rastlos, daß sie keinen aggressiven Schritt gegen ihn unternehmen. Der einmalige Wert, der in gegenseitigem Verständnis, in Toleranz, Rücksicht, Mitgefühl liegt, hat in der Beziehung keinen Platz.

Ähnlich ist das Bestreben, unsere Gaben und unsere menschlichen Fähigkeiten zu vervollkommnen, gewiß unsere größten Anstrengungen wert, und zwar so sehr, daß es sich auf der Welt zweifellos besser leben ließe, wenn diese Bestrebungen in uns allen stark und lebendig wären. Das neurotische Perfektionsbedürfnis aber hat, obwohl es sich in identischen Formulierungen ausdrücken läßt, diesen besonderen Wert verloren, weil es einen Versuch darstellt, vollkommen zu sein oder zu erscheinen ohne Veränderung. Eine Möglichkeit zur Verbesserung besteht nicht, denn es ist erschreckend und wird daher vermieden, Bereiche in sich zu entdecken, die einer Änderung bedürften. Die einzige wirkliche Sorge richtet sich darauf, jede Unzulänglichkeit fortzuzaubern, damit man keinen Angriffen ausgesetzt wird, und das geheime Gefühl der Überlegenheit anderen gegenüber zu bewahren. Wie in dem neurotischen Liebesbedürfnis fehlt die eigene aktive Beteiligung, oder sie ist geschmälert. Statt ein aktives Bestreben zu sein, ist diese Tendenz ein statisches Beharren auf einem illusorischen Status quo.

Ein letzter Vergleich: Wir alle haben eine hohe Meinung von der Willenskraft und sehen sie als bedeutsam an, wenn sie in den Dienst von Bestrebungen gestellt wird, die selbst wichtig sind. Der neurotische Glaube an die Allmacht des Willens aber ist trügerisch, weil er die Grenzen völlig außer acht läßt, die auch den entschlossensten Anstrengungen trotzen können. Kein Aufgebot an Willensstärke holt uns aus einem Verkehrsstau am Sonntagnachmittag heraus. Überdies wird die Willenskraft entwertet, wenn der Beweis ihrer Effektivität zum Selbstzweck wird. Jedes Hindernis, das momentan Impulsen im Wege steht, wird den Menschen, der Opfer dieser neurotischen Tendenz ist, zu blinder, ungestümer Aktion treiben, ohne Rücksicht darauf, ob er das spezielle Ziel wirklich ersehnt. Die Ebenen sind faktisch umgekehrt: es ist nicht so, daß er Willenskraft besitzt, sondern sie besitzt ihn.

Diese Beispiele mögen genügen, um zu zeigen, daß die neurotischen Strebungen beinahe eine Karikatur der menschlichen Werte sind, denen sie ähneln. Ihnen fehlt Freiheit, Spontaneität und Sinn. Allzu häufig schließen sie illusorische Elemente ein. Ihr Wert ist rein subjektiv und liegt darin, daß sie die mehr oder minder verzweifelte Hoffnung auf Sicherheit und auf eine Lösung für alle Probleme enthalten.

Und ein weiterer Punkt sollte betont werden: Den neurotischen Tendenzen fehlen nicht nur die menschlichen Werte, die sie vorspiegeln, sondern sie repräsentieren nicht einmal das, was der Mensch möchte. Wenn er zum Beispiel alle seine Kräfte in das Streben nach sozialem Prestige oder Macht investiert, mag er glauben, daß er diese Ziele wirklich ersehnt; tatsächlich wird er, wie wir gesehen haben, nur dazu getrieben, sie zu ersehnen. Es ist, als fliege er in einem Flugzeug, das er zu steuern glaubt, während es tatsächlich ferngelenkt wird.

Es bleibt, annähernd zu verstehen, wie und in welchem Ausmaß die neurotischen Tendenzen den Charakter des Menschen bestimmen und sein Leben beeinflussen können. An erster Stelle machen es diese Bestrebungen notwendig, daß er gewisse ergänzende Einstellungen, Gefühle und Verhaltensweisen entwickelt. Wenn er zu schrankenloser Unabhängigkeit tendiert, wird er nach Einsamkeit und Zurückgezogenheit verlangen, sich vor allem hüten, was einem Eindringen in seine private Sphäre gleichkommt, Methoden entwickeln, andere auf Distanz zu halten. Neigt er zu einer Einengung des Lebens, wird er bescheiden, anspruchslos und bereit sein, sich jedem zu unterwerfen, der aggressiver ist als er.

Außerdem bestimmen die neurotischen Tendenzen weitgehend das Bild, das ein Mensch von dem hat, was er ist oder sein sollte. Alle Neurotiker sind ausgesprochen labil in ihrer Selbsteinschätzung und schwanken zwischen einem aufgetriebenen und einem reduzierten Selbstbild. Wenn eine neurotische Tendenz erkannt ist, wird es möglich, die Gründe definitiv zu verstehen, weshalb ein bestimmter Mensch von gewissen Bewertungen seiner selbst weiß und andere verdrängt, weshalb er bewußt oder unbewußt äußerst stolz auf gewisse Einstellungen oder Eigenschaften ist und andere aus keinem erkennbaren objektiven Grund geringschätzt.

Wenn zum Beispiel A einen schützenden Glauben an Vernunft und Voraussicht aufgebaut hat, wird er nicht nur überschätzen, was durch Vernunft im allgemeinen erreicht werden kann, sondern auch besonders stolz sein auf seine Urteilsfähigkeit, seinen Scharfsinn, seine Vorhersagen. Seine Vorstellungen hinsichtlich seiner Überlegenheit über andere werden dann in erster Linie aus seiner Überzeugung herrühren, daß ihm eine überlegene Intelligenz eigen sei. Und wenn B meint, er könne unmöglich selbständig dastehen, sondern müsse einen »Partner« haben, der seinem Leben Inhalt und Richtung gibt, überschätzt er nicht nur die Kraft der Liebe, sondern auch seine eigene Liebesfähigkeit. Er wird sein Bedürfnis, sich an einen anderen Menschen zu klammern, fälschlich für eine besonders große Liebesfähigkeit halten und auf diese illusorische Fähigkeit besonders stolz sein. Wenn schließlich die neurotische Tendenz von C dahin geht, jede Situation durch eigene Anstrengungen zu meistern, um jeden Preis von fremder Hilfe unabhängig zu sein, wird er übermäßig stolz darauf sein, daß er tüchtig und selbstvertrauend ist und niemals jemanden braucht.

Die Aufrechterhaltung dieser Überzeugungen – A 's Glauben an seine überlegene Urteilsfähigkeit, B's an seine liebevolle Natur, C's an seine Fähigkeit, seine Angelegenheiten ganz allein zu handhaben – wird ebenso zwanghaft wie die neurotischen Tendenzen, die sie hervorgebracht haben. Aber der Stolz auf diese Eigenschaften ist empfindlich und verletzlich, und das aus guten Gründen. Sein Fundament ist nicht allzu fest. Er ist auf eine zu schmale Basis gebaut und enthält zu viele illusorische Elemente. Eigentlich ist es mehr ein Stolz auf die Eigenschaften, die zur Unterstützung der neurotischen Tendenzen erforderlich sind, als auf tatsächlich vorhandene. Faktisch besitzt B eine sehr geringe Liebesfähigkeit, aber sein Glaube an diese Eigenschaft ist unentbehrlich, damit er die Falschheit seiner Bestrebungen nicht erkennt. Wenn er irgendeinen Zweifel an seiner liebevollen Natur hegen würde, müßte er erkennen, daß er in Wirklichkeit nicht nach jemandem sucht, den er liebt, sondern nach jemandem, der sein Leben ausschließlich ihm widmet, ohne daß er imstande wäre, viel dafür zu geben. Das würde eine solche ernsthafte Bedrohung seiner Sicherheit bedeuten, daß er auf eine Kritik dieser halb mit einer Mischung aus Panik und Feindseligkeit reagieren müßte, wobei die eine oder die andere überwiegt. Ähnlich wird A äußerst gereizt auf jeden Zweifel an der Richtigkeit seines Urteils reagieren. C andererseits, dessen Stolz darin liegt, daß er niemanden braucht, muß sich durch jede Andeutung, er könne ohne Hilfe oder Rat keinen Erfolg haben, verärgert fühlen. Die Angst und die Feindseligkeit, die durch solche Übergriffe auf das wohlgehütete Selbstbild erzeugt werden, beeinträchtigen die Beziehungen eines Menschen zu anderen weiterhin und zwingen ihn dadurch, sich um so stärker an seine Schutzvorrichtungen zu klammern.

Nicht nur die Selbstbewertung wird durch die neurotischen Tendenzen einschneidend beeinflußt, sondern auch die Einschätzung von anderen. Der Mensch, der nach Prestige verlangt, wird andere ausschließlich nach dem Ansehen, das sie genießen, beurteilen: wessen Prestige größer ist, den wird er über sich stellen, und auf den mit geringerem Ansehen wird er herabblikken ohne Rücksicht auf die wirklichen Werte. Der zwanghaft nachgiebige Mensch wird voraussichtlich kritiklose Bewunderung für das empfinden, was ihm als Stärke erscheint, auch wenn diese »Stärke« nur in unberechenbarem, skrupellosem Verhalten besteht. Der Mensch, der andere ausnutzen muß, kann eine gewisse Zuneigung zu jemanden fassen, der sich zur Ausnutzung hergibt, aber er verachtet ihn auch; er wird einen zwanghaft bescheidenen Menschen entweder für dumm oder für heuchlerisch halten. Der zwanghaft abhängige Mensch kann den zwanghaft unabhängigen neidisch betrachten, weil er ihn frei und ungehemmt glaubt, obwohl dieser faktisch nur Opfer einer anderen neurotischen Tendenz ist.

Eine letzte Konsequenz, die hier zu erörtern ist, sind die Hemmungen, die aus den neurotischen Tendenzen resultieren. Hemmungen können begrenzt sein, das heißt, eine konkrete Handlung, Empfindung oder Emotion betreffen und dabei etwa in Form von Impotenz oder einer Hemmung zu telefonieren auftreten. Oder sie können nicht klar abgegrenzt sein und ganze Lebensbereiche betreffen, wie Geltungsbedürfnis, Spontaneität, Ansprüche stellen, Menschen nahekommen. Nicht klar abgegrenzte Hemmungen sind zwar bedeutsamer, aber weniger greifbar*. Wenn sie sehr stark werden, kann der Betroffene zumeist wissen, daß er gehemmt ist, ohne jedoch zu erkennen, in welcher spezifischen Richtung. Sie können andererseits so

* Siehe H. Schultz-Hencke, *Der gehemmte Mensch.*

subtil und verborgen sein, daß der Betroffene von ihrem Vorhandensein und ihrer Wirkungskraft nichts weiß. Die Bewußtheit von Hemmungen kann auf verschiedene Weise vernebelt sein, von denen eine der üblichsten die Rationalisierung ist: ein Mensch, der Hemmungen hat, mit anderen bei gesellschaftlichen Zusammenkünften zu sprechen, kann wissen, daß er in dieser Beziehung gehemmt ist, kann aber auch einfach glauben, er möge Partys nicht und halte sie für langweilig, und viele gute Gründe finden, Einladungen abzulehnen.

Die Hemmungen, die von neurotischen Tendenzen hervorgerufen werden, sind in erster Linie nicht klar abgegrenzt. Zur Verdeutlichung wollen wir den von einer neurotischen Tendenz Befallenen mit einem Seiltänzer vergleichen. Dieser muß, um das andere Ende des Seils zu erreichen, ohne hinunterzufallen, jeden Blick nach rechts oder links vermeiden und sein Augenmerk ständig auf das Seil richten. Hier würden wir nicht von einer Hemmung, zur Seite zu blicken, sprechen, weil der Seiltänzer die darin enthaltene Gefahr klar erkennt und sie bewußt vermeidet. Ein Mensch, der Opfer einer neurotischen Tendenz ist, muß gleichfalls jedes Abweichen vom vorgeschriebenen Weg ängstlich vermeiden, aber in seinem Fall besteht ein bedeutsamer Unterschied, denn bei ihm ist der Prozeß unbewußt: starke Hemmungen hindern ihn, von dem für ihn festgelegten Kurs abzuweichen.

So wird ein Mensch, der sich von einem Partner abhängig macht, gehemmt sein, von sich aus selbständige Schritte zu tun; ein Mensch, der zu einer Einengung des Lebens neigt, wird gehemmt sein, irgendwelche umfassenden Wünsche zu haben, und, noch mehr, sie geltend zu machen; ein Mensch mit einem neurotischen Bedürfnis, sich selbst und andere durch Vernunft zu beherrschen, wird gehemmt sein, irgendein starkes Gefühl zu empfinden; und ein Mensch mit einer neurotischen Sucht nach Prestige wird gehemmt sein, in der Öffentlichkeit zu tanzen oder zu reden oder sonst irgend etwas zu tun, das sein Ansehen beeinträchtigen könnte; tatsächlich kann seine gesamte Lernfähigkeit gelähmt sein, weil es für ihn unerträglich ist, im Anfangsstadium unbeholfen zu erscheinen. So unterschiedlich sie sind, haben doch alle diese Hemmungen ein gemeinsames Merkmal: sie bilden sämtlich ein Hindernis für jede Spontaneität des Fühlens, Denkens und Handelns. Man kann nicht mehr als eine einstudierte Spontaneität haben, wenn man auf einem Seil tanzt. Und die Panik, die einen Neurotiker erfaßt, wenn ihn etwas dazu verleitet, seine festgelegten Grenzen zu überschreiten, ist nicht weniger akut als die des Seiltänzers, der das Gleichgewicht verliert.

So erzeugt jede neurotische Tendenz nicht nur eine spezifische Angst, sondern auch spezifische Verhaltensweisen, ein spezifisches Bild von sich selbst und anderen, einen spezifischen Stolz, eine spezifische Art von Verletzlichkeit und spezifische Hemmungen.

Bisher haben wir die Dinge simplifiziert, indem wir annahmen, daß jeder einzelne Mensch nur eine neurotische Tendenz oder eine Kombination von verwandten Tendenzen habe. Es wurde dargelegt, daß eine Tendenz, sein Leben einem Partner zu überantworten, häufig zusammengeht mit einem allgemeinen Liebesbedürfnis und einer Tendenz, sein Leben auf enge Grenzen zu beschränken; daß ein Verlangen nach Macht so häufig mit einem Verlangen nach Prestige zusammengeht, daß beide als zwei Aspekte derselben Tendenz erscheinen können; daß ein Beharren auf absoluter Unabhängigkeit und Selbständigkeit oft mit einer Überzeugung verflochten ist, das Leben sei durch Vernunft und Voraussicht zu meistern. Bei diesen Beispielen kompliziert die Koexistenz von verschiedenen Tendenzen das Bild nicht nennenswert, weil die verschiedenen Tendenzen zwar zuweilen kollidieren können – das Bedürfnis zu dominieren überschneiden –, ihre Ziele aber trotzdem nicht zu weit auseinander liegen. Das bedeutet nicht, daß es keine Konflikte gibt: jede neurotische Tendenz trägt den Keim für Konflikte in sich. Aber wenn die Tendenzen verwandt sind, lassen sich die Konflikte durch Verdrängung, Ausweichen und ähnliches handhaben, freilich zum großen Nachteil für den einzelnen.

Die Situation verändert sich wesentlich, wenn ein Mensch mehrere neurotische Tendenzen entwickelt hat, die ihrer Natur nach unvereinbar sind. Seine Lage ist dann der eines Dieners vergleichbar, der von zwei Herren abhängig ist, die widersprechende Befehle geben und beide blinden Gehorsam erwarten. Wenn Willfährigkeit für ihn ebenso zwanghaft ist wie absolute Unabhängigkeit, fühlt er sich in einen Konflikt hineingerissen, der keine dauerhafte Lösung zuläßt. Er wird nach Kompromißlösungen greifen, aber Zusammenstöße werden unvermeidlich sein; eine Bestrebung muß ständig mit ihrem Gegenteil in Konflikt geraten. Die gleiche ausweglose Situation tritt ein, wenn ein neurotisches Bedürfnis, andere auf diktatorische Weise zu beherrschen, zusammengeht mit dem Bestreben, sich auf einen anderen Menschen zu stützen, oder wenn ein Bedürfnis, andere auszunutzen, was die Produktivität des Betreffenden ausschließt, ebenso intensiv ist wie das Bedürfnis, als das überlegene, beschützende Genie bewundert zu werden. Es geschieht faktisch, wann immer widersprechende Tendenzen zusammen existieren.

Die neurotischen »Symptome«, wie Phobien, Depressionen, Alkoholismus, resultieren letztlich aus diesen Konflikten. Je gründlicher wir diese Tatsache erkennen, desto weniger werden wir versucht sein, die Symtome direkt zu deuten. Wenn sie das Ergebnis von widersprechenden Tendenzen sind, ist der Versuch, sie zu verstehen, so gut wie nutzlos, ohne zuvor Verständnis für die zugrundeliegende Struktur erlangt zu haben.

Es sollte jetzt klar sein, daß der Kern einer »Neurose« die neurotische Charakterstruktur ist, deren Brennpunkte die neurotischen Tendenzen sind. Von diesen bildet jede den Kern einer Struktur innerhalb der Persönlichkeit, und jede dieser Unterstrukturen steht in vielfältiger Wechselbeziehung zu anderen. Es ist nicht von theoretischem Interesse, sondern von außerordentlicher praktischer Bedeutung, sich das Wesen und das komplexe Gefüge dieser Charakterstruktur klarzumachen. Selbst Psychiater, von Laien ganz zu schweigen, neigen dazu, die Kompliziertheiten im Charakter des modernen Menschen zu unterschätzen.

Die neurotische Charakterstruktur ist mehr oder weniger starr, aber sie ist auch gefährdet und verletzlich wegen ihrer vielen schwachen Stellen – ihrer Vorwände, Selbsttäuschungen und Illusionen. An zahllosen Punkten, deren Natur bei jedem einzelnen unterschiedlich ist, läßt sich ihr Funktionsversagen wahrnehmen. Der Mensch selbst spürt stark, daß etwas grundlegend nicht stimmt, wenngleich er nicht weiß, was es ist. Er kann nachdrücklich behaupten, alles sei in Ordnung, bis auf seine Kopfschmerzen oder seine Freßlust, stellt aber tief im Innern fest, daß etwas nicht stimmt.

Er ist nicht nur in Unkenntnis über den Ursprung der Störung, sondern hat auch erhebliches Interesse daran, unwissend zu bleiben, weil, wie oben betont, seine neurotischen Tendenzen einen bestimmten subjektiven Wert für ihn haben. In dieser Lage gibt es zwei Wege, die er einschlagen kann: Er kann, trotz des subjektiven Wertes seiner neurotischen Tendenzen, das Wesen und die Ursachen der Defekte untersuchen, die sie hervorrufen; oder er kann ableugnen, daß etwas nicht in Ordnung ist oder geändert werden kann.

In der Analyse werden beide Richtungen verfolgt, wobei die eine oder andere zu verschiedenen Zeiten vorherrscht. Je unentbehrlicher die neurotischen Tendenzen für einen Menschen sind und je fragwürdiger ihr tatsächlicher Wert ist, desto heftiger und starrer muß er sie verteidigen und rechtfertigen. Diese Situation ist dem Bedürfnis einer Regierung vergleichbar, ihre Handlungen zu verteidigen und zu rechtfertigen. Je umstrittener die Regierung, desto weniger kann sie Kritik dulden, und desto mehr muß sie ihre Rechte behaupten. Diese Selbstrechtfertigungen machen das aus, was ich sekundäre Abwehrsysteme nennen möchte. Ihr Zweck ist es, nicht nur diesen oder jenen fragwürdigen Faktor zu verteidigen, sondern die Erhaltung der gesamten neurotischen Struktur zu sichern. Sie sind wie ein Minengürtel, der zum Schutz um die Neurose gelegt worden ist. Wenn sie auch unterschiedlich im Detail erscheinen, so ist ihr gemeinsamer Nenner doch eine Überzeugung, daß im wesentlichen alles richtig, gut oder unabänderlich sei.

Es geschieht in Übereinstimmung mit der umfassenden Funktion der sekundären Abwehrsysteme, daß die Einstellungen, die sie nach sich zieht, auf Verallgemeinerung gerichtet sind, um kein Hintertürchen offenzulassen. So wird zum Beispiel jemand, der sich mit einem Panzer von Selbstgerechtigkeit umgeben hat, nicht nur seinen Machttrieb als richtig, vernünftig und gerechtfertigt verteidigen, sondern auch außerstande sein zuzugeben, daß irgend etwas, das er tut, so belanglos es auch sein mag, falsch oder fragwürdig sei. Die sekundären Abwehrsysteme können so verborgen sein, daß sie nur während der analytischen Arbeit entdeckt werden, oder sie können einen hervorstechenden Zug des wahrnehmbaren Persönlichkeitsbildes darstellen; sie sind zum Beispiel leicht in dem Menschen zu erkennen, der immer recht haben muß. Sie müssen nicht unbedingt als Charakterzug auftreten, sondern können die Erscheinungsform moralischer oder wissenschaftlicher Überzeugungen annehmen; so stellt eine Überbetonung konstitutioneller Faktoren oft die Überzeugung eines Menschen dar, er sei »von Natur aus« so, wie er ist, und daher sei alles unabänderlich. Auch die Intensität und Starrheit dieser Abwehrsysteme variieren beträchtlich. Bei Clare zum Beispiel, deren Analyse wir durch das Buch verfolgen, spielten sie kaum eine Rolle. Bei anderen können sie so stark sein, daß sie jeden Versuch einer Analyse unmöglich machen. Je mehr ein Mensch darauf versessen ist, den Status quo aufrechtzuerhalten, desto undurchdringlicher sind seine Abwehrmechanismen. Aber obwohl es Schwankungsbereiche in der Transparenz, der Intensität und den Äußerungen gibt, zeigen die sekundären Abwehrsysteme im Gegensatz zu den vielfältigen Nuancierungen und Varianten der neurotischen Charakterstruktur selbst eine monotone Wiederholung der Themen »gut«, »richtig«, »unabänderlich« in dieser oder jener Verbindung.

Ich möchte jetzt auf meine anfängliche Behauptung zurückkommen, daß neurotische Tendenzen im Zentrum psychischer Störungen liegen. Diese Feststellung bedeutet natürlich nicht, daß die neurotischen Tendenzen das sind, was das Individuum überaus stark als Störungen empfindet: wie zuvor erwähnt, weiß es gewöhnlich nicht, daß sie die Triebkräfte in seinem Leben sind. Ebensowenig heißt das, daß die neurotischen Tendenzen der grundlegende Ursprung aller psychischen Leiden sind: die Tendenzen selbst sind ein Ergebnis früherer Störungen, Konflikte, die in den menschlichen Beziehungen vorgekommen sind. Meine Behauptung besagt vielmehr, daß der Brennpunkt in der gesamten neurotischen Struktur das ist, was ich als neurotische Tendenzen bezeichnet habe. Sie liefern einen Ausweg aus den anfänglichen Nöten, indem sie eine Hoffnung bieten, daß man trotz gestörter Beziehungen zu sich selbst und anderen mit dem Leben fertig werden kann. Aber sie erzeugen auch eine große Anzahl neuer Störungen: Illusionen über die Welt und über das Ich, Verwundbarkeiten, Hemmungen, Konflikte. Sie sind gleichzeitig eine Lösung anfänglicher Schwierigkeiten und eine Quelle für weitere.

3. Kapitel

# Stadien psychoanalytischer Einsicht

Eine Kenntnis der neurotischen Tendenzen und ihrer Mitgegebenheiten gibt einen ungefähren Begriff von dem, was in der Analyse durchzuarbeiten ist. Es ist jedoch ebenfalls wünschenswert, etwas über die Reihenfolge zu wissen, in der die Arbeit getan werden muß. Werden Probleme Hals über Kopf angepackt? Erhält man eine stückweise Einsicht hier und da, bis schließlich die Teile des Puzzlespiels zu einem verständlichen Bild zusammengesetzt werden? Oder gibt es Prinzipien, die als Leitfaden in dem sich anbietenden labyrinthischen Material dienen können?

Freuds Antwort auf diese Frage erscheint einfach genug. Freud erklärte, daß ein Mensch in der Analyse zuerst dieselbe Fassade bieten wird, die er der Welt im allgemeinen präsentiert, und daß dann seine verdrängten Bestrebungen allmählich auftauchen werden, und zwar nacheinander von den weniger bis zu den mehr verdrängten. Wenn wir das analytische Verfahren aus der Vogelperspektive betrachten würden, wäre diese Antwort immer noch gültig. Und sogar als Arbeitsrichtung wäre das darin enthaltene allgemeine Prinzip gut genug, wenn die zu machenden Entdeckungen sich um eine einzige Längsachse herumgruppieren würden, an der entlang wir unseren gewundenen Weg in die Tiefen zurücklegen müßten. Aber wenn wir annehmen würden, daß dies der Fall ist, wenn wir annehmen würden, daß wir, sofern wir nur jedwelches Material, das auftaucht, weiteranalysieren, Schritt für Schritt in *das* verdrängte Gebiet eindringen werden, können wir uns leicht in einem Zustand von Verwirrung wiederfinden – was freilich nicht selten geschieht.

Die Theorie der Neurosen, die im vorhergehenden Kapitel entwickelt wurde, gibt uns spezifischere Anhaltspunkte. Sie postuliert, daß es mehrere Brennpunkte in der neurotischen Persönlichkeit gibt, die durch die neurotischen Tendenzen und die um jede von ihnen errichtete Struktur bestimmt sind. Die Folgerung, die für das therapeutische Verfahren zu ziehen ist, besteht kurz darin, daß wir jede Tendenz entdecken und jedesmal in die Tiefen hinuntersteigen müssen. Konkreter ausgedrückt: Die Mitgegebenheiten jeder neurotischen Tendenz werden in unterschiedlichem Maße verdrängt. Die weniger tief verdrängten werden als erste zugänglich; die tiefer verdrängten werden später zutage treten. Das umfassende Beispiel von Selbstanalyse, das im achten Kapitel dargestellt wird, wird diesen Punkt veranschaulichen.

Das gleiche Prinzip gilt für die Reihenfolge, in der die neurotischen Tendenzen selbst angegangen werden können. Ein Patient wird damit anfangen, daß er die Folgeerscheinungen seines Bedürfnisses nach absoluter Unabhängigkeit und Überlegenheit darstellt, und erst viel später kann man Hinweise auf seine Willfährigkeit oder sein Liebesbedürfnis entdecken und sich damit befassen. Der nächste Patient wird als erstes sein Bedürfnis, geliebt und anerkannt zu werden, offen zeigen, und seine Tendenzen, andere zu beherrschen, könnten, sofern er sie hat, unmöglich zu Beginn angegangen werden; ein dritter aber wird von Anfang an einen hochentwickelten Machttrieb bekunden. Die Tatsache, daß eine Tendenz sich zu Beginn zeigt, besagt nichts über ihre relative Wichtigkeit oder Unwichtigkeit: die neurotische Tendenz, die zuerst sichtbar wird, ist nicht unbedingt die stärkste in dem Sinn, daß sie den größten Einfluß auf die Persönlichkeit hat. Wir könnten vielmehr sagen, daß sich jene Tendenz als erste herauskristallisieren wird, die am besten mit dem bewußten oder halbbewußten Selbstbild des Betreffenden übereinstimmt. Wenn sekundäre Abwehrmechanismen – die Mittel der Selbstrechtfertigung – hoch entwickelt sind, können sie das Bild von Anfang an beherrschen. In diesem Fall werden die neurotischen Tendenzen erst später sichtbar und zugänglich.

Ich möchte die Stadien der Einsicht durch das Bespiel der Patientin Clare veranschaulichen, deren Kindheitsgeschichte im vorhergehenden Kapitel kurz skizziert wurde. Wenn die Analyse zu diesem Zweck dargestellt wird, muß sie natürlich stark vereinfacht und schematisiert werden. Ich muß nicht nur viele Details und Verästelungen weglassen, sondern auch alle Schwierigkeiten, auf die wir während der analytischen Arbeit trafen. Überdies wirken die verschiedenen Phasen in der Zusammenfassung klarer umrissen, als sie es tatsächlich waren: Faktoren, die in dem Bericht als zur ersten Phase gehörend auftauchen, traten da zum Beispiel nur undeutlich zutage und wurden erst im Verlauf der Analyse klarer. Ich glaube jedoch, daß diese Ungenauigkeiten der Gültigkeit der dargelegten Prinzipien nicht nennenswert Abbruch tun.

Clare kam mit dreißig Jahren aus verschiedenen Gründen zur analytischen Behandlung. Sie wurde leicht von einer lähmenden Müdigkeit befallen, die ihre Arbeit und ihr gesellschaftliches Leben beeinträchtigte. Außerdem klagte sie über ein ungewöhnlich geringes Selbstvertrauen. Sie war Chefredakteurin einer Zeitschrift, und obwohl ihre berufliche Karriere sowie ihre derzeitige Position befriedigend waren, wurde ihr Ehrgeiz, Theaterstücke und Geschichten zu schreiben, von unüberwindlichen Hemmungen eingedämmt. Ihre Routinearbeit konnte sie tun, war aber außerstande, schöpferische Arbeit zu leisten; allerdings war sie geneigt, diese Unfähigkeit mit dem Hinweis auf ihre wahrscheinlich fehlende Begabung zu erklären. Sie hatte mit zweiundzwanzig geheiratet, aber der Mann war nach drei Jahren gestorben. Nach der Ehe hatte sie eine Beziehung zu einem anderen Mann, die während der Analyse weiterging. Gemäß ihrer anfänglichen Darstellung waren beide Beziehungen sowohl sexuell als auch sonst befriedigend.

Die Analyse erstreckte sich über einen Zeitraum von viereinhalb Jahren. Sie wurde anderthalb Jahre lang analysiert. Dieser Zeit folgte eine Unterbrechung von zwei Jahren, in denen sie ein gutes Stück Selbstanalyse leistete, danach kehrte sie für ein weiteres Jahr in unregelmäßigen Abständen zur Analyse zurück.

Clares Analyse ließe sich grob in drei Phasen einteilen: die Aufdeckung ihrer neurotischen Bescheidenheit; die Aufdeckung ihrer neurotischen Abhängigkeit von einem Partner und schließlich die Aufdeckung ihres neurotischen Bedürfnisses, andere zu zwingen, ihre Überlegenheit anzuerkennen. Keine dieser Tendenzen war für sie selbst oder für andere wahrnehmbar.

In der ersten Periode waren die Tatsachen, die auf neurotische Elemente schließen ließen, folgende. Sie neigte dazu, ihren Wert und ihre Fähigkeiten herabzusetzen: sie war nicht nur unsicher hinsichtlich ihrer positiven Eigenschaften, sondern bestritt deren Vorhandensein hartnäckig und beharrte darauf, daß sie weder intelligent noch attraktiv noch begabt sei, und tendierte dazu, den Beweis des Gegenteils abzutun. Außerdem neigte sie dazu, andere als ihr überlegen anzusehen. Wenn eine Meinungsverschiedenheit bestand, glaubte sie automatisch, die anderen hätten recht. Sie erinnerte sich, daß sie, als ihr Mann eine Liaison mit einer anderen angefangen hatte, nicht dagegen aufbegehrte, obwohl die Erfahrung äußerst schmerzlich für sie war; sie brachte es fertig, es als berechtigt anzusehen, daß er die andere vorzog, mit der Begründung, diese sei attraktiver und liebewoller. Ferner war es ihr fast unmöglich, Geld für sich selbst auszugeben: wenn sie mit anderen reiste, konnte sie es genießen, in teuren Hotels zu wohnen, auch wenn sie ihren Anteil an den Kosten beitrug, aber sobald sie allein war, konnte sie sich nicht dazu überwinden, Geld für Dinge wie Reisen, Kleider, Theater, Bücher auszugeben. Schließlich war es ihr trotz ihrer leitenden Stellung unmöglich, Anordnungen zu erteilen: wenn diese unumgänglich waren, sprach sie sie entschuldigend aus.

Der aus solchen Tatsachen gezogene Schluß war, daß sie eine neurotische Bescheidenheit entwickelt hatte, daß sie sich gezwungen fühlte, ihr Leben auf enge Grenzen zu beschränken und stets einen zweiten oder dritten Platz einzunehmen. Als diese Tendenz einmal erkannt und ihr Ursprung in der Kindheit besprochen war, begannen wir systematisch nach ihren Äußerungen und ihren Folgeerscheinungen zu forschen. Welche Rolle spielte diese Tendenz de facto in ihrem Leben?

Sie konnte sich in keiner Weise durchsetzen. Bei Diskussionen wurde sie leicht durch die Meinungen anderer schwankend gemacht. Trotz ihrer guten Fähigkeit, Menschen zu beurteilen, war sie außerstande, gegenüber irgend jemanden oder irgend etwas eine kritische Haltung einzunehmen, außer beim Edieren, wo ein kritischer Standpunkt von ihr erwartet wurde. Sie war auf ernstliche Schwierigkeiten gestoßen, als sie beispielsweise nicht erkannt hatte, daß ein Kollege versuchte, ihre Stellung zu unterminieren; als diese Situation anderen bereits völlig klar war, betrachtete sie ihn immer noch als ihren Freund. Ihr zwanghafter Drang, den zweiten Platz einzunehmen, zeigte sich deutlich bei Spielen: beim Tennis etwa war sie zwar gewöhnlich zu gehemmt, um gut zu spielen, gelegentlich aber dazu imstande, und sobald sie dann merkte, daß sie gewinnen könnte, begann sie schlecht zu spielen. Die Wünsche anderer waren wichtiger als ihre eigenen: sie war es zufrieden, ihren Urlaub während der Zeit zu nehmen, die bei anderen am wenigsten beliebt war, und sie arbeitete mehr, als sie nötig hatte, wenn die anderen sich über den Arbeitsanfall beklagten.

Höchst bedeutsam war eine allgemeine Unterdrückung ihrer Gefühle und Wünsche. Ihre Hemmungen in bezug auf weitreichende Pläne betrachtete sie als besonders »realistisch« wie jemand, der übertriebene Erwartungen an das Leben stellt; sie hielt lediglich ihre Wünsche unterhalb der Ebene des Erreichbaren. Sie war unrealistisch, da sie auf jede Weise unter ihren Verhältnissen lebte – gesellschaftlich, wirtschaftlich, beruflich, geistig. Wie ihr späteres Leben zeigte, war es erreichbar für sie, von vielen Menschen gern gehabt zu werden, attraktiv auszusehen, etwas zu schreiben, das wertvoll und schöpferisch war.

Die ganz allgemeinen Folgeerscheinungen dieser Tendenz waren eine zunehmende Schwächung des Selbstvertrauens und eine weitreichende Unzufriedenheit mit dem Leben. Von letzterer hatte sie nicht die mindeste Kenntnis gehabt und konnte auch nichts davon wissen, solange alles für sie »gut genug« und sie sich nicht deutlich bewußt war, daß sie Wünsche hatte oder daß diese nicht erfüllt wurden. Die einzige Weise, auf die sich diese allgemeine Unzufriedenheit mit dem Leben gezeigt hatte, war in belanglosen Dingen und in plötzlichen Tränenausbrüchen, die von Zeit zu Zeit vorgekommen und ihr absolut unverständlich gewesen waren.

Eine ganze Weile erkannte sie die Richtigkeit dieser Entdekkungen nur unvollständig; bei wichtigen Sachen machte sie den stillschweigenden Vorbehalt, daß ich sie entweder unterschätzte oder es für eine gute Therapie hielte, sie zu ermutigen. Schließlich jedoch erkannte sie auf recht dramatische Weise, daß echte, heftige Angst hinter der Fassade der Bescheidenheit verborgen war. Es war zu einer Zeit, als sie einen Verbesserungsvorschlag für die Zeitschrift machen wollte. Sie wußte, daß ihr Plan gut war, daß er nicht auf zuviel Widerstand stoßen und daß ihn schließlich jeder begrüßen würde. Bevor sie jedoch den Vorschlag machte, hatte sie eine heftige Panik, die auf keine Weise rationalisiert werden konnte. Zu Beginn der Diskussion war sie immer noch übernervös und mußte das Zimmer wegen eines plötzlichen Durchfalls verlassen. Aber als die Diskussion sich zunehmend zu ihren Gunsten wandte, ließ die Panik nach. Der Plan wurde schließlich akzeptiert, und sie erhielt beträchtliche Anerkennung. Sie ging mit einem Gefühl freudiger Erregung nach Hause und war immer noch guter Stimmung, als sie zur nächsten Sitzung kam.

Ich machte eine beiläufige Bemerkung des Inhalts, daß dies doch ein schöner Triumph für sie sei, was sie leicht verärgert zurückwies. Natürlich hatte sie die Anerkennung genossen, aber es überwog in ihr das Gefühl, einer großen Gefahr entronnen zu sein. Erst nachdem über zwei Jahre verstrichen waren, konnte sie sich mit den anderen Elementen befassen, die diese Erfahrung in sich schloß und die auf der Linie von Ehrgeiz, Angst oder Versagen, Triumph lagen. Zu der Zeit waren ihre Gefühle, wie sie sich in ihren Assoziationen ausdrückten, alle auf das Problem der Bescheidenheit konzentriert. Sie meinte, es sei vermessen von ihr gewesen, einen neuen Plan vorzulegen. Wer war sie denn, es besser zu wissen! Doch allmählich wurde ihr klar, daß diese Einstellung auf Folgendem beruhte: Eine andere Arbeitsweise vorzuschlagen, bedeutete für sie, sich aus den engen künstlichen Grenzen herauszuwagen, die sie sorgsam gehütet hatte. Erst als sie die Richtigkeit dieser Beobachtung erkannte, wurde sie restlos davon überzeugt, daß ihre Bescheidenheit eine Fassade war, die um der Sicherheit willen aufrechterhalten werden mußte. Das Ergebnis dieser ersten Arbeitsphase war ein beginnender Glauben an sich selbst und der erwachende Mut, eigene Wünsche und Ansichten zu haben und zu vertreten.

Die zweite Periode wurde vornehmlich der Arbeit an ihrer Abhängigkeit von einem »Partner« gewidmet. Die meisten der darin einbezogenen Probleme arbeitete sie selbst durch, wie später mehr im einzelnen zu berichten sein wird. Diese Abhängigkeit wurde trotz ihrer überwältigenden Stärke noch tiefer verdrängt als die vorige Tendenz. Es war ihr nie der Gedanke gekommen, daß bei ihren Beziehungen zu Männern irgend etwas nicht stimmte. Sie hatte sie im Gegenteil für besonders gut gehalten. Die Analyse änderte dieses Bild allmählich.

Es gab drei Hauptfaktoren, die eine neurotische Abhängigkeit nahelegten. Der erste war, daß sie sich völlig verloren fühlte wie ein kleines Kind in einem unbekannten Wald, wenn eine Beziehung endete oder wenn sie vorübergehend von einem Menschen getrennt war, der ihr etwas bedeutete. Die erste Erfahrung dieser Art kam, als sie mit zwanzig Jahren von zu Hause fortging. Sie fühlte sich damals wie eine Feder, die im All herumgeweht wird, und ihrer ihrer Mutter verzweifelte Briefe, in denen sie erklärte, sie könne ohne sie nicht leben. Dieses Heimweh hörte auf, als sie mit einem älteren Mann eine Art Flirt begann, einem erfolgreichen Schriftsteller, der sich für ihre Arbeit interessierte und sie auf gönnerhafte Weise förderte. Natürlich ließ sich diese erste Erfahrung, sich verloren zu fühlen, wenn sie allein war, aufgrund ihrer Jugend und des behüteten Lebens, das sie geführt hatte, verstehen. Aber spätere Reaktionen waren im wesentlichen die gleichen und bildeten einen seltsamen Gegensatz zu der recht erfolgreichen beruflichen Karriere, die sie trotz der zuvor erwähnten Schwierigkeiten machte.

Die zweite auffallende Tatsache war, daß bei jeder dieser Beziehungen die ganze Umwelt um sie versank und nur der Geliebte überhaupt zählte. Gedanken und Gefühle kreisten um einen Anruf, einen Brief oder einen Besuch von ihm; Stunden, die sie ohne ihn verbrachte, waren leer, nur vom Warten auf ihn erfüllt, vom Grübeln über seine Einstellung zu ihr und vor allem davon, daß sie sich zutiefst unglücklich fühlte über Vorfälle, die sie als sträfliche Vernachlässigung oder als demütigende Zurückweisung empfand. In diesen Zeiten verloren andere menschliche Beziehungen, ihre Arbeit und sonstige Interessen nahezu jeden Wert für sie.

Der dritte Faktor war eine Phantasie von einem großen, herrischen Mann, dessen willige Sklavin sie war und der ihr dafür alles gab, was sie wollte, von einer Fülle materieller Dinge bis zu einer Fülle geistiger Anregungen, und sie zu einer berühmten Schriftstellerin machte.

Als die Mitgegebenheiten dieser Faktoren schrittweise erkannt wurden, kam das zwanghafte Bedürfnis, sich auf einen »Partner« zu stützen, zum Vorschein und wurde in seinen charakteristischen Merkmalen und Konsequenzen durchgearbeitet. Sein Hauptmerkmal war eine vollständig verdrängte parasitäre Einstellung, ein unbewußter Wunsch, sich vom Partner zu ernähren, von ihm zu erwarten, daß er ihrem Leben den Inhalt lieferte, Verantwortung für sie übernahm, alle ihre Schwierigkeiten löste und sie zu einer bedeutenden Persönlichkeit machte, ohne daß sie sich dafür selbst anstrengen mußte. Diese Tendenz hatte sie nicht nur anderen Menschen entfremdet, sondern auch dem Partner selbst, weil die unvermeidlichen Enttäuschungen, die sie empfand, wenn ihre geheimen Erwartungen an ihn unerfüllt blieben, eine tiefe innere Verärgerung verursachten; diese Gereiztheit wurde größtenteils unterdrückt aus Angst, den Partner zu verlieren, aber einiges davon kam in gelegentlichen Ausbrüchen zum Vorschein. Eine andere Folgeerscheinung war, daß sie sich über nichts freuen konnte, es sei denn, sie teilte es mit dem Partner. Ganz generell hatte diese Tendenz zur Folge, daß ihre Beziehungen nur dazu beitrugen, sie unsicherer und passiver zu machen und Selbstverachtung zu erzeugen.

Die Wechselbeziehungen zwischen dieser Tendenz und der vorigen waren zweifach. Einerseits war ihre neurotische Bescheidenheit einer der Gründe, die ihr Bedürfnis nach einem Partner erklärten. Da sie sich nicht ihrer eigenen Wünsche annehmen konnte, mußte sie jemand anders haben, der das tat. Da sie sich nicht verteidigen konnte, brauchte sie jemand anders, der sie in Schutz nahm. Da sie ihre eigenen Qualitäten nicht erkennen konnte, brauchte sie jemand anders, der ihren Wert bestätigte. Andererseits bestand ein heftiger Konflikt zwischen der neurotischen Bescheidenheit und den zu hochgespannten Erwartungen an den Partner. Wegen dieses unbewußten Konflikts mußte sie die Situation jedesmal, wenn sie über unerfüllte Erwartungen enttäuscht war, verdrehen. In solchen Situationen empfand sie sich als Opfer unerträglich harter und schmählicher Behandlung und fühlte sich deshalb elend und feindselig. Die Feindseligkeit mußte größtenteils unterdrückt werden aus Angst vor dem Verlassenwerden, aber ihr Vorhandensein untergrub die Beziehung und verkehrte ihre Erwartungen in rachsüchtige Ansprüche. Es zeigte sich, daß die daraus resultierenden Meinungsverschiedenheiten großen Einfluß auf ihre Müdigkeit und ihre Arbeitshemmung in schöpferischer Hinsicht hatten.

Das Ergebnis dieser Periode analytischer Arbeit war, daß sie ihre parasitäre Hilflosigkeit überwand und zu größerer eigener Aktivität fähig wurde. Die Müdigkeit war nicht mehr kontinuierlich, sondern trat nur gelegentlich auf. Sie wurde fähig zu schreiben, wenn sie auch immer noch starken Widerständen entgegentreten mußte. Ihre Beziehungen zu Menschen wurden freundlicher, waren allerdings immer noch weit entfernt von Spontaneität; sie wirkte auf andere arrogant, während sie sich nach wie vor recht schüchtern vorkam. Die allgemeine Veränderung in ihr drückte sich in einem Traum aus, in dem sie mit ihrem Freund in einem fremden Land Auto fuhr und ihr einfiel, daß auch sie einen Führerschein beantragen könnte. Tatsächlich besaß sie einen und konnte ebensogut Autofahren wie ihr Freund. Der Traum symbolisierte eine aufdämmernde Einsicht, daß sie eigene Rechte hatte und sich nicht wie ein hilfloses Anhängsel zu fühlen brauchte.

Die dritte und letzte Periode analytischer Arbeit befaßte sich mit verdrängten ehrgeizigen Bestrebungen. Es hatte eine Zeit in ihrem Leben gegeben, in der sie von fanatischem Ehrgeiz besessen war. Das hatte von ihren letzten Jahren in der Mittelschule bis zu ihrem zweiten Jahr im College gedauert und sich dann anscheinend gelegt. Man konnte nur hypothetisch schließen, daß er unterschwellig immer noch weiterwirkte. Dafür sprach, daß sie durch jede Anerkennung ermutigt wurde und außer sich vor Freude geriet, und ebenso ihre Furcht vor Versagen und die Angst, die jeder Versuch zu selbständiger Arbeit mit sich brachte.

Diese Tendenz war in ihrer Struktur komplizierter als die beiden anderen. Im Gegensatz zu diesen stellte sie einen Versuch dar, das Leben aktiv zu meistern, den Kampf gegen feindliche Kräfte aufzunehmen. Diese Tatsache war ein Element in seiner Kontinuität; sie spürte selbst, daß in ihrem Ehrgeiz eine positive Kraft gelegen hatte, und wünschte wiederholt, imstande zu sein, sie zurückzugewinnen. Ein zweites Element, das den Ehrgeiz speiste, war der Zwang, ihre verlorene Selbstachtung wiederherzustellen. Das dritte Element war Rachsucht: Erfolg bedeutete Triumph über all diejenigen, die sie gedemütigt hatten, Versagen dagegen schmachvolle Niederlage. Um die charakteristischen Merkmale dieses Ehrgeizes zu verstehen, müssen wir ihre Lebensgeschichte zurückverfolgen und die Veränderungen aufdekken, die sie nacheinander durchmachte.

Der Kampfgeist, der in dieser Tendenz mit enthalten ist, zeigte sich recht früh im Leben. Faktisch ging er der Entwicklung der beiden anderen Tendenzen voraus. An diesem Stadium der Analyse kamen ihr Jugenderinnerungen an Opposition, Rebellion, herausfordernde Ansprüche, an allen möglichen Unfug. Wie wir wissen, verlor sie diesen Kampf um ihren Platz an der Sonne, weil sie zu sehr im Nachteil war. Nach einer Reihe von unglücklichen Erfahrungen kam dieser Geist wieder zum Vorschein, etwa mit elf Jahren, und zwar in Gestalt eines fanatischen Ehrgeizes in der Schule. Jetzt war er jedoch mit verdrängter Feindseligkeit befrachtet: er hatte die aufgestaute Rachsucht für die erlebte ungerechte Behandlung und für ihre unterdrückte Würde absorbiert. Er hatte nun zwei der obenerwähnten Elemente bekommen: dadurch, daß sie überlegen war, würde sie ihr gesunkenes Selbstvertrauen wiederherstellen, und dadurch, daß sie die anderen besiegte, würde sie die Ungerechtigkeiten ahnden. Dieser Ehrgeiz auf der Mittelschule war bei all seinen neurotischen und destruktiven Elementen trotzdem realistisch im Vergleich zu späteren Entwicklungen, denn er brachte Anstrengungen mit sich, andere durch größere effektive Leistungen zu überflügeln. Auf der High School behauptete sie sich immer noch als unumstrittene Erste. Auf dem College jedoch, wo sie auf größere Konkurrenz traf, gab sie ihren Ehrgeiz recht unvermittelt ganz auf, anstatt die erhöhten Anstrengungen zu machen, die die Situation erfordert hätte, wenn sie nach wie vor die Erste sein wollte. Es gab drei Hauptgründe, weshalb sie den Mut nicht aufbringen konnte, diese größeren Anstrengungen zu machen. Der eine war, daß sie wegen ihrer zwanghaften Bescheidenheit gegen ständige Zweifel an ihrer Intelligenz kämpfen mußte. Ein anderer war die tatsächliche Beeinträchtigung im freien Gebrauch ihrer Intelligenz durch die Verdrängung ihrer kritischen Fähigkeiten. Schließlich konnte sie das Risiko des Versagens nicht eingehen, weil das Bedürfnis, die anderen zu übertreffen, zu zwanghaft war.

Die Aufgabe ihres manifesten Ehrgeizes verminderte jedoch den Impuls, über andere zu triumphieren, nicht. Sie mußte eine Kompromißlösung finden, und das war im Gegensatz zu dem offenen Ehrgeiz in der Schule essentiell unaufrichtig. Im wesentlichen lief es darauf hinaus, daß sie über die anderen triumphieren würde, ohne etwas dazu zu tun, diesen Sieg zustande zu bringen. Sie versuchte, dieses unmögliche Kunststück auf drei Wegen zu schaffen, die sämtlich zutiefst unbewußt waren. Der eine war, jedes Glück, das sie im Leben hatte, als Sieg über andere zu registrieren. Das reichte von einem bewußten Triumph über gutes Wetter bei einem Ausflug bis zu einem unbewußten Sieg über einen »Feind«, der krank wurde oder starb. Umgekehrt empfand sie Pech nicht einfach als Pech, sondern als schmähliche Niederlage. Diese Einstellung trug dazu bei, ihre Angst vor dem Leben zu vergrößern, denn sie bedeutete ein Vertrauen auf Faktoren, die außerhalb einer Kontrolle lagen. Der zweite Weg war, das Bedürfnis nach Triumph auf Liebesbeziehungen zu verlagern. Einen Ehemann oder Liebhaber zu haben, war ein Sieg; allein zu sein, eine schmachvolle Niederlage. Und der dritte Weg, Triumph ohne Anstrengung zu erreichen, bestand in dem Anspruch, daß Ehemann oder Liebhaber sie wie der herrische Mann in der Phantasie groß machen sollte, ohne daß sie etwas dazu tat, vielleicht dadurch, daß er ihr nur die Chance gab, stellvertretend in seinem Erfolg zu schwelgen. Diese Einstellungen schufen unlösbare Konflikte in ihren persönlichen Beziehungen und verstärkten das Bedürfnis nach einem »Partner« beträchtlich, da er diese hochwichtigen Funktionen übernehmen sollte.

Die Folgeerscheinungen dieser Tendenz wurden durchgearbeitet, indem der Einfluß erkannt wurde, den sie auf ihre Einstellung zum Leben im allgemeinen hatten, zur Arbeit, zu anderen und zu sich selbst. Das hervorstechende Ergebnis dieser Untersuchung war eine Minderung ihrer Arbeitshemmungen.

Wir befaßten uns dann mit den Wechselbeziehungen dieser Tendenz zu den beiden anderen. Es gab einerseits unüberbrückbare Konflikte, andererseits verstärkten sie sich gegenseitig, ein Beweis, wie unentwirrbar sie in ihrer neurotischen Struktur gefangen war. Konflikte bestanden zwischen dem Zwang, einen bescheidenen Platz einzunehmen und über andere zu triumphieren, zwischen dem Ehrgeiz, andere auszustechen, und parasitärer Abhängigkeit, wobei die zwei Triebe notwendigerweise kollidierten und entweder Angst hervorriefen oder einander lähmten. Dieser paralysierende Effekt erwies sich als eine der tiefsten Ursachen für die Müdigkeit ebenso wie für die Arbeitshemmungen. Nicht weniger wichtig war jedoch die Art und Weise, in der die Tendenzen einander verstärkten. Bescheiden zu sein und sich selbst auf eine bescheidene Stelle zu setzen, wurde um so notwendiger, als es auch als Deckmantel für das Bedürfnis nach Triumph diente. Der Partner wurde, wie bereits erwähnt, zu einer um so lebenswichtigeren Notwendigkeit, da er das Bedürfnis nach Triumph auch auf unaufrichtige Weise befriedigen mußte. Überdies riefen die Gefühle der Demütigung, die durch das Bedürfnis, unter dem Niveau ihrer emotionalen und geistigen Fähigkeiten zu leben, und durch ihre Abhängigkeit vom Partner erzeugt wurden, ständig neue Gefühle von Rachsucht hervor und erhielten somit das Bedürfnis nach Triumph aufrecht und verstärkten es.

Die analytische Arbeit bestand darin, Schritt für Schritt die am Werk befindlichen Circuli vitiosi zu unterbrechen. Die Tatsache, daß ihre neurotische Bescheidenheit bereits einem gewissen Maß an Selbstbehauptung Platz gemacht hatte, war sehr hilfreich, weil dieser Fortschritt automatisch auch das Bedürfnis nach Triumph verringerte. Ähnlich wurde durch die partielle Lösung des Abhängigkeitsproblems, das sie stärker gemacht und viele Gefühle der Demütigung beseitigt hatte, das Bedürfnis nach Triumph weniger zwingend. Als sie sich schließlich dem Problem der Rachsucht näherte, das zutiefst erschreckend für sie war, konnte sie daher mit größerer innerer Stärke ein bereits vermindertes Problem angehen. Es zu Anfang in Angriff zu nehmen, wäre nicht möglich gewesen. Zunächst hätten wir es nicht verstanden, und zweitens hätte sie es nicht aushalten können.

Das Ergebnis dieser letzten Periode war eine allgemeine Freisetzung von Energien. Clare gewann ihren verlorenen Ehrgeiz auf einer viel gesünderen Basis wieder. Er war jetzt weniger zwanghaft und weniger destruktiv; sein Schwerpunkt verlagerte sich vom Interesse am Erfolg auf das am Inhalt. Ihre Beziehungen zu Menschen, die sich bereits nach der zweiten Phase gebessert hatten, verloren jetzt die Gespanntheit, die durch die frühere Mischung aus falscher Bescheidenheit und defensiver Überheblichkeit erzeugt worden war.

Bei allem gebotenen Vorbehalt gegenüber den obenerwähnten allzu großen Vereinfachungen, glaube ich aus Erfahrung, daß dieser Bericht den typischen Verlauf einer Analyse veranschaulicht, oder, vorsichtiger formuliert, den idealen Verlauf einer Analyse. Daß es bei Clares Analyse drei Hauptabschnitte gab, ist rein zufällig; es hätten genausogut zwei oder fünf sein können. Charakteristisch ist jedoch, daß die Analyse bei jedem Abschnitt drei Etappen durchlief: Erkenntnis einer neurotischen Tendenz; Aufdeckung ihrer Ursachen, Äußerungen und Konsequenzen; und Aufdeckung ihrer Wechselbeziehungen zu anderen Teilen der Persönlichkeit, besonders zu anderen neurotischen Tendenzen. Diese Schritte müssen für jede einbegriffene neurotische Tendenz unternommen werden. Jedesmal, wenn ein Schritt durchgearbeitet ist, wird ein Teil der Struktur klarer, bis schließlich das Ganze transparent hervortritt. Die Schritte werden nicht immer in der genannten Reihenfolge getan; genauer gesagt, ist einige Einsicht in die Manifestationen einer Tendenz notwendig, bevor die Tendenz selbst als solche erkannt werden kann. Das wird gut veranschaulicht in Clares Selbstanalyse, von der im achten Kapitel die Rede ist. Clare erkannte viele wichtige Mitgegebenheiten ihrer pathologischen Abhängigkeit, bevor sie die Tatsache, daß sie abhängig war, und den mächtigen Drang, der sie in eine Abhängigkeitsbeziehung trieb, erkannte.

Jeder der Schritte hat einen besonderen therapeutischen Wert. Der erste, die Erkenntnis einer neurotischen Tendenz, bedeutet die Erkenntnis einer Triebkraft in der Störung der Persönlichkeit, und diese Kenntnis an sich hat einen gewissen Wert für die Therapie. Früher fühlte sich der Mensch machtlos, nicht greifbaren Kräften preisgegeben. Die Erkenntnis selbst einer dieser Kräfte bedeutet nicht nur einen allgemeinen Gewinn an Einsicht, sondern nimmt auch manches von der verwirrten Hilflosigkeit. Das Wissen um die konkrete Ursache einer Störung bringt die Vergegenwärtigung, daß eine Chance besteht, etwas dagegen zu tun. Dieser Wandel läßt sich durch ein einfaches Beispiel veranschaulichen. Ein Farmer möchte Obstbäume züchten, aber seine Bäume gedeihen nicht, obwohl er große Anstrengungen auf ihre Pflege verwendet und alle Mittel, die er kennt, ausprobiert. Nach einiger Zeit wird er entmutigt. Aber schließlich entdeckt er, daß die Bäume eine spezielle Krankheit haben oder einen speziellen Bestandteil im Erdboden brauchen, und seine Ansicht über die Sache sowie seine Betrachtungsweise wandeln sich sofort, obwohl sich an den Bäumen selbst noch nichts geändert hat. Der einzige Unterschied in der äußerlichen Situation ist der, daß jetzt eine Möglichkeit zielgerichteten Handelns besteht.

Manchmal genügt das bloße Aufdecken einer neurotischen Tendenz, eine neurotische Störung zu heilen. Ein tüchtiger Geschäftsführer zum Beispiel war heftig beunruhigt, weil die Haltung seiner Angestellten, die immer loyal gewesen war, sich aus Gründen, die außerhalb seiner Kontrolle lagen, verändert hatte. Anstatt Differenzen auf freundschaftliche Weise beizulegen, begannen sie aggressive, unbillige Forderungen zu stellen. Obwohl er sich in den meisten Dingen überaus einfallsreich zu helfen wußte, fühlte er sich völlig außerstande, mit dieser Situation fertig zu werden, und erreichte ein solche Maß an Groll und Verzweiflung, daß er erwog, sich aus dem Geschäft zurückzuziehen.

In diesem Fall genügte das bloße Aufdecken seines tiefen Bedürfnisses nach der Ergebenheit der Menschen, die von ihm abhängig waren, die Situation in Ordnung zu bringen.

Gewöhnlich bewirkt jedoch die bloße Erkenntnis einer neurotischen Tendenz keinerlei radikale Veränderung. Erstens ist die Bereitschaft zur Änderung, die durch die Entdeckung einer solchen Tendenz ausgelöst wird, zweifelhaft, und es fehlt ihr daher an Impetus, und zweitens ist eine Bereitschaft zur Änderung, selbst wenn sie auf einen eindeutigen Wunsch hinausläuft, noch nicht gleichbleibend mit der Fähigkeit dazu. Diese Fähigkeit entwickelt sich erst später.

Weshalb die anfängliche Bereitschaft, eine neurotische Tendenz zu überwinden, trotz der häufig dazugehörenden Begeisterung in der Regel keine verläßliche Kraft darstellt, ist darin begründet, daß die Tendenz auch einen subjektiven Wert besitzt, den der Betreffende nicht preisgeben möchte. Wenn die Aussicht besteht, ein spezielles neurotisches Bedürfnis zu überwinden, werden jene Kräfte mobilisiert, die es beibehalten möchten. Mit anderen Worten ist der Mensch bald nach der ersten befreienden Wirkung der Entdeckung mit einem Konflikt konfrontiert: er möchte sich ändern, und er möchte es nicht. Dieser Konflikt bleibt gewöhnlich unbewußt, da er nicht gern zugeben will, daß er sich an etwas klammern möchte, das gegen die Vernunft und das eigene Interesse ist.

Wenn aus irgendeinem Grund der Entschluß, sich nicht zu ändern, die Oberhand gewinnt, wird die befreiende Wirkung der Entdeckung nur eine flüchtige Erleichterung sein, der eine tiefere Entmutigung folgt. Um auf die Analogie mit dem Farmer zurückzukommen: sein Stimmungsumschwung wird nicht lange andauern, wenn er weiß oder glaubt, daß das erforderliche Heilmittel für ihn nicht erhältlich ist.

Zum Glück sind diese negativen Reaktionen nicht allzu häufig. Öfter tendieren die Bereitschaft und die Abneigung, sich zu ändern, zu einem Kompromiß. Der Patient hält dann an seinem Entschluß zur Veränderung fest, möchte aber so leicht wie möglich davonkommen. Er hofft vielleicht, es werde ausreichen, wenn er den Ursprung der Tendenz aufdeckt oder wenn er nur Entschlüsse faßt, sich zu ändern, oder er kann wieder auf die Selbsttäuschung zurückkommen, eine bloße Erkenntnis der Tendenz werde über Nacht alles ändern.

Beim zweiten Schritt jedoch, wenn er die Mitgegebenheiten der Tendenz durcharbeitet, werden ihm deren unglückliche Folgeerscheinungen, das Ausmaß, in dem sie sein Leben in jeder Beziehung einengt, immer gründlicher klar. Nehmen wir zum Beispiel an, daß er ein neurotisches Bedürfnis nach absoluter Unabhängigkeit hat. Nachdem er die Tendenz erkannt und etwas über ihre Ursprünge erfahren hat, müßte er eine ziemliche Zeit aufwenden, um zu verstehen, weshalb nur dieser Weg zur Beruhigung offensteht und wie sie sich in seinem täglichen Leben zeigt. Er müßte im Detail erkennen, wie dieses Bedürfnis sich in seiner Einstellung der Umwelt gegenüber äußert, wie es vielleicht die Form einer Aversion gegen versperrte Aussichten annimmt oder einer aufsteigenden Angst, wenn er in der Mitte einer Reihe sitzt. Er müßte wissen, wie es seine Einstellung zur Kleidung beeinflußt, was sich durch Anzeichen wie Empfindlichkeit gegen Gürtel, Schuhe, Schals oder alles, was als Einengung empfunden werden kann, signalisiert. Er müßte den Einfluß der Tendenz auf die Arbeit erkennen, der sich vielleicht in einer Auflehnung gegen Routine, Verpflichtungen, Erwartungen, Vorschläge, einer Rebellion gegen die Arbeitszeit und gegen Vorgesetzte zeigt. Er müßte ihren Einfluß auf das Liebesleben verstehen, indem er Faktoren beobachtet wie eine Unfähigkeit, irgendwelche Bindungen zu akzeptieren, oder eine Tendenz zu der Auffassung, daß jedes Interesse an einem anderen Menschen Versklavung bedeutet. So würde sich allmählich eine Bewertung der verschiedenen Faktoren herauskristallisieren, die in größerem oder geringerem Maß dazu beitragen, das Gefühl des Zwanges auszulösen und ihn zu nötigen, auf der Hut zu sein. Das bloße Wissen, daß er ein starkes Verlangen nach Unabhängigkeit hat, reicht nicht annähernd aus. Erst wenn er dessen allumfassende zwingende Kraft und ihren negativistischen Charakter erkennt, kann er einen ernsthaften Ansporn, sich zu ändern, aufbringen.

So besteht der therapeutische Wert des zweiten Schrittes vor allem darin, daß er die Bereitschaft eines Menschen bestärkt, den störenden Trieb zu bezwingen. Er beginnt die Notwendigkeit, sich zu ändern, voll zu erfassen, und seine recht fragwürdige Bereitschaft, die Störung zu überwinden, verwandelt sich in einen klaren Entschluß, sich ernsthaft damit auseinanderzusetzen.

Dieser Entschluß stellt zweifellos eine mächtige und wertvolle

Kraft dar, die für jede zu bewirkende Veränderung unerläßlich ist. Doch selbst der festeste Entschluß ist von geringem Nutzen ohne die Fähigkeit, ihn durchzuführen. Und diese Fähigkeit wächst allmählich, wenn ein Symptom nach dem anderen deutlich sichtbar wird. Während ein Mensch sich mit den Mitgegebenheiten der neurotischen Tendenz beschäftigt, werden seine Illusionen, Ängste, Verwundbarkeiten und Hemmungen allmählich von ihren Verschanzungen freigemacht. Als Folge wird er weniger unsicher, weniger isoliert, weniger feindselig, und die daraus resultierende Verbesserung in seinen Beziehungen zu anderen und zu sich selbst macht ihrerseits die neurotische Tendenz weniger unumgänglich und steigert seine Fähigkeit, damit fertig zu werden.

Dieser Teil der Arbeit hat den zusätzlichen Wert, daß er einen Ansporn entfacht, jene Faktoren zu entdecken, die eine tiefergehende Veränderung verhindern. Die bisher mobilisierten Kräfte haben dazu beigetragen, daß die spezielle Tendenz an Macht verliert, und dadurch gewisse Fortschritte zustande gebracht. Aber die Tendenz selbst und viele ihrer Mitgegebenheiten sind fast immer eng mit anderen, möglicherweise widersprechenden Trieben verbunden. Daher kann der Mensch seine Schwierigkeiten nicht völlig dadurch überwinden, daß er nur an der Unterstruktur arbeitet, die ich um eine spezielle Tendenz entwickelt hat. Clare zum Beispiel verlor etwas von ihrer zwanghaften Bescheidenheit durch die Analyse jener Tendenz, aber bestimmte Mitgegebenheiten lagen zu jener Zeit außer Reichweite, weil sie mit der pathologischen Abhängigkeit verflochten waren und nur zusammen mit diesem weiteren Problem angepackt werden konnten.

Dieser dritte Schritt, die Erkenntnis und das Erfassen der Wechselbeziehungen verschiedener neurotischer Tendenzen, führt zum Verständnis für die tiefsten Konflikte. Das heißt Verständnis für die Lösungsversuche und dafür, wie diese Versuche nur eine immer tiefere Verstrickung bedeutet haben. Bevor dieser Abschnitt der Arbeit erreicht ist, kann der Mensch eine profunde Einsicht in die Bestandteile eines Konflikts gewonnen, sich aber immer noch insgeheim an den Glauben geklammert haben, sie könnten ausgeglichen werden. Zum Beispiel kann ihm weitgehend klargeworden sein, daß die Natur seines Triebes despotisch ist und ebenso die seines Bedürfnisses, wegen überlegener Weisheit Beifall zu bekommen. Aber er hat versucht, diese Tendenzen dadurch zu entschärfen, daß er einfach gelegentlich den despotischen Trieb zugab, ohne die geringste Absicht, ihn zu ändern. Er hat insgeheim erwartet, das Eingeständnis der despotischen Tendenz werde ihm erlauben, sie beizubehalten, und ihm gleichzeitig Anerkennung für das Maß an bewiesener Einsicht eintragen. Ein anderer, der nach übermenschlicher Heiterkeit strebte, aber auch von rachsüchtigen Impulsen getrieben wurde, hat sich eingebildet, er könne den größeren Teil des Jahres heiter sein, aber eine Art Urlaub aussparen, in dem er seiner Rachsucht frönen könnte. Es liegt auf der Hand, daß keine grundlegende Veränderung stattfinden kann, solange man sich insgeheim an solche Lösungen klammert. Wenn der dritte Schritt durchgearbeitet ist, wird es möglich, den befehlsmäßigen Charakter dieser Lösungen zu begreifen.

Der therapeutische Wert dieses Schrittes liegt auch in der Tatsache, daß er es möglich macht, die Circuli vitiosi zu entwirren, die zwischen den verschiedenen neurotischen Tendenzen am Werk sind, die Art und Weise, auf die sie einander verstärken ebenso wie die, in der sie miteinander kollidieren. So bedeutet es schließlich ein Verständnis für die sogenannten Symptome, das heißt, die massiven pathologischen Äußerungen wie Angstanfälle, Phobien, Depressionen, heftige Zwänge.

Man hört häufig dahingehende Feststellungen, das wirklich Wichtige in der Psychotherapie sei, die Konflikte zu sehen. Solche Äußerungen haben denselben Wert wie die Behauptung, das wirklich Wichtige sei die neurotische Verwundbarkeit oder die Starre oder das Streben nach Überlegenheit. Wichtig ist, die Gesamtstruktur zu sehen, nicht mehr und nicht weniger. Vorhandene Konflikte können manchmal recht frühzeitig in der Analyse erkannt werden. Eine solche Erkenntnis ist jedoch so lange ohne jeden Nutzen, bis die Bestandteile der Konflikte gründlich begriffen und in ihrer Intensität herabgesetzt worden sind. Erst nachdem diese Arbeit geleistet ist, werden die Konflikte selbst zugänglich.

Wir wollen diese Diskussion mit der Frage nach dem praktischen Wert der Kenntnis beenden, die in diesem und dem vorangegangenen Kapitel vermittelt wurde. Gibt sie definitive und detaillierte Richtlinien im Hinblick auf den Weg, der bei der Analyse einzuschlagen ist? Die Antwort lautet, daß kein Maß an

Wissen solche Erwartungen erfüllen kann. Ein Grund dafür ist, daß die Unterschiede zwischen Menschen zu groß sind, um das Verfolgen irgendeines vorgeschriebenen Weges einzulassen. Selbst wenn wir annehmen würden, daß es nur eine begrenzte Anzahl von erkennbaren neurotischen Tendenzen gibt, die in unserer Zivilisation existieren, sagen wir fünfzehn, so wären die möglichen Kombinationen solcher Tendenzen praktisch unbegrenzt. Ein weiterer Grund ist, daß wir bei der Analyse nicht eine Tendenz säuberlich getrennt von einer anderen sehen, sondern die Gesamtsumme von Verwicklungen; daher ist eine flexible Methode erforderlich, um die Komponenten des Bildes zu isolieren. Eine dritte Komplikation besteht darin, daß häufig die Folgeerscheinungen der verschiedenen Tendenzen nicht als solche sichtbar, sondern selbst verdrängt sind und so die Erkenntnis der Tendenz erheblich erschweren. Und schließlich stellt die Analyse eine menschliche Beziehung sowie eine gemeinsame Forschung dar. Es wäre ein einseitiger Vergleich, eine Analyse für eine Entdeckungsreise zu halten, auf die sich zwei Kollegen oder Freunde begeben, die beide ebenso sehr interessiert daran sind, zu beobachten und zu begreifen als auch die Beobachtungen einzuordnen und Schlüsse zu ziehen. Bei der Analyse sind die Eigenheiten und Störungen des Patienten – von denen des Analytikers ganz zu schweigen – entscheidend wichtig. Sein Liebesbedürfnis, sein Stolz, seine Verwundbarkeit sind ebenso gegenwärtig und wirksam in dieser wie in anderen Situationen, und zusätzlich löst die Analyse selbst unweigerlich Ängste und Feindseligkeiten und Abwehrmaßnahmen gegen Einsichten aus, die sein Sicherheitssystem oder den Stolz, den er entwickelt hat, bedrohen. Während all diese Reaktionen hilfreich sind, sofern man sie versteht, machen sie trotzdem den Prozeß komplexer und der Verallgemeinerung weniger zugänglich.

Die Behauptung, jede Analyse müsse weitgehend ihre eigene Reihenfolge hervorbringen, in der Probleme anzupacken sind, mag auf ängstliche Gemüter einschüchternd wirken, besonders auf jene, die eine Garantie dafür brauchen, daß sie immer das Richtige tun. Sie sollten jedoch zu ihrer eigenen Beruhigung nicht vergessen, daß diese Reihenfolge nicht durch die clevere Manipulation des Analytikers künstlich geschaffen wird, sondern sich spontan ergibt, weil es in der Natur der Probleme liegt, daß eines zugänglich wird, nachdem ein anderes gelöst worden ist. Mit anderen Worten, wenn jemand sich selbst analysiert, wird er gewöhnlich die obenbeschriebenen Schritte unternehmen, indem er einfach dem Material folgt, das sich darbietet. Es wird natürlich manchmal geschehen, daß er an Fragen herankommt, die zu der Zeit noch nicht zu beantworten sind. An solchen Punkten wird ein erfahrener Analytiker wahrscheinlich zu sehen vermögen, daß das spezielle Thema sich dem Verständnis des Patienten entzieht und deshalb besser in Ruhe gelassen wird. Nehmen wir zum Beispiel an, daß ein Patient, der noch immer zutiefst von seiner absoluten Überlegenheit über andere überzeugt ist, Material zur Sprache bringt, das darauf hinweist, daß er Angst hat, für andere nicht annehmbar zu sein. Der Analytiker wird wissen, daß es verfrüht wäre, sich schon jetzt mit der Angst des Patienten vor Ablehnung zu befassen, weil dieser es als undenkbar betrachten würde, daß ein derart überlegenes Wesen, für das er sich hält, möglicherweise eine solche Angst haben könnte. Viele andere Male wird der Analytiker nur rückblickend erkennen, daß und weshalb ein Problem an einem bestimmten Punkt nicht zugänglich war. Mit anderen Worten, auch er kann nur durch Probieren vorankommen.

Bei der Selbstanalyse kann es sogar sein, daß weniger Versuchung besteht, einen Faktor verfrüht anzugehen, weil der Betreffende intuitiv einem Problem ausweichen wird, dem gegenüberzutreten er noch nicht imstande ist. Aber wenn er, nachdem er sich eine Zeitlang mit einem Problem auseinandergesetzt hat, feststellt, daß er einer Lösung keineswegs näherkommt, sollte er daran denken, daß er noch nicht bereit sein mag, sich damit zu beschäftigen, und daß er es vielleicht für den Augenblick besser in Ruhe lassen sollte. Und er braucht über diesen Gang der Dinge nicht entmutigt zu sein, denn sehr oft liefert selbst eine verfrühte Inangriffnahme einen wichtigen Hinweis für die weitere Arbeit. Es muß jedoch wohl kaum betont werden, daß es andere Gründe geben kann, aus denen eine Lösung, die sich anbietet, nicht akzeptiert wird, und er sollte nicht zu schnell zu der Vermutung greifen, daß sie lediglich verfrüht sei.

Kenntnis der Art, die ich vermittelt habe, ist nicht nur nützlich, indem sie unnötiger Ermutigung vorbeugt, sondern auch auf positivere Weise, denn sie hilft einem, Eigenheiten einzubeziehen und zu verstehen, die sonst zusammenhanglose Beobachtungen bleiben würden. Ein Mensch kann sich zum Beispiel klar darüber sein, daß es ihm Schwierigkeiten bereitet, um etwas zu bitten, von der Frage nach dem richtigen Weg auf einer Autofahrt bis zum Konsultieren eines Arztes wegen einer Krankheit; daß er seinen Gang zum Analytiker verheimlicht, als sei das eine Schande, ein verächtlicher, bequemer Weg, weil er findet, er müßte imstande sein, sich ganz allein mit seinen Problemen auseinanderzusetzen; daß er ärgerlich wird, wenn jemand ihm Mitgefühl zeigt oder Rat anbietet, und sich gedemütigt fühlt, wenn er Hilfe annehmen muß; und wenn er eine gewisse Kenntnis von neurotischen Tendenzen besitzt, wird ihm die Möglichkeit einfallen, daß all diese Reaktionen von einer zugrundeliegenden Tendenz zu neurotischer Selbstüberhebung herrühren. Natürlich gibt es keine Garantie, daß die Vermutung richtig ist. Die Annahme, daß er allgemein der Menschen überdrüssig ist, könnte einige seiner Reaktionen erklären, allerdings nicht das Gefühl verletzten Stolzes, das bei manchen Gelegenheiten auftritt. Jede Vermutung muß versuchsweise gemacht und offengelassen werden, bis er ausreichenden Beweis für ihre Gültigkeit hat. Selbst dann muß er sich immer und immer wieder vergewissern, ob die Annahme wirklich weiterführt oder ob sie nur teilweise gültig ist. Natürlich kann er niemals erwarten, daß eine Tendenz alles erklären wird: er muß daran denken, daß es Gegenströmungen gibt. Alles, was er billigerweise erwarten kann, ist, daß die vermutete Tendenz eine der treibenden Kräfte in seinem Leben darstellt und sich daher in einer zusammenhängenden Struktur von Reaktionen zeigen muß.

Seine Kenntnis wird auch positive Hilfe leisten, nachdem er eine neurotische Tendenz erkannt hat. Ein Verständnis für die therapeutische Bedeutung, die in der Entdeckung der verschiedenen Äußerungen und Folgeerscheinungen einer Tendenz liegt, wird ihm helfen, das Augenmerk bewußt auf diese zu konzentrieren, anstatt sich in einer vehementen Suche nach den Ursachen für ihre Macht zu verlieren, wovon die meisten erst später begriffen werden können. Ein solches Verständnis wird besonders nützlich sein, wenn es seine Gedanken auf eine schrittweise Erkenntnis des Preises lenkt, der für die Verfolgung der Tendenz bezahlt wurde.

Im Hinblick auf die Konflikte liegt der praktische Wert psychologischer Kenntnis in der Tatsache, daß es das Individuum daran hindert, lediglich zwischen unvereinbaren Einstellungen hin und her zu schwanken. Clare zum Beispiel verlor, als sie sich selbst analysierte, erhebliche Zeit damit, daß sie zwischen einer Tendenz, alle Schuld auf andere zu schieben, und einer Tendenz, alle Schuld sich selbst zuzuschreiben, schwankte. Dadurch wurde sie verwirrt, weil sie die Frage lösen wollte, welche dieser gegensätzlichen Tendenzen sie wirklich hatte, oder zumindest, welche vorherrschte. Tatsächlich waren beide vorhanden und resultierten aus widersprechenden neurotischen Tendenzen. Die Tendenz, etwas an sich auszusetzen zu haben und vor der Beschuldigung anderer zurückzuschrecken, war eines der Ergebnisse ihrer neurotischen Bescheidenheit. Die Tendenz, die Schuld anderen zuzuschreiben, resultierte aus ihrem Bedürfnis, sich überlegen zu fühlen, was es unerträglich für sie machte, irgendwelche eigenen Fehler zuzugeben. Wenn sie zu der Zeit an die Möglichkeit von einander widersprechenden Tendenzen gedacht hätte, die aus kontroversen Ursachen entstehen, hätte sie vielleicht den Prozeß wesentlich früher erfaßt.

Bisher haben wir einen kurzen Überblick über die Struktur von Neurosen gegeben und die Generallinie erörtert, in der die unbewußten Kräfte angegangen werden müssen, um allmählich ein klares Bild der Gesamtstruktur zu erhalten. Wir haben bis jetzt noch keine spezifischen Mittel erwähnt, sie aufzudecken. In den folgenden zwei Kapiteln werden wir über die Arbeit sprechen, die Patient und Analytiker leisten müssen, um schließlich zu einem Verständnis für die Persönlichkeit des Patienten zu gelangen.

4. Kapitel

# Der Anteil des Patienten am psychoanalytischen Prozeß

Die Selbstanalyse ist ein Versuch, gleichzeitig Patient und Analytiker zu sein, und deshalb ist es wünschenswert, die Aufgaben jedes dieser an dem analytischen Prozeß Beteiligten zu erörtern. Man sollte jedoch daran denken, daß dieser Prozeß nicht nur die Summe aus der vom Analytiker und vom Patienten geleisteten Arbeit ist, sondern auch eine menschliche Beziehung. Die Tatsache, daß zwei Menschen einbezogen sind, hat beträchtlichen Einfluß auf die von jedem getane Arbeit.

Es gibt drei Hauptaufgaben, die sich dem Patienten stellen. Die erste ist, sich so vollständig und offen wie möglich zu äußern. Die zweite ist, seine unbewußten Triebkräfte und ihren Einfluß auf sein Leben gewahr zu werden. Und die dritte ist, die Fähigkeit zu entwickeln, jene Einstellungen zu ändern, die seine Beziehungen zu sich selbst und zu seiner Umwelt beeinträchtigen.

Vollständige Selbstäußerung wird erreicht durch freie Assoziation. Es war Freuds scharfsinnige Entdeckung, daß die freie Assoziation, die bislang nur bei psychologischen Experimenten angewandt wurde, in der Therapie benutzt werden konnte. Frei zu assoziieren, bedeutet ein Bestreben seitens des Patienten, ohne Vorbehalt und in der Reihenfolge, in der es auftaucht, alles zu äußern, was ihm einfällt, ohne Rücksicht darauf, ob es banal, abwegig, zusammenhanglos, taktlos, peinlich, demütigend ist oder erscheint. Es ist vielleicht nicht überflüssig, wenn ich hinzufüge, daß »alles« wörtlich gemeint ist. Es schließt nicht nur flüchtige und unscharfe Gedanken ein, sondern auch spezifische Ideen und Erinnerungen – Vorfälle, die sich seit dem letzten Gespräch ereignet haben, Erinnerungen an Erlebnisse in jedem Lebensabschnitt, Gedanken über sich selbst und andere, Reaktionen auf den Analytiker oder die analytische Situation, Meinungen in bezug auf Religion, Moral, Politik, Kunst, Wünsche und Zukunftspläne, frühere und gegenwärtige Wachphantasien und natürlich Träume. Es ist besonders wichtig, daß der Patient jedes auftauchende Gefühl äußert, etwa Zärtlichkeit, Hoffnung,

Triumph, Entmutigung, Erleichterung, Argwohn, Ärger, ebenso wie jeden unklaren oder spezifischen Gedanken. Natürlich wird der Patient Bedenken haben, gewisse Dinge auszusprechen, aus dem oder jenem Grund, aber er sollte diese Einwände äußern, anstatt sie dazu zu benutzen, die speziellen Gedanken und Gefühle zurückzuhalten.

Die freie Assoziation unterscheidet sich von unserer gewohnten Art, zu denken oder zu sprechen, nicht nur durch ihre Offenheit und Rückhaltlosigkeit, sondern auch durch ihren klaren Mangel an Lenkung. Wenn wir ein Problem diskutieren, über unsere Pläne für das Wochenende sprechen, einem Kunden den Wert von Waren erklären, sind wir gewöhnt, einigermaßen beim Thema zu bleiben. Wir neigen dazu, aus den verschiedenen Strömungen, die uns durch den Kopf gehen, diejenigen Elemente zur Äußerung auszuwählen, die sich auf die Situation beziehen. Sogar im Gespräch mit unseren engsten Freunden selektieren wir, was zu äußern und was wegzulassen ist, auch wenn wir es nicht wissen. Bei der freien Assoziation jedoch besteht das Bestreben, alles zu äußern, was einem durch den Kopf geht, gleichgültig, wohin es führen mag.

Wie viele andere menschliche Bemühungen kann die freie Assoziation für konstruktive oder für obstruktive Zwecke benutzt werden. Wenn der Patient eindeutig entschlossen ist, sich dem Analytiker zu offenbaren, werden seine Assoziationen bedeutungsvoll und vielsagend sein. Hat er zwingende Interessen, gewissen unbewußten Faktoren nicht ins Auge zu sehen, so werden seine Assoziationen unergiebig sein. Diese Interessen können so vorherrschen, daß sich der Sinn der freien Assoziationen in Unsinn verkehrt. Was sich dann ergibt, ist ein Wust von bedeutungslosen Gedanken, die ihrem wahren Zweck nur scheinbar ähneln. Somit hängt der Wert der freien Assoziation völlig von dem Geist ab, in dem sie geliefert wird. Wenn dieser von äußerster Offenheit und Aufrichtigkeit ist, von Entschlossenheit, den eigenen Problemen entgegenzutreten, und von der Bereitschaft, sich einem anderen Menschen zu eröffnen, dann kann der Prozeß dem Zweck dienen, für den er gedacht ist.

Allgemein ausgedrückt, besteht dieser Zweck darin, es sowohl dem Analytiker als auch dem Patienten zu ermöglichen, daß sie begreifen, wie Psyche und Intellekt des letzteren arbeiten, und dadurch schließlich seine Persönlichkeitsstruktur verstehen.

Es gibt jedoch auch spezifische Probleme, die durch freie Assoziationen geklärt werden können – die Bedeutung eines Angstanfalls, einer plötzlichen Müdigkeit, einer Wachphantasie oder eines Traumes; die Frage, weshalb der Patient an einem bestimmten Punkt Gedächtnislücken hat, weshalb ihn plötzlich eine Woge von Ressentiment gegen den Analytiker überkommt, weshalb ihm am Vorabend im Restaurant übel wurde, weshalb er bei seiner Frau impotent oder in einer Diskussion stumm war. Der Patient wird dann versuchen zu sehen, was ihm einfällt, wenn er an das spezielle Problem denkt.

Zur Veranschaulichung: Eine Patientin hatte einen Traum, in dem ein Element der Kummer über etwas Kostbares war, das gestohlen wurde. Ich fragte sie, was ihr einfalle in Zusammenhang mit diesem besonderen Teilstück des Traumes. Die erste Assoziation, die zutage trat, war die Erinnerung an ein Dienstmädchen, das zwei Jahre hindurch Haushaltsgegenstände gestohlen hatte; die Patientin hatte das Dienstmädchen vage verdächtigt, und sie erinnerte sich an das starke Gefühl des Unbehagens, das sie vor der schließlichen Entdeckung gehabt hatte. Die zweite Assoziation war eine Erinnerung an Kindheitsängste vor Zigeunern, die Kinder stehlen. Die nächste war eine Detektivgeschichte, in der aus der Krone eines Heiligen Edelsteine gestohlen worden waren. Dann erinnerte sie sich an eine Bemerkung, die sie belauscht hatte, des Inhalts, daß Analytiker Geschäftemacher seien. Schließlich fiel ihr ein, daß etwas in dem Traum sie an das Sprechzimmer des Analytikers erinnerte.

Die Assoziationen wiesen zweifellos darauf hin, daß der Traum mit der analytischen Situation zusammenhing. Die Bemerkung, Analytiker seien Geschäftemacher, ließ auf eine Besorgnis wegen der Rechnung schließen, aber dieser Kurs erwies sich als irreführend; sie hatte immer gefunden, das Honorar sei angemessen und die Ausgabe lohne sich. War der Traum eine Reaktion auf die vorhergehende Sitzung? Sie glaubte nicht, daß das der Fall sein könnte, da sie die Praxis mit einem ausgesprochenen Gefühl der Erleichterung und Dankbarkeit verlassen hatte. Substanz der vorhergegangenen analytischen Sitzung war, daß sie ihre Phasen von Teilnahmslosigkeit und Trägheit als eine Art zerstörerischer Depression erkannt hatte; daß diese Perioden ihr und anderen nicht in diesem Licht erschienen waren, weil sie keine Verzweiflung empfunden hatte; daß sie tatsächlich mehr litt und verwundbarer war, als sie sich selbst eingestand; daß sie häufig Kränkungen verdrängt hatte, weil sie sich gezwungen fühlte, die Rolle eines absolut starken Charakters zu spielen, der mit allem fertig werden konnte. Ihre Erleichterung war der eines Menschen ähnlich gewesen, der sein ganzes Leben lang sehr zu seinem Nachteil über seine Verhältnisse gelebt hat und jetzt zum erstenmal begreift, daß ein solcher Bluff nicht notwendig ist. Diese Erleichterung hatte jedoch nicht angehalten. Jedenfalls ging ihr jetzt plötzlich auf, daß sie nach jener Sitzung recht reizbar gewesen war, daß sie eine leichte Magenverstimmung gehabt hatte und nicht einschlafen konnte.

Ich werde die Assoziationen nicht im Detail untersuchen. Als wichtigster Anhaltspunkt erwies sich die Assoziation der Detektivgeschichte: ich hatte ihr einen Edelstein aus ihrer Krone gestohlen. Das Bestreben, sich selbst und anderen den Eindruck überragender Stärke zu vermitteln, war natürlich eine Last gewesen, aber es hatte auch mehrere wichtige Funktionen erfüllt: es gab ihr ein Gefühl des Stolzes, das sie dringend brauchte, solange ihr reales Selbstvertrauen erschüttert war; und es war ihr stärkster Abwehrmechanismus dagegen, ihre vorhandene Verwundbarkeit und die dafür verantwortlichen irrationalen Tendenzen zu erkennen. Somit war die Rolle, die sie spielte, ihr de facto teuer, und daß wir die Tatsache aufgedeckt hatten, daß es nur eine Rolle war, stellte eine Bedrohung dar, auf die sie mit Empörung reagiert hatte.

Freie Assoziation wäre gänzlich untauglich als Methode, eine astronomische Berechnung anzustellen oder Klarheit über die Bedeutung einer politischen Situation zu gewinnen. Diese Aufgaben erfordern scharfe, präzise Argumentation. Aber freie Assoziation stellt eine durchaus geeignete – nach unserem derzeitigen Wissen die einzige – Methode dar, das Vorhandensein, die Bedeutung und den Sinn unbewußter Gefühle und Bestrebungen zu verstehen.

Noch ein Wort über den Wert der freien Assoziation für die Selbsterkenntnis: sie wirkt keine Wunder. Es wäre falsch zu erwarten, daß, sobald die rationale Kontrolle aufgegeben wird, alles, was wir fürchten oder verachten, sichtbar wird. Wir können völlig sicher sein, daß auf diesem Wege nicht mehr zutage treten wird, als wir zu ertragen vermögen. Es werden nur Ableitungen der verdrängten Gefühle oder Triebe auftauchen, und wie in Träumen werden sie in verzerrter Form oder in symbolischen Äußerungen auftreten. So war in der obenerwähnten Assoziationskette der Heilige ein Ausdruck für die unbewußten Sehnsüchte der Patientin. Natürlich werden manchmal unerwartete Faktoren auf dramatische Weise zum Vorschein kommen, aber das wird nur geschehen, nachdem erhebliche vorangegangene Arbeit an demselben Gegenstand sie dicht an die Oberfläche gebracht hat. Verdrängte Gefühle können in Form einer anscheinend fernen Erinnerung zutage treten, wie in der bereits beschriebenen Assoziationskette. Dabei erschien die Verärgerung der Patientin über mich, weil ich ihre aufgeblähten Vorstellungen von sich lädiert hatte, nicht als solche; nur indirekt teilte sie mir mit, daß ich wie ein gemeiner Krimineller sei, der geheiligte Tabus verletzte und anderen kostbare Werte stahl.

Freie Assoziationen wirken keine Wunder, aber wenn sie im richtigen Geist durchgeführt werden, zeigen sie, wie Verstand und Psyche arbeiten, wie Röntgenstrahlen die sonst unsichtbaren Bewegungen von Lungen oder Eingeweiden zeigen. Und sie tun das in einer mehr oder minder geheimen Sprache.

Frei zu assoziieren, ist für jeden schwierig. Es steht nicht nur im Gegensatz zu unseren Kommunikationsgewohnheiten und den herkömmlichen Umgangsformen, sondern es zieht auch weitere Schwierigkeiten nach sich, die bei jedem Patienten anders sind. Sie lassen sich unter verschiedene Rubriken einordnen, obwohl sie sich unweigerlich überschneiden.

An erster Stelle gibt es Patienten, in denen das gesamte Verfahren der Assoziation Ängste oder Hemmungen hervorruft, denn wenn sie jedem Gefühl und jedem Gedanken freien Lauf lassen sollten, würden sie widerrechtlich verbotenes Gebiet betreten. Die speziellen Ängste, die ausgelöst werden, hängen letztlich von den vorhandenen neurotischen Tendenzen ab. Ein paar Beispiele mögen das veranschaulichen.

Ein ängstlicher Mensch, seit seiner frühen Jugend von der Drohung der unvorhersehbaren Gefahren des Lebens übermannt, wird unbewußt dazu veranlaßt, Risiken zu vermeiden. Er klammert sich an den irrigen Glauben, er könne das Leben dadurch dirigieren, daß er seine Voraussicht bis zum äußersten strapaziert. Folglich vermeidet er es, irgend etwas zu unternehmen, von dessen Folgen er sich nicht im voraus ein Bild machen kann: sein oberstes Gesetz lautet, sich niemals eine Unachtsamkeit zu gestatten. Für einen solchen Menschen bedeutet freie Assoziation höchste Leichtfertigkeit, da es ja gerade der Sinn des Verfahrens ist, alles zutage treten zu lassen, ohne im voraus zu wissen, was auftauchen und wohin es führen wird.

Für einen Menschen, der sich weitgehend abgesondert hat und sich nur sicher fühlt, wenn er eine Maske trägt, und der automatisch jedes Eindringen in seine Privatsphäre abwehrt, ist die Schwierigkeit anderer Art. Er lebt in einem Elfenbeinturm und fühlt sich durch jeden Versuch bedroht, in dessen Nähe vorzudringen. Für ihn bedeutet freie Assoziation eine unerträgliche Zudringlichkeit und eine Bedrohung seiner Isolierung.

Und dann gibt es den Menschen, dem die innere Selbständigkeit fehlt und der es nicht wagt, sich seine eigenen Urteile zu bilden. Er ist es nicht gewohnt, aus eigener Initiative zu denken, zu fühlen und zu handeln, sondern er untersucht – wie ein Insekt, das seine Fühler ausstreckt, um die Lage zu sondieren – automatisch die Umgebung daraufhin, was von ihm erwartet wird. Seine Gedanken sind gut und richtig, wenn sie von anderen gebilligt, und schlecht oder falsch, wenn sie mißbilligt werden. Auch er fühlt sich bedroht von der Vorstellung, alles, was ihm in den Sinn kommt, zu äußern, aber in einer völlig anderen Art wie die anderen: da er nur zu reagieren, nicht aber sich spontan zu äußern versteht, fühlt er sich unsicher. Was erwartet der Analytiker von ihm? Sollte er nur unaufhörlich reden? Interessiert sich der Analytiker für seine Träume? Oder für sein Sexualleben? Wird von ihm erwartet, daß er sich in den Analytiker verliebt? Und was billigt oder mißbilligt dieser? Für diesen Menschen beschwört der Gedanke an offene und spontane Selbstäußerung all diese beunruhigenden Unsicherheiten herauf und bedroht ihn außerdem damit, einer möglichen Mißbilligung ausgesetzt zu werden.

Und schließlich ist ein Mensch, der in den Fallen seiner eigenen Konflikte gefangen ist, träge geworden und hat die Fähigkeit verloren, sich als eine treibende Kraft zu empfinden. Er kann eine Bemühung nur fortsetzen, wenn die Initiative von außen kommt. Er ist durchaus gewillt, Fragen zu beantworten, fühlt sich aber verloren, wenn er auf sich selbst angewiesen ist. Daher ist er außerstande, frei zu assoziieren, weil seine Fähigkeit zu spontaner Aktivität gehemmt ist. Und diese Unfähigkeit zu assoziieren kann in ihm eine Art von Panik hervorrufen, wenn er jemand ist, für den Erfolg in allen Dingen eine zwingende Notwendigkeit bedeutet, denn dann wird er seine Hemmung wahrscheinlich als ein »Versagen« betrachten.

Diese Beispiele veranschaulichen, wie die gesamte Methode der freien Assoziation bei manchen Menschen Ängste oder Hemmungen erweckt. Aber selbst diejenigen, die zu dem Verfahren allgemein befähigt sind, haben in sich den einen oder anderen Bereich, der, wenn er angesprochen wird, Angst verursacht. So rief im Fall Clare, die insgesamt imstande war, frei zu assoziieren, alles, was ihren verdrängten Ansprüchen an das Leben näher kam, zu Beginn der Analyse Angst hervor.

Eine andere Schwierigkeit liegt in der Tatsache, daß eine rückhaltlose Äußerung aller Gefühle und Gedanken Charakterzüge bloßlegen muß, deren sich der Betreffende schämt und die zu berichten ihn demütigt. Wie in dem Kapitel über neurotische Tendenz erwähnt, variieren die Charakterzüge, die als demütigend angesehen werden, beträchtlich. Ein Mensch, der stolz darauf ist, daß er materielle Interessen zynisch verfolgt, wird bestürzt und beschämt sein, wenn er idealistische Neigungen verrät. Wer auf seine engelhafte Fassade stolz ist, wird beschämt sein, Anzeichen von Selbstsucht und Rücksichtslosigkeit zu offenbaren. Und die gleiche Demütigung wird eintreten, wenn irgendeine Maske aufgedeckt wird.

Viele Schwierigkeiten des Patienten, seine Gedanken und Gefühle zu äußern, hängen mit dem Analytiker zusammen. So wird ein Mensch, der unfähig ist, frei zu assoziieren – sei es, weil es seine Abwehrmechanismen bedrohen würde oder weil er zuviel an Eigeninitiative verloren hat –, wahrscheinlich seine Abneigung gegen das Verfahren oder seinen Kummer beim Fehlschlag auf den Analytiker übertragen und mit einer unbewußten Trotzhemmung reagieren. Daß seine eigene Entwicklung, sein Glück auf dem Spiel stehen, ist praktisch vergessen. Und auch wenn das Verfahren keine Feindseligkeit gegenüber dem Analytiker entstehen läßt, ist die weitere Tatsache gegeben, daß Ängste, die Einstellung des Analytikers betreffend, bis zu einem gewissen Grad immer vorhanden sind. Wird er verstehen? Wird er verurteilen? Wird er auf mich herabsehen oder sich gegen mich wenden? Ist ihm wirklich daran gelegen, daß ich mich zu meinem eigenen Besten entwickle, oder will er mich nach seinen Vorstellungen ummodeln? Wird er sich gekränkt fühlen, wenn ich persönliche Bemerkungen über ihn mache? Wird er die Geduld verlieren, wenn ich seine Hypothesen nicht akzeptiere?

Es ist diese unendliche Vielfalt von Besorgnissen und Hindernissen, die rückhaltlose Offenheit zu einer so außerordentlich schwierigen Aufgabe macht. Als Folge wird unweigerlich Ausweichtaktik vorkommen. Der Patient wird absichtlich gewisse Ereignisse weglassen. Bestimmte Faktoren werden ihm nie in der analytischen Sitzung einfallen. Gefühle werden nicht geäußert, weil sie zu flüchtig sind. Einzelheiten werden weggelassen, weil er sie trivial findet. »Kalkulation« wird an die Stelle eines freien Gedankenflusses treten. Er wird bei einem langatmigen Bericht über Tagesereignisse bleiben. Es gibt nahezu endlose Möglichkeiten, wie er bewußt oder unbewußt versuchen kann, dieser Anforderung auszuweichen.

So mag es sich zwar wie eine einfache Aufgabe anhören, alles, was einem in den Sinn kommt, auszusprechen; aber die Schwierigkeiten in der Wirklichkeit sind so groß, daß diese Aufgabe nur annähernd erfüllt werden kann. Je größer die im Wege stehenden Hindernisse sind, desto unproduktiver wird der Patient. Aber je mehr er sich dem Ziel nähert, desto transparenter wird er für sich und für den Analytiker sein.

Die zweite Aufgabe, die sich dem Patienten in der Analyse stellt, ist, seinen Problemen offen gegenüberzutreten – eine Einsicht in sie dadurch zu gewinnen, daß er Faktoren erkennt, die bisher unbewußt waren. Das ist jedoch nicht nur ein intellektueller Prozeß, wie das Wort »erkennen« nahelegen könnte; wie in der analytischen Literatur seit Ferenczi und Rank betont, ist es beides, eine verstandesmäßige und eine gefühlsmäßige Erfahrung. Wenn ich einen Ausdruck der Alltagssprache benutzen darf: es bedeutet, Kenntnis über uns zu erhalten, die wir »in den Knochen« spüren.

Die Einsicht kann eine Erkenntnis eines gänzlich verdrängten Faktors sein, wie die Entdeckung, die von einem zwanghaft bescheidenen oder gütigen Menschen gemacht wird, daß er eigentlich weitgehend Verachtung für andere empfindet. Es kann eine Erkenntnis sein, daß ein Trieb auf der Bewußtseinsebene ein Ausmaß, eine Intensität und Qualität besitzt, die wir uns nie haben träumen lassen: ein Mensch kann wissen, daß er beispielsweise ehrgeizig ist, aber nie zuvor geahnt haben, daß sein Ehrgeiz eine alles verzehrende Leidenschaft ist, die sein Leben bestimmt und das destruktive Element enthält, sich einen rachsüchtigen Sieg über andere zu wünschen. Oder die Einsicht kann in einer Entdeckung bestehen, daß gewisse, anscheinend getrennte Faktoren eng miteinander zusammenhängen. Ein Mensch kann gewußt haben, daß er bestimmte hochgespannte Erwartungen hegt, was seine Bedeutung und seine Leistungen im Leben betrifft, und ebenso kann er um seine düstere Weltanschauung und um eine allgemeine Vorahnung gewußt haben, binnen kurzem einer drohenden Katastrophe zu erliegen, aber dabei nie geahnt haben, daß jede Einstellung ein Problem darstellt oder daß beide irgendwie zusammenhängen. In diesem Fall könnte seine Einsicht ihm zeigen, daß sein Drang, seines einmaligen Wertes wegen bewundert zu werden, so starr ist, daß er über dessen Nichterfüllung heftige Empörung empfindet und deshalb das Leben selbst abwertet: wie ein eingefleischter Aristokrat, der mit der Notwendigkeit konfrontiert ist, auf einen niedrigeren Lebensstandard herabzusteigen, würde er lieber zu leben aufhören als sich mit weniger zufriedengeben, als er sich zu erwarten berechtigt fühlt. So würde sein Beschäftigtsein mit einer bevorstehenden Katastrophe eigentlich einen zugrundeliegenden Todeswunsch darstellen, teilweise als gehässige Geste dem Leben gegenüber, weil es seine Erwartungen nicht erfüllt hat.

Es läßt sich unmöglich in Allgemeinbegriffen sagen, was es für einen Patienten bedeutet, eine Einsicht in seine Probleme zu erhalten, genauso wie es sich unmöglich sagen ließe, was es für einen Menschen bedeutet, dem Sonnenschein ausgesetzt zu sein. Sonnenschein kann ihn töten oder sein Leben retten, er kann ermüdend oder erfrischend sein, wobei seine Wirkung von seiner Intensität und auch von der jeweiligen Kondition des Betreffenden abhängt. Ähnlich kann eine Einsicht außerordentlich schmerzhaft sein, oder sie kann eine sofortige Erleichterung bringen. Hier befinden wir uns auf fast demselben Gebiet, das zuvor in der Diskussion über den therapeutischen Wert der verschiedenen Schritte bei der Analyse behandelt wurde, aber es wird nicht schaden, jene Bemerkungen in diesem etwas anderen Kontext zu rekapitulieren.

Es gibt verschiedene Gründe, aus denen eine Einsicht Erleichterung hervorrufen kann. Um mit der am wenigsten wichtigen Überlegung zu beginnen: es ist häufig eine lohnende intellektuelle Erfahrung, die Gründe für ein bisher nicht begriffenes Phänomen lediglich kennenzulernen, in jeder Situation im Leben wird es wahrscheinlich eine Erleichterung sein, die Wahrheit bloß zu erkennen. Diese Überlegung gilt nicht nur für Aufschlüsse über gegenwärtige Eigenheiten, sondern auch für Erinnerungen an bis jetzt vergessene Kindheitserlebnisse, wenn solche Erinnerungen einem helfen, genau zu verstehen, welche Faktoren die Entwicklung zu Anfang beeinflußt haben.

Wichtiger ist die Tatsache, daß eine Einsicht einem Menschen seine wahren Gefühle offenbaren kann, indem sie ihm den trügerischen Schein seiner früheren Einstellung zeigt. Wenn er frei wird, Ärger, Gereiztheit, Verachtung, Angst oder was sonst immer bisher verdrängt wurde, zu äußern, hat ein aktives, lebendiges Gefühl eine lähmende Hemmung ersetzt, und es ist ein Schritt getan, sich selbst zu finden. Das unfreiwillige Gelächter, das sich bei solchen Entdeckungen häufig einstellt, offenbart das Gefühl der Befreiung. Das kann sogar dann gelten, wenn die Entdeckung selbst alles andere als angenehm ist, auch wenn der Betreffende zum Beispiel erkennt, daß er sein ganzes Leben lang nur versucht hat, sich »durchzumogeln« oder andere zu kränken und zu beherrschen. Außer daß sie dieses gesteigerte Ich-Gefühl, diese gesteigerte Lebendigkeit und Aktivität hervorbringt, kann die Einsicht die Spannungen beseitigen, die durch sein früheres Bedürfnis, seine wahren Gefühle zurückhalten, erzeugt wurden: indem sie die Kräfte steigert, die zur Verdrängung gebraucht wurden, kann sie die Menge verfügbarer Energien erhöhen.

Schließlich, und zwar eng verknüpft mit der Freisetzung von Energien, macht das Aufheben einer Verdrängung den Weg frei zum Handeln. Solange eine Bestrebung oder ein Gefühl verdrängt wird, ist der Betreffende in einer Sackgasse gefangen. Solange er etwa von einer Feindseligkeit gegen andere überhaupt keine Kenntnis hat und nur weiß, daß ihm der Umgang mit Menschen schwerfällt, ist er außerstande, etwas gegen seine Feindseligkeit zu unternehmen; es besteht keine Möglichkeit, die Gründe dafür zu verstehen oder zu entdecken, wenn sie gerechtfertigt ist, oder sie zu verringern oder zu beseitigen. Aber wenn die Verdrängung behoben ist und er die Feindseligkeit als solche empfindet, dann und nur dann kann er sie eingehend betrachten und sich anschicken, die wunden Punkte in sich zu entdecken, die sie hervorgerufen haben und denen gegenüber er ebenso blind gewesen ist wie gegenüber der Feindseligkeit selbst. Dadurch, daß so die Möglichkeit eröffnet wird, schließlich etwas an den störenden Faktoren zu ändern, bringt die Einsicht wahrscheinlich erhebliche Erleichterung. Selbst wenn eine sofortige Änderung schwierig ist, besteht die Aussicht auf einen künftigen Ausweg aus dem Elend. Das gilt, wenn auch die erste Reaktion in Schmerz oder Angst bestehen kann. Clares Einsicht in die Tatsache, daß sie für sich übertriebene Wünsche und Ansprüche hatte, löste zuerst eine Panik in ihr aus, weil das die neurotische Bescheidenheit erschütterte, eine der Säulen, die ihr Sicherheitsgefühl trugen. Aber sobald die akute Angst wich, gab ihr das Erleichterung, denn es bedeutete die Möglichkeit einer Befreiung von den Fesseln, die ihr Hände und Füße gebunden hatten.

Aber die erste Reaktion auf eine Einsicht kann eher Schmerz als Erleichterung sein. Wie in einem vorangegangenen Kapitel erörtert, gibt es zwei Hauptarten von negativen Reaktionen auf eine Einsicht. Die eine ist, sie nur als eine Drohung zu empfinden; die andere, in Entmutigung und Hoffnungslosigkeit zurückzufallen. Diese zwei Reaktionen mögen zwar verschieden wirken, im wesentlichen handelt es sich aber nur um graduelle Unterschiede. Sie sind beide durch die Tatsache bestimmt, daß der Mensch nicht oder noch nicht imstande und gewillt ist, gewisse grundlegende Ansprüche an das Leben aufzugeben. Was das für Ansprüche sind, hängt natürlich von seinen neurotischen Tendenzen ab.

Es liegt am zwanghaften Charakter dieser Tendenzen, daß die Ansprüche so starr und so schwer aufzugeben sind. Jemand, der zum Beispiel von Machtgier besessen ist, kann auf Komfort, Vergnügungen, Frauen, Freunde verzichten, auf alles, was für gewöhnlich das Leben angenehm macht, aber Macht muß er haben. Solange er entschlossen ist, diesen Anspruch nicht aufzugeben, kann jedes Infragestellen seines Wertes ihn nur irritieren oder erschrecken. Solche Angstreaktionen werden nicht nur durch Einsichten erzeugt, die die Durchführbarkeit dieser speziellen Bestrebung widerlegen, sondern auch durch diejenigen, die offenbaren, daß deren Verfolgung ihn daran hindert, andere Ziele zu erreichen, die ebenfalls wichtig für ihn sind, oder schmerzliche Belastungen und Leiden zu überwinden. Oder, um andere Beispiele zu nehmen, jemand, der an seiner Isolierung und seiner Ungeschicklichkeit in den Beziehungen zu anderen leidet, aber grundsätzlich trotzdem nicht gewillt ist, seinen Elfenbeinturm zu verlassen, muß mit Angst auf jede Einsicht reagieren, die ihm zeigt, daß er das eine Ziel – weniger Isolierung – unmöglich erreichen kann, ohne das andere – seinen Elfenbeinturm – aufzugeben. Solange ein Mensch es grundsätzlich ablehnt, seinen zwanghaften Glauben, er könne das Leben allein durch die Stärke seines Willens meistern, aufzugeben, muß jede Einsicht, die auf den fiktiven Charakter dieses Glaubens hinweist, Angst auslösen, weil sie ihm das Gefühl gibt,als werde ihm der Boden, auf dem er steht, unter den Füßen weggezogen.

Die Angst, die durch solche Einsichten hervorgerufen wird, ist die Reaktion des Menschen auf eine aufdämmernde Einsicht, daß er endlich etwas an seinen Grundlagen ändern muß, *falls* er frei werden will. Aber die Faktoren, die geändert werden müssen, sitzen immer noch tief, sind immer noch lebenswichtig für ihn als ein Mittel, mit sich und anderen fertig zu werden. Deshalb hat er Angst, sich zu ändern, und die Einsicht ruft keine Erleichterung, sondern Panik hervor.

Und wenn er tief innen spürt, daß eine solche Änderung zwar unerläßlich für seine Befreiung ist, aber überhaupt nicht in Frage kommt, wird er eher mit einem Gefühl der Hoffnungslosigkeit als mit Angst reagieren. In seinem Bewußtsein wird dieses Gefühl häufig durch einen heftigen Zorn auf den Analytiker überschattet. Er findet, der Analytiker sei sinnlos grausam, ihn zu solchen Einsichten zu führen, wenn er sowieso nichts daran ändern kann. Diese Reaktion ist verständlich, da keiner von uns gewillt ist, Kränkungen und Härten zu ertragen, wenn sie nicht letztlich irgendeinen Zweck erfüllen, den wir bejahen.

Eine negative Reaktion auf eine Einsicht ist nicht unbedingt das letzte Wort in der Angelegenheit. Manchmal ist sie de facto von relativ kurzer Dauer und verwandelt sich schnell in Erleichterung. Ich brauche hier die Faktoren nicht ausführlich zu behandeln, die bestimmen, ob die Einstellung eines Menschen zu einer speziellen Einsicht sich durch weitere psychoanalytische Arbeit verändern kann. Es genügt zu sagen, daß eine Wandlung im Bereich des Möglichen liegt.

Reaktionen auf Entdeckungen über uns können jedoch nicht völlig begriffen werden, indem man sie auf diese Weise als Erleichterung oder Angst oder Hoffnungslosigkeit erzeugend katalogisiert. Gleichgültig, welche unmittelbare Reaktion ausgelöst wird, bedeutet eine Einsicht immer eine Bedrohung des vorhandenen Gleichgewichts. Ein Mensch, der von zwanghaften Bedürfnissen getrieben wird, hat seine Funktion schlecht ausgeübt. Er hat bestimmte Ziele sehr auf Kosten seiner wahren Wünsche verfolgt. Er ist in vieler Hinsicht gehemmt. Er ist in weiten, breitgefächerten Bereichen verwundbar. Die Notwendigkeit, verdrängte Ängste und Feindseligkeiten zu bekämpfen, untergräbt seine Energie. Er ist sich selbst und anderen entfremdet. Aber ungeachtet all dieser Defekte in seinem pyschischen Mechanismus stellen die in ihm wirkenden Kräfte trotzdem eine organische Struktur dar, in der jeder Faktor mit den anderen zusammenhängt. Folglich kann kein Faktor verändert werden, ohne die Gesamtstruktur zu beeinflussen. Genau gesagt, gibt es nichts dergleichen wie eine isolierte Einsicht. Natürlich geschieht es oft, daß ein Mensch an dem einen oder anderen Punkt innehält. Er kann mit dem erreichten Ergebnis zufrieden, er kann entmutigt sein, er kann sich aktiv sträuben, weiterzugehen. Aber im Prinzip erschließt jede gewonnene Einsicht, wie klein sie an sich auch sein mag, neue Probleme wegen ihrer Wechselbeziehung zu anderen psychischen Faktoren und enthält daher Dynamit, mit dem das ganze Gleichgewicht erschüttert werden kann. Je starrer das neurotische System, desto weniger kann irgendeine Veränderung toleriert werden. Und je näher eine Einsicht an die Grundlagen herankommt, desto mehr Angst wird sie auslösen. »Widerstand« entsteht, wie ich später ausführlich darlegen werde, letztlich aus dem Bedürfnis, den Status quo zu erhalten.

Die dritte Aufgabe, die den Patienten erwartet, ist, jene Faktoren in sich zu verändern, die seine bestmögliche Entfaltung beeinträchtigen. Das bedeutet nicht nur einen sichtbaren Wandel, in Taten oder Verhalten, etwa die Fähigkeit zu öffentlichem Auftreten, zu schöpferischer Arbeit, zur Kooperation, zu sexueller Potenz zu erlangen oder wiederzuerlangen, Phobien oder depressive Tendenzen zu verlieren. Diese Veränderungen werden automatisch in einer erfolgreichen Analyse stattfinden. Sie sind jedoch keine primären Veränderungen, sondern resultieren aus weniger sichtbaren Wandlungen in der Persönlichkeit: etwa eine realistischere Einstellung zu sich zu gewinnen, anstatt zwischen Selbstverherrlichung und Selbsterniedrigung zu schwanken; zu einer inneren Haltung von Aktivität, Einsatzbereitschaft und

Mut statt von Trägheit und Angst zu gelangen; fähig werden zu planen, statt sich treiben zu lassen; den Schwerpunkt in sich zu finden, anstatt sich mit übertriebenen Erwartungen und übertriebenen Beschuldigungen an andere zu hängen; mehr Wohlwollen und Verständnis für Menschen zu erlangen, statt eine defensive, weitgehende Feindseligkeit zu hegen. Wenn solche Veränderungen stattfinden, müssen äußerliche in offenkundigen Aktivitäten oder Symptomen folgen, und zwar in einem entsprechenden Ausmaß.

Viele Wandlungen, die in der Persönlichkeit vor sich gehen, bilden kein besonderes Problem. So kann eine Einsicht an sich eine Veränderung darstellen, wenn sie eine echte emotionale Erfahrung ist. Man könnte sagen, daß sich nichts geändert hat, wenn zum Beispiel eine Einsicht in eine bislang verdrängte Feindseligkeit gewonnen wird: die Feindseligkeit ist noch vorhanden, und nur das Bewußtsein ist anders. Das trifft lediglich in einem mechanistischen Sinne zu. Tatsächlich macht es einen gewaltigen Unterschied, wenn der Mensch, der nur gewußt hatte, daß er gestelzt, ermüdet oder irgendwie verärgert war, die konkrete Feindseligkeit erkennt, die eben durch ihre Verdrängung diese Störungen erzeugt hatte. Wie bereits erörtert, kann er sich in einem solchen Augenblick der Entdeckung wie ein neuer Mensch fühlen. Und sofern er es nicht fertigbringt, die Erkenntnis sofort abzutun, muß sie seine Beziehungen zu anderen Menschen beeinflussen; sie wird ein Gefühl der Überraschung über sich selbst auslösen, einen Ansporn geben, die Bedeutung der Feindseligkeit zu untersuchen, sein Gefühl der Hilflosigkeit angesichts von etwas Unbekanntem beseitigen und ihn sich lebendiger vorkommen lassen.

Es gibt auch Veränderungen, die automatisch als indirektes Ergebnis einer Einsicht eintreten. Die neurotischen Bedürfnisse des Patienten werden verringert, sobald irgendeine Quelle der Angst vermindert wird. Sobald ein verdrängtes Gefühl der Demütigung erkannt und begriffen wird, wird daraus automatisch eine größere Freundlichkeit resultieren, auch wenn deren Erwünschtheit nicht erwähnt wurde. Wenn eine Angst vor Versagen erkannt wird und abnimmt, wird der Betreffende spontan aktiver werden und Risiken eingehen, die er bisher unbewußt vermieden hat.

Soweit fallen Einsicht und Veränderung offenbar zusammen,

und es könnte unnötig erscheinen, diese zwei Prozesse als getrennte Aufgaben darzustellen. Aber es gibt während der Analyse – ebenso wie im Leben – Situationen, in denen man trotz einer Einsicht bis aufs Messer gegen Wandlung kämpfen kann. Einige dieser Situationen wurden bereits besprochen. Sie lassen sich wie folgt verallgemeinern: Wenn ein Patient erkennt, daß er seine neurotischen Ansprüche ans Leben aufgeben oder modifizieren muß, sofern er seine Kräfte für seine angemessene Entwicklung frei haben möchte, kann ein harter Kampf beginnen, in dem er seine letzten Reserven einsetzt, um die Notwendigkeit oder die Möglichkeit einer Veränderung zu widerlegen.

Eine andere Situation, in der Einsicht und Veränderung recht verschiedenartig sein können, entsteht, wenn die Analyse den Patienten direkt auf einen Konflikt zugeführt hat, in dem eine Entscheidung getroffen werden muß. Nicht alle in der Psychoanalyse aufgedeckten Konflikte sind von dieser Art. Wenn zum Beispiel widersprechende Triebe erkannt werden, andere sowohl beherrschen wie ihre Erwartungen erfüllen zu müssen, geht es nicht darum, zwischen den beiden Tendenzen zu entscheiden. Beide müssen analysiert werden, und wenn der Patient eine bessere Beziehung zu sich und anderen gefunden hat, werden beide verschwinden oder erheblich modifiziert. Etwas anderes ist es jedoch, wenn ein bisher unbewußter Konflikt zutage tritt. Das Problem kann auf verschiedene Weise vernebelt worden sein: die zynische Einstellung kann bewußt gewesen sein, während die Ideale verdrängt oder bewußt widerlegt wurden, wenn sie gelegentlich an die Oberfläche vordrangen; oder der Wunsch nach materiellen Vorteilen (Geld, Prestige) kann verdrängt worden sein, während man bewußt starr an den Idealen festhielt; oder es kann eine ständige Überschneidung gegeben haben, Ideale auf zynische oder auf ernsthafte Weise zu betrachten. Doch wenn ein solcher Konflikt offen zutage tritt, genügt es nicht, ihn zu erkennen und seine Verästelungen zu verstehen. Nach einer gründlichen Klärung aller einbezogenen Probleme muß der Patient schließlich Farbe bekennen. Er muß sich entscheiden, ob und in welchem Ausmaß er seine Ideale ernst nehmen möchte, und welchen Raum er materiellen Interessen zubilligen will. Hier also ist eine der Gelegenheiten, bei denen ein Patient zögern kann, den Schritt von der Einsicht zu einer Korrektur seiner Einstellungen zu tun.

Es ist jedoch zweifellos richtig, daß die drei Aufgaben, mit denen ein Patient konfrontiert wird, in enger Beziehung zueinander stehen. Seine vollständige Selbstäußerung bereitet den Weg vor für die Einsichten, und die Einsichten bringen die Veränderung zustande oder bereiten sie vor. Jeder Schritt beeinflußt die anderen. Je mehr der Patient sich davor scheut, eine gewisse Einsicht zu erlangen, desto mehr werden seine freien Assoziationen erschwert. Je mehr er sich einer bestimmten Veränderung widersetzt, desto mehr wird er eine Einsicht bekämpfen. Das Ziel ist jedoch Wandlung. Daß der Selbsterkenntnis hoher Wert beigemessen wird, geschieht nicht um der Einsicht willen allein, sondern um der Einsicht willen als ein Mittel, die Gefühle, Strebungen und Einstellungen zu revidieren, zu modifizieren und zu kontrollieren.

Die Einstellung des Patienten zur Veränderung durchläuft häufig verschiedene Stadien. Oft beginnt er die Behandlung mit uneingestandenen Erwartungen auf eine Wunderheilung, was gewöhnlich eine Hoffnung bedeutet, daß alle seine Störungen verschwinden werden, ohne daß er irgend etwas ändern muß oder sogar ohne daß er aktiv an sich selbst arbeiten muß. Folglich schreibt er dem Analytiker Zauberkräfte zu und ist geneigt, ihn blindlings zu bewundern. Erkennt er dann, daß seine Hoffnung nicht erfüllt werden kann, tendiert er dazu, das frühere »Vertrauen« gänzlich zu entziehen. Wenn der Analytiker ein einfaches menschliches Wesen wie er selbst ist, was kann er ihm dann Gutes tun, argumentiert er. Wichtiger noch, sein eigenes Gefühl der Hoffnungslosigkeit, irgend etwas aktiv bei sich zu vollbringen, kommt an die Oberfläche. Nur wenn und falls seine Energien für aktive und spontane Arbeit freigesetzt werden können, kann er schließlich seine Entwicklung als seine eigene Aufgabe betrachten und den Analytiker als jemanden, der ihm nur dabei hilft.

Die Aufgaben, mit denen der Patient in der Analyse konfrontiert ist, sind voller Schwierigkeiten und Vorteile. Sich mit höchster Offenheit zu äußern ist schwer, aber es ist auch eine Wohltat. Und dasselbe läßt sich über das Erlangen von Einsicht und über Veränderung sagen. Zur Analyse als einer der möglichen Hilfen im Hinblick auf die eigene Entwicklung zu schreiten ist deshalb weit davon entfernt, den leichten Weg einzuschlagen. Es erfordert auf seiten des Patienten ein gut Teil Entschlossenheit,

Selbstdisziplin und aktives Ringen. In dieser Beziehung unterscheidet es sich nicht von anderen Situationen im Leben, die zur eigenen Entwicklung beitragen. Wir werden dadurch stärker, daß wir die Beschwernisse überwinden, denen wir auf unserem Weg begegnen.

5. Kapitel

# Der Anteil des Analytikers am psychoanalytischen Prozeß

Die allgemeine Aufgabe des Analytikers ist es, dem Patienten zu helfen, daß er sich selbst erkennt und sein Leben neu orientiert, soweit der Patient selbst das für notwendig hält. Um einen präziseren Eindruck dessen zu vermitteln, was der Analytiker bei der Verfolgung dieses Zieles tut, ist es erforderlich, seine Arbeit in Kategorien einzuteilen und diese einzeln zu erörtern. Grob gesprochen, läßt sich seine Arbeit in fünf Hauptteile aufgliedern: Beobachtung; Verständnis; Interpretation; Hilfe bei Widerstand; und allgemeine menschliche Hilfe.

In gewissem Grade unterscheiden sich die Beobachtungen des Analytikers nicht von denen jedes aufmerksamen Beobachters; in gewissem Grade haben sie einen spezifischen Charakter. Wie jeder andere wird der Analytiker allgemeine Eigenschaften im Verhalten des Patienten beobachten, etwa Zurückhaltung, Wärme, Starrheit, Spontaneität, Trotz, Nachgiebigkeit, Mißtrauen, Vertrauen, Anmaßung, Schüchternheit, Rücksichtslosigkeit, Sensibilität. Während er dem Patienten nur zuhört, wird er ohne direkte Anstrengung viele allgemeine Eindrücke gewinnen: ob der Patient fähig ist, sich gehenzulassen, oder ob er verkrampft und angespannt ist; ob er systematisch und kontrolliert redet oder sprunghaft und zerstreut ist; ob er abstrakte allgemeine Redensarten oder konkrete Einzelheiten bietet; ob er weitschweifig oder sachlich ist; ob er spontan redet oder die Initiative dem Analytiker überläßt; ob er konventionell ist oder das äußert, was er wirklich denkt und fühlt.

In seinen spezifischen Beobachtungen lernt der Analytiker erstens aus dem, was der Patient ihm über seine früheren und gegenwärtigen Erfahrungen erzählt, über seine Beziehungen zu sich und anderen, über seine Pläne, seine Wünsche, seine Ängste, seine Gedanken. Zweitens lernt er daraus, daß er das Verhalten des Patienten in seiner Praxis beobachtet, denn jeder Patient reagiert unterschiedlich auf Vereinbarungen über Honorar, Termin, Sichhinlegen und andere objektive Aspekte der Analyse. Und jeder Patient reagiert anders auf die Tatsache, daß er analysiert wird. Der eine betrachtet die Analyse als einen interessanten intellektuellen Prozeß, lehnt aber den Gedanken ab, daß er sie wirklich braucht; ein anderer behandelt sie als demütigendes Geheimnis; während ein dritter stolz darauf ist als ein besonderes Privileg. Zudem weisen Patienten eine unendliche Vielfalt von Einstellungen dem Analytiker gegenüber auf, mit ebenso vielen individuellen Nuancen, wie sie sonst in menschlichen Beziehungen existieren. Schließlich zeigen Patienten zahllose subtile und grobe Schwankungen in ihren Reaktionen, und diese Schwankungen an sich sind aufschlußreich. Diese zwei Informationsquellen – die Mitteilungen des Patienten über sich und die Beobachtung seines aktuellen Verhaltens – ergänzen einander genauso, wie sie es bei jeder Beziehung tun. Auch wenn wir sehr viel über die Vergangenheit eines Menschen wissen und darüber, wie er sich heute zu Freunden, Frauen, Geschäft, Politik verhält, wird unser Bild von ihm weitaus klarer und vollständiger, wenn wir ihm persönlich begegnen und ihn in Aktion sehen. Beide Quellen sind unerläßlich; eine ist nicht weniger wichtig als die andere.

Wie jede andere Beobachtung ist die des Analytikers durch die Natur seines Interesses gefärbt. Eine Verkäuferin wird auf andere Eigenschaften bei einem Kunden achten als ein Sozialarbeiter bei einem Hilfesuchenden. Ein Arbeitgeber wird sich im Gespräch mit einem zukünftigen Angestellten auf Fragen wie Initiative, Anpassungsfähigkeit, Zuverlässigkeit konzentrieren, während ein Geistlicher, der mit einem Pfarrkind spricht, sich mehr für Fragen des moralischen Verhaltens und des Glaubens interessieren wird. Das Interesse des Analytikers richtet sich nicht auf einen Teil des Patienten, nicht einmal auf den gestörten, sondern umfaßt notwendigerweise die ganze Persönlichkeit. Da er deren Gesamtstruktur verstehen möchte und da er nicht aus dem Stegreif weiß, was mehr und was weniger relevant sein mag, muß seine Aufmerksamkeit so viele Faktoren wie möglich absorbieren.

Die spezifischen analytischen Beobachtungen leiten sich aus dem Ziel des Analytikers her, die unbewußten Motivationen des Patienten zu erkennen und zu verstehen. Darin besteht ihr wesentlicher Unterschied zu allgemeinen Beobachtungen. Bei letzteren können wir auch gewisse Unterströmungen spüren, aber solche Eindrücke bleiben mehr oder minder provisorisch und sogar unformuliert; zudem bemühen wir uns in der Regel nicht zu unterscheiden, ob sie durch unsere eigenen psychischen Faktoren oder durch die der beobachteten Person bestimmt sind. Die spezifischen Beobachtungen des Analytikers jedoch sind ein unerläßlicher Teil des analytischen Prozesses. Sie stellen ein systematisches Studium unbewußter Kräfte dar, wie sie sich in den freien Assoziationen des Patienten offenbaren. Diesen hört der Analytiker aufmerksam zu, bemüht, kein Element vorzeitig auszuwählen, sondern jedem Detail gleichmäßiges Interesse zu zollen.

Manche Beobachtungen des Analytikers werden sich sofort einordnen. So wie man in einer nebligen Landschaft den vagen Umriß eines Hauses oder eines Baumes unterscheidet, wird der Analytiker keine Schwierigkeit haben, den einen oder anderen allgemeinen Charakterzug schnell zu erkennen. Aber größtenteils sind seine Beobachtungen nur ein Labyrinth von anscheinend unzusammenhängenden Punkten. Wie also gelangt er zu einem Verständnis?

In mancher Beziehung ließe sich seine Arbeit mit der des Detektivs in Kriminalgeschichten vergleichen. Es verdient jedoch, hervorgehoben zu werden, daß, während der Detektiv den Verbrecher entdecken möchte, der Analytiker nicht herausfinden will, was schlecht an dem Patienten ist, sondern versucht, ihn als Ganzes zu begreifen, das Gute wie das Schlechte. Außerdem hat er es nicht mit mehreren Verdächtigen zu tun, sondern mit einer Vielzahl von Triebkräften in einem Menschen, die alle in dem Verdacht stehen, nicht schlecht, sondern störend zu sein. Durch konzentrierte und intelligente Beobachtung jeder Einzelheit gewinnt er seine Anhaltspunkte, sieht einen möglichen Zusammenhang hier und dort und macht sich versuchsweise ein Bild; er ist nicht zu leicht von seiner Lösung überzeugt, sondern überprüft sie wieder und wieder, um festzustellen, ob sie wirklich alle Faktoren umfaßt. In Kriminalgeschichten gibt es einige Menschen, die mit dem Detektiv zusammenarbeiten, wobei manche das nur anscheinend tun und insgeheim seine Arbeit behindern, manche eindeutig etwas verbergen wollen und aggressiv werden, wenn sie sich bedroht fühlen. Ähnlich kooperiert in der Analyse ein Teil des Patienten – das ist eine unerläßliche Voraussetzung –, ein anderer Teil erwartet, daß der Analytiker die ganze Arbeit tut, und noch ein anderer verwendet seine gesamten Kräfte darauf, zu verheimlichen oder in die Irre zu führen, und wird von Panik erfaßt und feindselig, wenn er durch Entdeckung bedroht wird.

Der Analytiker bezieht sein Verständnis unbewußter Motivationen und Reaktionen hauptsächlich aus den freien Assoziationen des Patienten, wie in dem vorangehenden Kapitel beschrieben. Der Patient weiß gewöhnlich nichts von den Mitgegebenheiten dessen, was er vorbringt. Um aus der Menge diskrepanter Elemente, die ihm geboten werden, ein zusammenhängendes Bild zu formen, muß der Analytiker nicht nur auf den manifesten Inhalt hören, sondern auch zu verstehen versuchen, was der Patient wirklich ausdrücken möchte. Er bemüht sich, den roten Faden zu fassen, der sich durch die anscheinend amorphe Masse des Materials zieht. Sind zu viele unbekannte Größen eingeschlossen, scheitert er mitunter bei diesem Bestreben. Manchmal spricht der Zusammenhang beinahe für sich. Die folgenden Beispiele sind ihrer Einfachheit wegen gewählt worden.

Ein Patient berichtet mir, daß er eine schlechte Nacht gehabt habe und sich deprimierter fühle als je. Seine Sekretärin hat einen Grippeanfall gehabt, und das stört nicht nur seine geschäftlichen Dispositionen, sondern regt ihn auch wegen seiner Furcht vor Ansteckung auf. Er spricht dann über das schreckliche Unrecht, das kleinen europäischen Ländern zugefügt wird. Dann denkt er an einen Arzt, der ihn dadurch verärgert hat, daß er ihm keine klare Auskunft über die Zusammensetzung eines Medikaments gegeben hat. Dann fällt ihm ein Schneider ein, der einen Mantel nicht wie versprochen geliefert hatte.

Das Hauptthema ist Ärger über widrige Ereignisse. Die egozentrische Natur der Beschwerden zeigt sich darin, daß er die Krankheit der Sekretärin in einer Reihe mit der Unzuverlässigkeit des Schneiders aufzählt, als sei beides eine gegen ihn gerichtete persönliche Beleidigung. Die Tatsache, daß die Grippe der Sekretärin seine Furcht vor Ansteckung wiedererweckt hat, bringt ihn nicht auf den Gedanken, er sollte versuchen, diese Angst zu überwinden. Statt dessen erwartet er, die Welt sollte auf seine Bedürfnisse achten. Hier kommt das Thema des Unrechts ins Spiel: es ist unbillig, daß andere seine Erwartungen nicht beachten. Da er Angst vor Ansteckung hat, sollte niemand in seiner Umgebung krank werden. So werden andere für seine

Schwierigkeiten verantwortlich. Er ist solchen Einflüssen gegenüber ebenso hilflos, wie kleine europäische Länder es gegen Invasion sind (tatsächlich ist er hilflos in den Fängen seiner eigenen Erwartungen). Die Assoziation, den Arzt betreffend, gewinnt in diesem Zusammenhang auch eine besondere Bedeutung. Sie schließt ebenfalls nicht erfüllte Erwartungen ein und bezieht sich außerdem auf seinen Groll gegen mich, weil ich ihm nicht, anstatt unherzutasten und seine kooperative Aktivität zu erwarten, eine klare Lösung für seine Probleme geboten habe.

Ein anderes einfaches Beispiel. Eine junge Frau erzählt mir, sie habe beim Einkaufen einen Anfall von Herzklopfen gehabt. Ihr Herz war nicht kräftig, aber sie sah nicht ein, wieso Einkaufen es angreifen sollte, da sie stundenlang unbeschadet tanzen konnte. Ferner konnte sie keine psychischen Gründe für das Herzklopfen erkennen. Sie hatte für ihre ältere Schwester eine ungemein schöne Bluse als Geburtstaggeschenk gekauft und war darüber begeistert. Voller Vorfreude malte sie sich aus, wie sehr der Schwester das Geschenk gefallen und wie sie es bewundern würde. Sie hatte sogar ihren letzten Cent dafür ausgegeben. Sie war knapp an Geld, weil sie ihre sämtlichen Schulden beglichen oder jedenfalls Abmachungen getroffen hatte, durch die sie sie in mehreren Monaten abbezahlen konnte. Das erzählte sie mit deutlicher Selbstbewunderung. Die Bluse war so schön, daß sie sie gern selber gehabt hätte. Dann, nachdem sie das Thema anscheinend fallengelassen hatte, tauchten etliche Beschwerden gegen die Schwester auf. Sie beklagte sich bitter darüber, wie die Schwester sich in ihre Angelegenheiten einmischte, wie sie unsinnige Vorwürfe machte. Diese Beschwerden waren mit abfälligen Bemerkungen vermengt, die die Schwester der Patientin recht unterlegen erscheinen ließen.

Selbst auf den ersten Blick weist diese spontane Folge von Emotionen auf einander widersprechende Gefühle gegenüber der Schwester hin: einen Wunsch, ihre Liebe zu gewinnen, und andererseits Groll. Beim Einkaufen wurde dieser Konflikt akzentuiert. Die liebevolle Seite äußerte sich in dem Kauf des Geschenks; der Groll mußte für den Augenblick unterdrückt werden und forderte daher um so lauter seinen Anteil. Das Ergebnis war das Herzklopfen. Solche Zusammenstöße von kontroversen Gefühlen lösen nicht immer Angst aus. Gewöhnlich wird eines der widersprüchlichen Gefühle verdrängt, oder beide beteiligen sich an irgendeiner Kompromißlösung. Hier wurde, wie die Assoziationen zeigen, keine Seite des Konflikts gänzlich verdrängt. Statt dessen standen Liebe und Groll, beide auf Bewußtseinsebene, auf einer Wippe. Wenn das eine Gefühl im Bewußtsein nach oben stieg, ging das andere nach unten.

Bei genauerer Prüfung deckten die Assoziationen mehr Einzelheiten auf. Das Motiv der Selbstbewunderung, in der ersten Serie überdeutlich, erscheint in der zweiten implizite wieder. Die abfälligen Bemerkungen über die Schwester drücken nicht nur weitgehende Feindseligkeit aus, sondern tragen auch dazu bei, daß die Patientin die Schwester in den Schatten stellt. Die Tendenz, sich über die Schwester zu stellen, ist während der ganzen Assoziationen klar ersichtlich, nämlich darin, daß sie fortgesetzt, wenngleich unbeabsichtigt, ihre eigene Großzügigkeit und aufopfernde Liebe dem häßlichen Verhalten der Schwester gegenüberstellte. Dieser enge Zusammenhang zwischen Selbstbewunderung und Rivalität mit der Schwester legt die Möglichkeit nahe, daß das Bedürfnis, der Schwester überlegen zu sein, ein wesentlicher Faktor bei der Entwicklung und Aufrechterhaltung der Selbstbewunderung war. Diese Annahme wirft auch ein anderes Licht auf den Konflikt, der sich in dem Geschäft abspielte. Der Impuls, die teure Bluse zu kaufen, bedeutete nicht nur gleichsam einen heldenhaften Entschluß, den Konflikt zu lösen, sondern auch einen Wunsch, ihre eigene Überlegenheit über die Schwester zu beweisen, teils dadurch, daß sie ihre Bewunderung gewann, teils dadurch, daß sie sich als die liebevollere, aufopferndere, versöhnlichere zeigte. Andererseits wies sie dadurch, daß sie der Schwester eine schönere Bluse schenkte, als sie selber besaß, dieser tatsächlich einen »höheren« Rang zu. Um die Bedeutung dieses Punktes zu verstehen, sollte erwähnt werden, daß die Frage, wer besser angezogen sei, eine wichtige Rolle in dem Rivalitätskampf spielte; zum Beispiel hatte die Patientin sich häufig die Kleider der Schwester angeeignet.

Bei diesen Beispielen ist der Prozeß des Verstehens relativ einfach, aber sie machen klar, daß keine Beobachtungen als unwichtig angesehen werden sollten. Genauso wie der Patient alles, was ihm in den Sinn kommt, ohne Vorbehalt äußern sollte, sollte der Analytiker jede Einzelheit als potentiell bedeutsam betrachten. Er sollte keine Bemerkung spontan als irrelevant abtun, sondern jede einzelne Beobachtung ausnahmslos ernst nehmen.

Ferner sollte er sich ständig fragen, weshalb dieses besondere Gefühl oder dieser besondere Gedanke des Patienten gerade jetzt zur Sprache kommt. Was bedeutet es in diesem spezifischen Zusammenhang? Ein freundliches Gefühl dem Analytiker gegenüber kann zum Beispiel in einem Zusammenhang echte Dankbarkeit für Hilfe und Verständnis anzeigen; in einem anderen kann es zugleich das gesteigerte Liebesbedürfnis des Patienten bedeuten, weil das Anpacken eines neuen Problems in der vorangegangenen Stunde Angst erweckt hat; in einem dritten kann es der Ausdruck eines Wunsches sein, den Analytiker mit Leib und Seele zu besitzen, weil ein Konflikt aufgedeckt worden ist, von dem der Patient hofft, daß »Liebe« ihn lösen wird. In dem im vorigen Kapitel zitierten Beispiel wurde der Analytiker mit einem Räuber oder einem Geschäftemacher verglichen, nicht wegen eines ständigen Ressentiments gegen ihn, sondern aus dem spezifischen Grund, daß der Stolz des Patienten in der vorhergehenden Stunde verletzt worden war. Die Assoziation, das den europäischen Staaten zugefügte Unrecht betreffend, hätte in einem anderen Zusammenhang eine andere Bedeutung – Mitleid mit den Unterdrückten zum Beispiel. Nur in Verbindung mit dem Ärger des Patienten über die Krankheit der Sekretärin und mit seinen anderen Assoziationen offenbarte diese Bemerkung, wie intensiv er es als ungerecht empfand, daß seine Erwartungen nicht erfüllt wurden. Unterläßt man es, die genauen Zusammenhänge einer Assoziation mit vorhergehenden und folgenden zu untersuchen, so kann das nicht nur zu falschen Deutungen führen, sondern auch dem Analytiker eine Gelegenheit nehmen, etwas über die Reaktionen des Patienten auf ein bestimmtes Ereignis zu erfahren.

Die Assoziationskette, die einen Zusammenhang aufdeckt, braucht nicht lang zu sein. Manchmal erschließt eine Folge von nur zwei Bemerkungen einen Weg zum Verständnis, sofern die zweite kein Geistesprodukt, sondern spontan entstanden ist. Ein Patient kam beispielsweise zur Analyse und fühlte sich müde und unbehaglich, und seine ersten Assoziationen waren unergiebig. Er hatte in der vorhergehenden Nacht getrunken. Ich fragte ihn, ob er einen Kater habe, was er abstritt. Die letzte Stunde war sehr ergiebig gewesen, denn sie hatte die Tatsache ans Licht gebracht, daß er Angst hatte, Verantwortung zu übernehmen, weil ihn ein mögliches Versagen schreckte. So fragte ich ihn, ob er sich auf seinen Lorbeeren ausruhen wolle. Darauf tauchte eine Erinnerung an seine Mutter auf, die ihn durch Museen zerrte, und an seine Langeweile und Verärgerung über dieses Erlebnis. Es gab nur diese eine Assoziation, aber sie war aufschlußreich. Zum Teil war sie eine Reaktion auf meine Bemerkung, er ruhe sich auf seinen Lorbeeren aus. Ich war genauso schlimm wie die Mutter, indem ich ihn von einem Problem zum anderen stieß. (Diese Reaktion war charakteristisch für ihn, weil er überempfindlich gegen alles war, was Zwang ähnelte, obwohl gleichzeitig seine eigene Initiative, Probleme anzupacken, gehemmt war.) Als er seines Ärgers auf mich und seines aktiven Widerstrebens, fortzufahren, gewahr geworden war, fühlte er sich frei, ein anderes Gefühl zu empfinden und zu äußern. Dessen Kern war, daß Psychoanalyse schlimmer sei als die Situation im Museum, weil sie bedeutete, weitergezerrt zu werden, um ein Versagen nach dem anderen zu erkennen. Mit dieser Assoziation nahm er unbeabsichtigt den Faden der vorhergehenden Stunde wieder auf, die seine Überempfindlichkeit gegen Versagen offenbart hatte. Sie bedeutete eine Ausarbeitung der früheren Entdeckungen, denn sie zeigte, daß für ihn jeder Faktor in seiner Persönlichkeit, der ihn daran hinderte, reibungslos und effektiv zu arbeiten, ein »Versagen« bedeutete. Er enthüllte dadurch einen seiner grundlegenden Widerstände gegen die Psychoanalyse.

Derselbe Patient kam ein andermal und fühlte sich deprimiert. Er hatte am Vorabend einen Freund getroffen, der ihm von seiner Besteigung eines Schweizer Berges, des Piz Palü, erzählte. Der Bericht hatte die Erinnerung an eine Zeit geweckt, als er in der Schweiz war und diesen Berg nicht besteigen konnte, weil es an den ihm zur Verfügung stehenden Tagen neblig war. Er war damals wütend gewesen, und am Vorabend hatte er gespürt, wie die alte Wut wieder hochkam. Er lag stundenlang wach und wälzte Pläne, wie er dennoch seinen Wunsch durchsetzen, wie er alle durch Krieg, Geld, Zeit bedingten Hindernisse überwinden könnte. Selbst nach dem Einschlafen kämpfte er innerlich gegen die Hürden auf seinem Weg und erwachte deprimiert. Während der Analyse kam ihm ein anscheinend nebensächliches Bild von den Vororten einer Stadt des Mittelwestens in den Sinn, die für ihn der Inbegriff von trostlos und eintönig war. Dieses geistige Bild drückte seine Gefühle über das Leben in diesem Augenblick aus. Aber welches war der Zusammenhang? Daß das Leben trostlos sei, wenn er den Piz Palü nicht besteigen konnte? Freilich hatte er, als er in der Schweiz war, sein Herz an die Besteigung des Berges gehängt, aber die Vereitelung dieses speziellen Wunsches konnte kaum die Erklärung sein. Er war kein passionierter Bergsteiger; der Vorfall lag Jahre zurück, und er hatte ihn inzwischen vergessen. Offenbar war es also nicht der Piz Palü, der ihm zusetzte. Als er sich beruhigte, wurde ihm klar, daß er nicht einmal Lust darauf hätte, ihn jetzt zu besteigen. Das Wiederaufleben jener Schweizer Erfahrung bedeutete etwas viel Einschneidenderes. Es hatte einen trügerischen Glauben beeinträchtigt, daß er, wenn er seinen Willen daransetzte, etwas zu erreichen, auch dazu imstande sein sollte. Jedes unüberwindliche Hindernis bedeutete für ihn eine Frustration seines Willens, selbst wenn es so weit außerhalb seiner Gewalt lag wie Nebel in den Bergen. Die Assoziationen, die trostlosen Vororte einer Stadt im Mittelwesten betreffend, wiesen auf die enorme Bedeutung hin, die er seinem Glauben an die reine Willenskraft beimaß. Es bedeutete, daß das Leben nicht lebenswert war, wenn er diesen Glauben aufgeben mußte.

Sich wiederholende Themen oder Reihenfolgen in dem von Patienten dargebotenen Material nützen dem Verständnis besonders. Wenn die Assoziationen stets mit dem implizierten Beweis enden, daß der Patient überlegene Intelligenz oder Vernunft besitzt oder allgemein ein bemerkenswerter Mensch ist, wird der Analytiker erkennen, daß sein Glaube an den Besitz dieser Eigenschaften allergrößten emotionalen Wert für ihn hat. Ein Patient, der bei jeder Gelegenheit demonstriert, wie die Analyse ihm geschadet hat, wird den Analytiker zu anderen Hypothesen bringen als jenen, die durch einen Patienten nahegelegt werden, der keine Gelegenheit versäumt, seine Besserung zu betonen. Wenn im ersten Fall die Bekundungen der Verschlechterung mit wiederholten Berichten zusammenfallen, ungerecht behandelt, gekränkt oder hereingelegt zu werden, wird der Analytiker auf jene Faktoren im Patienten zu achten beginnen, die erklären, warum dieser einen Großteil des Lebens auf eben diese Weise empfindet, und desgleichen auf die Folgen, die diese Einstellung nach sich zieht. Da sich wiederholende Themen gewisse typische

Reaktionen offenbaren, liefern sie auch einen Anhaltspunkt zum Verständnis dafür, weshalb die Erfahrungen des Patienten häufig einem bestimmten stereotypen Muster folgen; weshalb er zum Beispiel oft eine Unternehmung mit Begeisterung beginnt und sie bald darauf aufgibt oder weshalb er vielfach ähnlichen Enttäuschungen mit Freunden oder Geliebten begegnet.

Der Analytiker wird auch in den Widersprüchen des Patienten wertvolle Anhaltspunkte finden, die ebenso zahlreich auftauchen müssen, wie sie in der Struktur des Patienten vorhanden sind. Dasselbe gilt für Übertreibungen, wie Reaktionen von Gewalttätigkeit, Dankbarkeit, Scham, Mißtrauen, die anscheinend in keinem Verhältnis zu dem Anlaß stehen. Solch ein Affektüberschuß signalisiert immer ein verborgenes Problem und führt den Analytiker dazu, nach der emotionellen Bedeutung zu suchen, die der Anlaß für den Patienten besitzt.

Träume und Wachphantasien sind als Mittel zum Verständnis ebenfalls ungeheuer wichtig. Da sie eine relativ direkte Äußerung von unbewußten Gefühlen und Strebungen darstellen, können sie Wege zum Verständnis erschließen, die sonst kaum sichtbar sind. Manche Träume sind ziemlich transparent; in der Regel jedoch sprechen sie eine Geheimsprache, die nur mit Hilfe von freien Assoziationen verstanden werden kann.

Der besondere Punkt, an dem der Patient von der Kooperation zu Abwehrmanövern der einen oder anderen Art übergeht, bietet eine weitere Hilfe zum Verständnis. Während der Analytiker die Ursachen für diese Widerstände schrittweise entdeckt, erlangt er wachsendes Verständnis für die Eigenheiten des Patienten. Manchmal sind das Faktum, daß ein Patient ausweicht oder kämpft, und die unmittelbare Ursache, warum er das tut, transparent. Häufiger erfordert es scharfsinnige Beobachtung, um zu entdecken, daß eine Sperre existiert, und die Hilfe der freien Assoziationen des Patienten wird benötigt, um deren Ursachen zu verstehen. Wenn es dem Analytiker gelingt, den Widerstand zu begreifen, wird er eine vermehrte Kenntnis über die genauen Faktoren erlangen, die den Patienten verletzen oder schrecken, sowie über die genaue Art der Reaktion, die sie hervorrufen.

Ähnlich erhellend sind die Themen, die der Patient übergeht oder schnell verläßt, wenn er sie streift. Der Analytiker wird einen wichtigen Anhaltspunkt haben, wenn der Patient es zum Beispiel streng vermeidet, kritische Gedanken über den Analytiker zu äußern, obwohl er sonst übergenau und überkritisch ist. Ein weiteres Beispiel dieser Art wäre es, wenn ein Patient es unterläßt, einen bestimmten Vorfall zu berichten, der sich am Vortag ereignet und ihn aufgeregt hat.

All diese Anhaltspunkte helfen dem Analytiker, allmählich ein zusammenhängendes Bild von Leben des Patienten zu bekommen, dem früheren und dem jetzigen, und von den Kräften, die in seiner Persönlichkeit am Werk sind. Aber sie tragen auch zum Verständnis für die Faktoren bei, die in der Beziehung des Patienten zum Analytiker und zur analytischen Situation wirksam werden. Aus mehreren Gründen ist es wichtig, diese Beziehung so genau wie möglich zu erkennen. Zum einen würde es die Analyse völlig blockieren, wenn zum Beispiel ein geheimes Ressentiment gegen den Analytiker verborgen bliebe. Beim besten Willen der Welt kann sich ein Patient nicht frei und spontan äußern, wenn er in seinem Herzen ein nicht behobenes Ressentiment gegen die Person hat, der er sich offenbart. Da der Patient zweitens dem Analytiker gegenüber nicht anders empfinden und reagieren kann wie gegenüber anderen Menschen, läßt er in der Analyse unbewußt die gleichen irrationalen emotionalen Faktoren erkennen, die gleichen Strebungen und Reaktionen, die er in anderen Beziehungen zeigt. So ermöglicht es das kooperative Studium dieser Faktoren dem Analytiker, die Störungen des Patienten in seinen menschlichen Beziehungen allgemein zu begreifen, und diese sind, wie wir gesehen haben, das entscheidende Problem in der ganzen Neurose.

Die Anhaltspunkte, die zu einem allmählichen Verständnis für die Struktur des Patienten beitragen können, sind in der Tat praktisch zahllos. Wichtig ist jedoch zu erwähnen, daß der Analytiker von den Anhaltspunkten nicht nur mittels präziser Gedankengänge Gebrauch macht, sondern gewissermaßen auch intuitiv. Mit anderen Worten, er kann nicht immer genau erklären, wie er zu seiner vorläufigen Vermutung kommt. Bei meiner Arbeit bin ich zum Beispiel manchmal durch eigene freie Assoziationen zu einem Verständnis gelangt. Während ich einem Patienten zuhöre, kann mir irgendein Ereignis, das der Patient mir vor langem berichtet hat, in den Sinn kommen, ohne daß ich auf Anhieb weiß, welchen Zusammenhang es mit der gegenwärigen Situation hat. Oder mir kann eine Entdeckung, einen anderen Patienten betreffend, einfallen. Ich habe es gelernt, diese Assoziationen niemals abzutun, und sie haben sich oft als nützlich erwiesen, wenn sie ernsthaft untersucht wurden.

Wenn der Analytiker eine mögliche Verknüpfung erkannt hat, wenn er einen Eindruck über die unbewußten Faktoren, die in einem bestimmten Zusammenhang wirksam sein können, gewonnen hat, wird er dem Patienten seine Deutung mitteilen – falls er es für richtig hält. Da dies keine Abhandlung über psychoanalytische Technik ist und da die Kunst, Interpretationen zeitlich zu koordinieren und zu dosieren, für die Selbstanalyse irrelevant ist, mag hier die Bemerkung genügen, daß der Analytiker eine Deutung anbieten wird, wenn er meint, der Patient könne sie ertragen und sich zunutze machen.

Interpretationen sind Vorschläge über mögliche Bedeutungen. Sie haben mehr oder minder Versuchscharakter, und die Reaktionen des Patienten auf sie variieren. Wenn eine Interpretation im wesentlichen richtig ist, kann sie ihre Wirkung tun und Assoziationen anregen, die ihre weiteren Mitgegebenheiten zeigen. Oder der Patient kann sie testen und schrittweise beurteilen. Selbst wenn sie nur teilweise zutrifft, kann sie auf diese Weise neue Denktendenzen veranlassen, sofern der Patient kooperiert. Aber eine Deutung kann auch Angst oder Abwehrreaktionen hervorrufen. Hier ist das, was im vorhergehenden Kapitel über die Reaktion des Patienten auf Einsichten gesagt wurde, von Belang. Wie immer die Reaktionen geartet sind, Aufgabe des Analytikers ist es, sie zu verstehen und aus ihnen zu lernen.

Psychoanalyse ist in ihrem Kern kooperative Arbeit, bei der Patient und Analytiker entschlossen sind, die Schwierigkeiten des Patienten zu verstehen. Der Patient ist bemüht, sich dem Analytiker zu offenbaren, und der Analytiker, wie wir gesehen haben, beobachtet, versucht zu verstehen und teilt seine Interpretationen, wenn angebracht, dem Patienten mit. Dann macht er Vorschläge über mögliche Bedeutungen, und beide versuchen, diese Hypothesen auf ihre Stichhaltigkeit hin zu testen. Sie bemühen sich zum Beispiel zu erkennen, ob eine Interpretation nur auf den gegenwärtigen Zusammenhang zutrifft oder ob sie von allgemeiner Bedeutung ist, ob sie modifiziert werden muß oder ob sie nur unter bestimmten Bedingungen gültig ist. Und solange ein solch kooperativer Geist herrscht, ist es verhältnismäßig leicht für den Analytiker, den Patienten zu verstehen und ihm seine Entdeckungen zu vermitteln.

Die echten Schwierigkeiten entstehen, wenn der Patient – fachlich ausgedrückt – einen »Widerstand« entwickelt. Dann weigert er sich, auf greifbare oder ungreifbare Weise, zu kooperieren. Er verspätet sich oder vergißt die Verabredung. Er möchte ein paar Tage oder Wochen wegbleiben. Er verliert das Interesse an der gemeinsamen Arbeit und sehnt sich hauptsächlich nach der Liebe und Freundschaft des Analytikers. Seine Assoziationen werden seicht, unergiebig und ausweichend. Anstatt die vom Analytiker gemachten Vorschläge zu prüfen, nimmt er sie übel und fühlt sich angegriffen, gekränkt, mißverstanden, gedemütigt. Er kann jeden Versuch zu helfen mit einem starren Gefühl von Hoffnungslosigkeit und Sinnlosigkeit zurückweisen. Die Ursache für diese Stagnation ist im wesentlichen, daß gewisse Einsichten für den Patienten nicht annehmbar sind; sie sind zu schmerzlich, zu erschreckend, und sie zerstören Illusionen, die er hegt und die aufzugeben er außerstande ist. Deshalb wehrt er sie auf die eine oder andere Art ab, wobei er allerdings nicht weiß, daß er schmerzliche Einsichten abzuwehren versucht: alles, was er weiß oder zu wissen meint, ist, daß er mißverstanden oder gedemütigt wird oder daß die Arbeit vergeblich ist.

Bis zu diesem Punkt ist der Analytiker dem Patienten im großen und ganzen gefolgt. In jedem Versuch eines möglichen Hinweises ist natürlich ein gewisses Maß an Führung mitgegeben – eine neue Sicht, die durch eine Interpretation geboten wird, eine aufgeworfene Frage, ein geäußerter Zweifel. Doch größtenteils liegt die Initiative beim Patienten. Wenn sich ein Widerstand entwickelt hat, können freilich deutende Arbeit und implizierte Führung unzureichend sein, und dann muß der Analytiker definitiv die Leitung übernehmen. In diesen Perioden ist es seine Aufgabe, erstens, den Widerstand als solchen zu erkennen und zweitens, dem Patienten zu helfen, daß er ihn erkennt. Und er muß ihm nicht nur zu begreifen helfen, daß er in einen Abwehrkampf verwickelt ist, sondern auch herausfinden, mit oder ohne Beistand des Patienten, was genau dieser abwehrt. Das tut er, indem er im Geist die vorherigen Sitzungen noch einmal durchgeht und festzustellen versucht, was den Patienten vor der Sitzung, in der der Widerstand begann, betroffen haben mag.

Manchmal ist das einfach, es kann aber auch äußerst schwierig sein. Der Beginn des Widerstandes kann unmerklich gewesen sein. Der Analytiker mag von den verwundbaren Stellen des Patienten noch nichts wissen. Aber wenn der Analytiker das Vorhandensein eines Widerstands zu erkennen und den Patienten zu überzeugen vermag, daß ein solcher am Werk ist, läßt sich der Ursprung häufig durch gemeinsame Suche entdecken. Der unmittelbare Gewinn dieser Entdeckung liegt darin, daß der Weg für weitere Arbeit frei wird, aber ein Verständnis für die Ursprünge eines Widerstandes liefert dem Analytiker auch wichtigen Aufschluß über die Faktoren, die der Patient verborgen halten möchte.

Aktive Führung des Analytikers ist wahrscheinlich besonders notwendig, wenn der Patient zu einer Einsicht gelangt ist, die weitreichende Folgerungen hat – zum Beispiel wenn es ihm gelungen ist, eine neurotische Tendenz zu sehen und in ihr eine primäre Triebkraft zu erkennen. Das könnte eine Zeit der Ernte sein, eine Zeit, in der viele frühere Entdeckungen sich einordnen und weitere Verästelungen sichtbar werden könnten. Statt dessen geschieht häufig, daß an eben diesem Punkt aus den im dritten Kapitel dargestellten Gründen der Patient einen Widerstand entwickelt und so billig wie möglich davonzukommen versucht. Das kann er auf verschiedene Weise tun. Er kann automatisch nach einer naheliegenden Erklärung suchen und sie äußern. Oder er kann auf mehr oder weniger subtile Weise die Bedeutung der Entdeckung herabsetzen. Er kann mit guten Vorsätzen reagieren, die Tendenz durch reine Willenskraft zu kontrollieren, eine Methode, die an das Pflastern des Weges zur Hölle erinnert. Schließlich kann er verfrüht die Frage aufwerfen, weshalb die Tendenz solch eine Macht über ihn gewonnen hat, wobei er in seiner Kindheit wühlt und bestenfalls zweckdienliche Tatsachen zutage fördert, die zum Verständnis von Ursprüngen beitragen, denn er benutzt dieses Eintauchen in die Vergangenheit faktisch als Mittel, der Realisierung dessen zu entfliehen, was die entdeckte Tendenz für sein jetziges Leben bedeutet.

Diese Bemühungen, von einer wichtigen Einsicht so schnell wie möglich wegzudrängen, sind verständlich. Es ist schwer für einen Menschen, der Tatsache ins Auge zu sehen, daß er seine ganzen Kräfte in die Jagd nach einem Phantom investiert hat. Wichtiger noch, eine solche Einsicht konfrontiert ihn mit der Notwendigkeit radikaler Änderung. Es ist nur natürlich, daß er dazu neigt, die Augen vor einer Zwangslage zu verschließen, die für sein gesamtes Gleichgewicht so beunruhigend ist. Doch die Tatsache bleibt, daß er durch diesen übereilten Rückzug die Einsicht daran hindert, sich einzuprägen, und sich dadurch der Vorteile beraubt, die sie für ihn haben könnte. Hier besteht die Hilfe, die der Analytiker geben kann, darin, die Führung zu übernehmen, indem er dem Patienten seine zurückweichende Taktik aufzeigt und ihn außerdem ermutigt, in allen Einzelheiten sämtliche Konsequenzen durchzuarbeiten, die die Tendenz für sein Leben hat. Wie schon erwähnt, kann man mit einer Tendenz nur fertig werden, wenn man ihrem Ausmaß, ihrer Intensität und ihren Mitgegebenheiten voll entgegentritt.

Ein weiterer Punkt, an dem ein Widerstand aktive Führung durch den Analytiker erforderlich machen kann, ergibt sich, wenn der Patient unbewußt einer klaren Erkenntnis ausweicht, daß er in einem Konflikt kontroverser Triebe gefangen ist. Hier kann wieder seine Tendenz, den Status quo aufrechtzuerhalten, jeden Fortschritt blockieren. Seine Assoziationen können nur ein nutzloses Schwanken zwischen einem Aspekt des Konflikts und einem anderen darstellen. Er kann über sein Bedürfnis sprechen, andere dadurch zu zwingen, ihm zu helfen, daß er Mitleid erweckt, und bald darauf über seinen Stolz, der ihn daran hindert, irgendeine Hilfe anzunehmen. Sobald der Analytiker den einen Aspekt kommentiert, wird er zu dem anderen hinüberwechseln. Diese unbewußte Taktik kann schwer zu erkennen sein, weil der Patient bei ihrer Verfolgung hier und da nützliches Material zutage fördern kann. Trotzdem ist es Aufgabe des Analytikers, solche Ausweichmanöver zu erkennen und die Aktivität des Patienten auf eine klare Erkenntnis des vorhandenen Konflikts zu lenken.

Auch in den späteren Phasen der Analyse ist es manchmal erforderlich, daß der Analytiker bei der Auseinandersetzung mit einem Widerstand die Führung übernimmt. Er kann plötzlich erkennen, daß sich in dem Patienten trotz vieler geleisteter Arbeit, trotz gewonnener Einsicht nichts verändert. In solchen Fällen muß er seine Rolle als Interpret aufgeben, den Patienten offen mit der Diskrepanz zwischen Einsicht und Veränderung konfrontieren und dabei die Frage nach unbewußten Vorbehalten aufwerfen, die der Patient haben mag und die ihn daran hindern, sich von irgendeiner Einsicht wirklich berühren zu lassen.

Soweit hat die Arbeit des Analytikers intellektuellen Charakter: er stellt sein Wissen in den Dienst des Patienten. Aber seine Hilfe reicht über das hinaus, was er aufgrund seiner spezifischen Fähigkeit geben kann, selbst wenn er nicht weiß, daß er mehr bietet als sein fachliches Können.

Zunächst gibt er durch seine bloße Gegenwart dem Patienten eine einmalige Gelegenheit, seines Verhaltens Menschen gegenüber gewahr zu werden. In anderen Beziehungen konzentriert der Patient sein Denken wahrscheinlich vor allem auf die Eigenheiten anderer, ihre Ungerechtigkeit, ihren Egoismus, ihren Trotz, ihre Unehrlichkeit, ihre Unzuverlässigkeit, ihre Feindseligkeit; auch wenn er um seine eigenen Reaktionen weiß, ist er geneigt, sie als von den anderen provoziert zu betrachten. In der Analyse jedoch fehlt diese besondere persönliche Komplikation fast völlig, und zwar nicht nur, weil der Analytiker analysiert worden ist und sich weiterhin selbst analysiert, sondern auch, weil sein Leben nicht mit dem des Patienten verflochten ist. Dieses Losgelöstsein isoliert die Eigenheiten des Patienten von den vernebelnden Umständen, die sie gewöhnlich umgeben.

Und zweitens gibt der Analytiker durch sein freundschaftliches Interesse dem Patienten ein gut Teil dessen, was sich als allgemeine menschliche Hilfe bezeichnen läßt. In gewissem Grade läßt sich dies von der intellektuellen Hilfe nicht trennen. Die einfache Tatsache, daß der Analytiker den Patienten verstehen möchte, impliziert, daß er ihn ernst nimmt. Das ist in sich eine emotionale Unterstützung von primärer Bedeutung, besonders in jenen Zeiten, in denen der Patient durch aufkommende Ängste und Zweifel gequält wird, in denen seine Schwächen aufgedeckt werden, sein Stolz angegriffen wird, seine Illusionen zerstört werden, denn der Patient ist sich selbst häufig zu entfremdet, um sich ernst zu nehmen. Diese Behauptung mag unwahrscheinlich klingen, da die meisten Neurotiker ein übersteigertes Gefühl für ihre eigene Bedeutung haben, sei es in bezug auf ihre einmaligen Möglichkeiten oder im Hinblick auf ihre einzigartigen Bedürfnisse. Aber uns für überaus wichtig zu halten ist etwas ganz anderes, als uns selbst ernst zu nehmen. Die eine Einstellung leitet sich aus einem aufgetriebenen Selbstbild her; die andere bezieht sich auf das wahre Ich und seine Entwicklung. Ein Neurotiker rationalisiert häufig seine mangelnde Ernsthaftigkeit mit »Selbstlosigkeit« oder mit dem Argument, es sei lächerlich oder anmaßend, viel Gedanken an sich zu verschwenden. Dieses fundamentale Desinteresse am Ich ist eine der großen Schwierigkeiten bei der Selbstanalyse, und umgekehrt besteht einer der großen Vorteile der fachlichen Analyse darin, daß sie bedeutet, mit jemandem zu arbeiten, der durch seine Einstellung den Mut erweckt, mit sich selbst auf freundschaftlichem Fuß zu stehen.

Diese menschliche Unterstützung ist besonders wertvoll, wenn der Patient sich in den Fängen einer aufsteigenden Angst befindet. In solchen Situationen wird der Analytiker den Patienten selten direkt beruhigen. Aber die Tatsache, daß die Angst als ein konkretes Problem angepackt wird, das schließlich gelöst werden kann, mindert den Schrecken vor dem Unbekannten, ungeachtet des Inhalts der Interpretation. Ähnlich tut der Analytiker mehr für den Patienten als bloß deuten, wenn dieser entmutigt und den Kampf aufzugeben geneigt ist: gerade der Versuch, diese Einstellung als das Ergebnis eines Konflikts zu begreifen, bedeutet eine größere Hilfe für den Patienten als jedes Rückenklopfen oder jede Bemühung, ihm wortreich Mut zuzusprechen.

Es gibt auch Zeiten, in denen diese fiktiven Grundlagen, auf denen der Patient seinen Stolz aufgebaut hat, wankend werden und er an sich zu zweifeln beginnt. Schädliche Illusionen über sich zu verlieren ist gut, aber wir dürfen nicht vergessen, daß festes Selbstvertrauen bei allen Neurosen stark geschmälert wird. An seine Stelle treten falsche Vorstellungen von Überlegenheit. Aber der Patient kann inmitten seines Kampfes nicht zwischen beiden unterscheiden. Für ihn bedeutet ein Untergraben seiner aufgetriebenen Vorstellungen eine Zerstörung seines Glaubens an sich selbst. Ihm wird klar, daß er nicht so heiligengleich, so liebevoll, so mächtig, so unabhängig ist, wie er geglaubt hatte, und er kann sich, des Glorienscheins beraubt, nicht akzeptieren. An diesen Punkt braucht er jemanden, der den Glauben an ihn nicht verliert, selbst wenn sein eigener dahin ist.

Allgemein gesprochen, ähnelt die menschliche Hilfe, die der Analytiker dem Patienten gewährt, dem, was ein Freund dem anderen geben könnte: emotionale Unterstützung, Ermutigung, Interesse an seinem Glück. Dies kann die erste Erfahrung des Patienten mit der Möglichkeit menschlichen Verständnisses darstellen, das erste Mal, daß ein anderer sich zu erkennen bemüht hat, daß er nicht einfach ein boshaftes, mißtrauisches, anspruchsvolles, großsprecherisches Individuum ist, sondern ihn bei klarer Erkenntnis solcher Züge trotzdem als strebenden, ringenden Menschen mag und achtet. Und wenn sich der Analytiker als zuverlässiger Freund erwiesen hat, kann diese gute Erfahrung dem Patienten auch helfen, seinen Glauben an andere wiederzugewinnen.

Da unser Interesse hier der Möglichkeit der Selbstanalyse gilt, mag es angebracht sein, diese Funktionen des Analytikers zu überprüfen und zu sehen, in welchem Ausmaß sie durch einen allein arbeitenden Patienten übernommen werden können.

Es besteht kein Zweifel, daß die Beobachtungen eines geschulten Außenstehenden genauer sein werden als unsere Selbstbeobachtung, besonders, da wir in bezug auf uns selbst weit von der Unparteilichkeit entfernt sind. Gegen diesen Nachteil steht jedoch die bereits erörterte Tatsache, daß wir vertrauter mit uns selbst sind, als jeder Außenstehende es sein kann. In psychoanalytischer Behandlung gewonnene Erfahrung zeigt ohne jeden Zweifel, daß Patienten eine erstaunliche Fähigkeit zu scharfer Selbstbeobachtung entwickeln können, wenn sie entschlossen sind, ihre eigenen Probleme zu verstehen.

Bei der Selbstanalyse sind Einsicht und Interpretation ein einziger Prozeß. Der Fachmann wird infolge seiner Erfahrung den möglichen Sinn und die Bedeutung von Beobachtungen schneller erfassen als jemand, der allein arbeitet, genau wie ein guter Mechaniker schneller wissen wird, was an einem Wagen nicht in Ordnung ist. In der Regel wird seine Einsicht auch umfassender sein, denn sie wird mehr Mitgegebenheiten erfassen und leichter Wechselbeziehungen zu bereits angepackten Faktoren erkennen. Hier wird die psychologische Kenntnis des Patienten von einigem Nutzen sein, wenngleich sie sicher nicht die Erfahrung ersetzen kann, die durch die tagaus, tagein stattfindende Arbeit an psychologischen Problemen gewonnen wird. Wie das im achten Kapitel geschilderte Beispiel zeigen wird, ist es jedoch fraglos möglich für ihn, die Bedeutung seiner eigenen Beobachtungen zu verstehen. Natürlich wird er wahrscheinlich langsamer und weniger exakt vorgehen, aber man sollte sich erinnern, daß auch bei der fachlichen Analyse das Tempo des Prozesses größtenteils nicht durch die Verständnisfähigkeit des Analytikers bestimmt wird, sondern durch die Fähigkeit des Patienten, die Einsichten zu akzeptieren. Hier ist es angebracht, an ein Wort des Trostes zu erinnern, daß Freud jungen Analytikern mitgegeben hat, als sie mit Patienten zu arbeiten begannen. Sie sollten sich nicht zuviel mit ihrer Fähigkeit befassen, Assoziationen zu bewerten, bemerkte er. Die eigentliche Schwierigkeit bei der Analyse liege nicht in dem intellektuellen Verständnis, sondern darin, mit den Widerständen des Patienten fertig zu werden. Ich glaube, das gilt ebenso für die Selbstanalyse.

Kann ein Mensch seine Widerstände überwinden? Das ist die eigentliche Frage, von deren Beantwortung die Durchführbarkeit der Selbstanalyse abhängt. Trotzdem erscheint der Vergleich – der unweigerlich vorkommen wird –, man ziehe sich selbst an den eigenen Stiefelriemen hoch, ungerechtfertigt, weil die Tatsache bestehen bleibt, daß es einen Teil des Ich gibt, der weitergehen möchte. Ob die Arbeit getan werden kann, hängt natürlich ebenso von der Intensität der Widerstände ab wie von der Kraft des Antriebs, sie zu überwinden. Aber die wesentliche Frage – und ich werde sie erst in einem späteren Kapitel zu beantworten suchen – lautet eher, in welchem Ausmaß sie getan werden kann, und nicht, ob sie überhaupt getan werden kann.

Es bleibt die Tatsache, daß der Analytiker nicht nur eine deutende Stimme ist. Er ist ein Mensch, und die menschliche Beziehung zwischen ihm und dem Patienten ist ein wichtiger Faktor im therapeutischen Prozeß. Auf zwei Aspekte dieser Beziehung wurde hingewiesen; der erste war, daß es eine einmalige und spezifische Gelegenheit für den Patienten darstellt, durch Beobachtung seines Verhaltens zum Analytiker zu erforschen, welches sein typisches Verhalten gegenüber anderen Menschen im allgemeinen ist. Dieser Vorteil kann voll wettgemacht werden, wenn er lernt, sich selbst in seinen gewohnten Beziehungen zu beobachten. Die Erwartungen, Wünsche, Ängste, Verwundbarkeiten und Hemmungen, die er bei seiner Arbeit mit dem Analytiker offenbart, unterscheiden sich nicht wesentlich von denen, die er in seinen Beziehungen zu Freunden, zur Geliebten, zur Ehefrau, zu Kindern, zum Arbeitgeber, zu Kollegen oder Dienstboten enthüllt. Wenn er ernsthaft darauf bedacht ist, die Art und Weise zu erkennen, auf die seine Eigenheiten einen wesentlichen Bestandteil all dieser Beziehungen bilden, werden ihm durch die bloße Tatsache, daß er ein gesellschaftliches Wesen ist, reichlich Gelegenheiten zur Selbstprüfung geboten.

Ob er aber von diesen Informationsquellen voll Gebrauch machen wird, ist natürlich eine andere Frage. Es besteht kein Zweifel, daß er einer schwierigen Aufgabe gegenübersteht, wenn er seinen eigenen Anteil an den Spannungen zwischen sich und anderen zu beurteilen versucht – eine viel schwierigere Aufgabe als jene in der analytischen Situation, bei der persönliche Beobachtungsfehler des Analytikers nebensächlich sind und es daher leichter für ihn ist, die Schwierigkeiten zu erkennen, die er selbst verursacht. Bei alltäglichen Beziehungen, wo die anderen überreichlich ihre Eigenheiten haben, kann er, selbst wenn er die ehrlichsten Absichten hat, sich objektiv zu beobachten, dazu tendieren, sie für die entstehenden Schwierigkeiten oder Gegensätze verantwortlich zu machen und sich als unschuldiges Opfer zu betrachten oder bestenfalls als jemand, der nur eine gerechtfertigte Reaktion auf ihre Unvernunft zeigt. Im letzteren Fall wird er nicht unbedingt so ungeschickt sein, sich offen Beschuldigungen zu erlauben; er kann auf anscheinend rationale Weise zugeben, reizbar, mürrisch, treulos, sogar ungerecht gewesen zu sein, aber insgeheim solche Einstellungen als gerechtfertigte und angemessene Reaktionen auf die von den anderen erlittenen Kränkungen ansehen. Je unerträglicher es für ihn ist, sich mit seinen eigenen Schwächen auseinanderzusetzen – je akuter auch die störenden Faktoren sind, die von anderen eingebracht werden –, desto größer ist die Gefahr, daß er sich des Vorteils berauben wird, den er aus der Erkenntnis seines eigenen Anteils ziehen könnte. Und genau gleichartig ist die Gefahr, wenn er dazu neigt, in der entgegengesetzten Richtung zu übertreiben, indem er die anderen reinwäscht und sich selber anschwärzt.

Es gibt einen weiteren Faktor, der es einem Menschen leichter macht, seine Eigenheiten im Verlauf seiner Beziehung zum Analytiker zu erkennen als im Umgang mit anderen. Seine störenden Charakterzüge – mangelndes Selbstvertrauen, Abhängigkeit, Arroganz, Rachsucht, seine Tendenzen, sich bei den leisesten Kränkungen, oder was es immer sein mag, zurückzuziehen und zu erstarren – richten sich stets gegen sein eigenes Interesse, und zwar nicht nur, weil sie seinen Umgang mit anderen weniger befriedigend gestalten, sondern auch, weil sie ihn unzufrieden mit sich selbst machen. Diese Tatsache wird jedoch in seinen üblichen Beziehungen zu anderen häufig verwischt. Er meint, er werde dadurch etwas gewinnen, daß er abhängig bleibt, sich rächt, über andere triumphiert, und ist daher weniger geneigt zu erkennen, was er tut. Dieselben Züge, in der Analyse offenbart, arbeiten so eklatant gegen sein eigenes Interesse, daß er ihren schädlichen Charakter kaum übersehen kann, und daher wird der Drang, ihnen gegenüber die Augen zu verschließen, erheblich vermindert.

Aber wenn es auch nicht leicht ist, so liegt es doch für einen Menschen durchaus im Bereich des Möglichen, die emotionalen Schwierigkeiten zu überwinden, die das Studium seines Verhaltens anderen gegenüber in sich schließt. Wie an dem im achten Kapitel geschilderten Beispiel einer Selbstanalyse zu sehen sein wird, analysierte Clare das komplizierte Problem ihrer pathologischen Abhängigkeit, indem sie ihre Beziehung zu ihrem Geliebten untersuchte. Und es gelang ihr trotz der Tatsache, daß beide obengenannten Schwierigkeiten in hohem Maße vorhanden waren: die Störungen in der Persönlichkeit ihres Geliebten waren zumindest ebenso groß wie ihre eigenen; und zweifellos hatte sie, vom Gesichtspunkt ihrer neurotischen Erwartungen und Ängste aus, ein vitales Interesse daran, nicht zu erkennen, daß ihre »Liebe« eigentlich ein Abhängigkeitsbedürfnis war.

Der Aspekt der Beziehung zum Analytiker ist, explizite und implizite, die menschliche Hilfe, die er dem Patienten gewährt. Während der andere Beistand, den er leistet, in größerem oder geringerem Umfang ersetzbar ist, fehlt die rein menschliche Hilfe *per definitionem* in der Selbstanalyse völlig. Wenn der Mensch, der allein arbeitet, das Glück hat, einen verständnisvollen Freund zu besitzen, mit dem er seine Entdeckungen diskutieren kann, oder wenn er sie von Zeit zu Zeit mit einem Analytiker nachprüfen kann, wird er sich bei seiner Arbeit weniger einsam fühlen. Doch weder der eine noch der andere Ausweg könnte all die ungreifbaren Werte, die es hat, seine Probleme in enger Kooperation mit einem anderen Menschen zu lösen, voll ersetzen. Das Fehlen dieser Hilfe ist einer der Faktoren, der die Selbstanalyse zum schwereren Weg macht.

6. Kapitel

# Gelegentliche Selbstanalyse

Sich selbst gelegentlich zu analysieren ist verhältnismäßig einfach und führt manchmal zu sofortigen Ergebnissen. Im wesentlichen ist es das, was jeder aufrichtige Mensch tut, wenn er die eigentlichen Motivationen zu erklären versucht, die hinter seiner Art, zu fühlen oder zu handeln, liegen. Ohne viel, wenn überhaupt etwas von Psychoanalyse zu wissen, könnte ein Mann, der sich in ein besonders attraktives oder vermögendes Mädchen verliebt hat, sich die Frage vorlegen, ob Eitelkeit oder Geld eine Rolle in seinem Gefühl spielen. Ein Mann, der wider besseres Wissen seiner Frau oder seinen Kollegen bei einer Auseinandersetzung nachgegeben hat, könnte sich in Gedanken befragen, ob er klein beigab, weil er von der relativen Belanglosigkeit des Diskussionsthemas überzeugt war oder weil er Angst vor einem anschließenden Streit hatte. Ich nehme an, Menschen haben sich immer auf diese Weise geprüft. Und viele tun es, die sonst geneigt sind, Psychoanalyse gänzlich abzulehnen.

Das Hauptgebiet gelegentlicher Selbstanalyse sind nicht die komplizierten Verflechtungen der neurotischen Charakterstruktur, sondern das deutlich sichtbare Symptom, die konkrete und gewöhnlich akute Störung, die entweder die eigene Neugier erregt oder wegen ihres beunruhigenden Charakters sofortige Aufmerksamkeit erfordert. So betreffen die in diesem Kapitel geschilderten Beispiele einen funktionellen Kopfschmerz, einen akuten Angstanfall, die Furcht eines Rechtsanwaltes vor öffentlichen Auftritten, eine akute funktionelle Magenverstimmung. Aber ein verwirrender Traum, das Vergessen einer Verabredung oder ein übermäßiger Ärger über das belanglose Geschwätz eines Taxichauffeurs könnten ebenso einen Wunsch, sich selbst zu verstehen, auslösen – oder, genauer, die für diesen besonderen Effekt verantwortlichen Gründe zu entdecken.

Diese letzte Unterscheidung mag haarspalterisch erscheinen, aber tatsächlich bringt sie einen wesentlichen Unterschied zwischen gelegentlichem Ringen mit einem Problem und systematischer Arbeit an sich selbst zum Ausdruck. Das Ziel gelegentlicher Selbstanalyse ist es, jene Faktoren zu erkennen, die eine konkrete Störung hervorrufen, und sie zu beseitigen. Der weiterreichende Ansporn, der Wunsch, besser ausgerüstet zu sein, um mit dem Leben im allgemeinen fertig zu werden, mag hier auch mitwirken, aber selbst wenn er eine gewisse Rolle spielt, beschränkt er sich auf den Wunsch, weniger durch bestimmte Ängste, Kopfschmerzen oder andere Unannehmlichkeiten behindert zu sein. Das steht in Gegensatz zu dem viel tiefergehenden und positiveren Verlangen, sich nach besten Fähigkeiten zu entwickeln.

Wie die Beispiele zeigen werden, können die Störungen, die einen Versuch zur Prüfung bewirken, akut sein oder seit langem bestehen; sie können vorwiegend aus aktuellen, einer Situation innewohnenden Schwierigkeiten herrühren oder Äußerungen einer chronischen Neurose sein. Ob sie sich durch ein Schnellverfahren bessern oder ob sie mit intensiverer Arbeit gelöst werden können, hängt von Faktoren ab, die später zu erörtern sind.

Im Vergleich zu den Vorbedingungen für eine systematische Selbstanalyse sind diejenigen für eine gelegentliche Analyse bescheiden. Es genügt, einige psychologische Kenntnis zu besitzen, und dabei braucht es sich nicht um Büchergelehrsamkeit zu handeln, sondern sie kann durch alltägliche Erfahrung erworben sein. Das einzige unerläßliche Erfordernis ist eine Bereitschaft zu glauben, daß unbewußte Faktoren hinlänglich mächtig sein können, um die gesamte Persönlichkeit in Unordnung zu bringen. Negativ ausgedrückt, ist es notwendig, sich nicht zu leicht mit naheliegenden Erklärungen für eine Störung zufriedenzugeben. Ein Mann zum Beispiel, der sich übermäßig darüber aufregte, daß ihn ein Taxifahrer um zehn Cent betrog, sollte sich nicht damit begnügen, sich zu sagen, schließlich lasse sich niemand gern betrügen. Ein Mensch, der an einer akuten Depression leidet, muß Erklärungen bezweifeln, die seinen Zustand auf die Weltlage zurückführen. Gewohnheitsmäßiges Vergessen von Verabredungen wird nicht sehr einleuchtend damit begründet, daß man sagt, man sei zu beschäftigt, um daran zu denken.

Es ist besonders leicht, jene Symptome zu übergehen, die nicht offensichtlich psychischer Natur sind, wie Kopfschmerzen, Magenverstimmungen oder Müdigkeit. Tatsächlich kann man zwei entgegengesetzte Einstellungen solchen Störungen gegenüber beobachten, die beide gleichermaßen extrem und einseitig sind. Die eine besteht darin, Kopfschmerzen automatisch auf Wetterverhältnisse zurückzuführen, Müdigkeit auf Überarbeitung, Magenverstimmungen auf verdorbene Nahrungsmittel oder Magengeschwüre, ohne auch nur die Möglichkeit zu erwägen, daß psychische Faktoren in Frage kommen könnten. Diese Einstellung kann aus schierer Unwissenheit angeeignet sein, aber sie ist auch eine charakteristische neurotische Tendenz bei Menschen, die die Vorstellung, in sich irgendeine Unebenheit oder einen Defekt zu haben, nicht ertragen können. Das andere Extrem bilden jene, die davon überzeugt sind, jede Störung sei psychischen Ursprungs. Für einen solchen Menschen kommt es nicht in Frage, daß er durch ein Übermaß an hektischer Arbeit müde sein, daß er sich erkältet haben könnte, weil er einer zu heftigen Ansteckungsgefahr ausgesetzt war. Er kann den Gedanken nicht ertragen, irgendein äußerer Faktor könne die Macht haben, ihn zu berühren. Wenn ihm irgendeine Störung widerfährt, so hat er sie selbst verursacht; und wenn ein Symptom psychischen Ursprungs ist, liegt es in seiner Macht, es zu beheben.

Überflüssig zu sagen, daß beide Einstellungen neurotisch sind und daß die konstuktivste irgendwo dazwischen liegt. Wir können wirklich besorgt über die Weltlage sein, obwohl eine solche Beunruhigung uns zum Handeln veranlassen und nicht in eine Depression treiben sollte. Wir können uns müde fühlen durch zuviel Arbeit und zuwenig Schlaf. Wir können Kopfschmerzen infolge eines Augenleidens oder eines Hirntumors haben. Fraglos sollte kein physisches Symptom auf psychische Faktoren zurückgeführt werden, ehe die medizinische Erklärung nicht gründlich erforscht wurde. Wichtig ist, daß man unter voller Berücksichtigung der plausiblen Erklärung *auch* das eigene Gefühlsleben genau betrachten sollte. Selbst wenn die Schwierigkeit in einem Grippeanfall besteht, könnte es, nachdem man ihr die angemessene medizinische Aufmerksamkeit geschenkt hat, nützlich sein, die Frage aufzuwerfen, ob einige unbewußte psychische Faktoren vorhanden waren, die eine verminderte Resistenz gegen Infektionen oder eine verzögerte Genesung bewirkten.

Wenn man diese allgemeinen Überlegungen berücksichtigt, glaube ich, daß die folgenden Beispiele die in gelegentlicher

Selbstanalyse enthaltenen Probleme hinlänglich darstellen werden.

John, ein gutmütiger Geschäftsmann, seit fünf Jahren anscheinend glücklich verheiratet, litt an weitgehenden Hemmungen und »Minderwertigkeitsgefühlen« und hatte in den letzten Jahren gelegentlich Kopfschmerzen ohne eine erkennbare physische Basis bekommen. Er war nicht analysiert worden, aber einigermaßen vertraut mit der psychoanalytischen Denkweise. Später kam er zu mir zur Analyse einer recht komplizierten Charakterneurose, und seine Erfahrung beim Alleinarbeiten war einer der Faktoren, die ihn von dem möglichen Nutzen psychoanalytischer Therapie überzeugten.

Als er seine Kopfschmerzen zu analysieren begann, hatte er keineswegs die Absicht, das zu tun. Er, seine Frau und zwei Freunde besuchten ein musikalisches Lustspiel, und er bekam während der Aufführung Kopfschmerzen. Das erschien ihm merkwürdig, da er sich, bevor er ins Theater ging, wohl gefühlt hatte. Zuerst führte er seine Kopfschmerzen etwas verärgert darauf zurück, daß das Stück schlecht und der Abend reine Zeitverschwendung war, doch bald wurde ihm klar, daß man schließlich von einem schlechten Theaterstück keine Kopfschmerzen bekommt. Als er jetzt darüber nachdachte, mußte er zugeben, daß das Stück gar nicht so schlecht war. Aber natürlich war es nichts im Vergleich zu dem Stück von Shaw, das er vorgezogen hätte. Diese letzten Worte blieben haften – »vorgezogen hätte«. Hier spürte er Wut aufsteigen und sah den Zusammenhang. Er war überstimmt worden, als die Wahl zwischen beiden Stücken zur Debatte stand. Es gab nicht einmal eine große Diskussion: er meinte, kein Spielverderber sein zu sollen, und schließlich sei es ja nicht so wichtig. Anscheinend hatte es für ihn gleichwohl eine Rolle gespielt, und er war gründlich verärgert darüber gewesen, zu etwas gezwungen worden zu sein. Mit dieser Erkenntnis waren die Kopfschmerzen verschwunden. Zugleich wurde ihm klar, daß dies nicht die ersten Kopfschmerzen waren, die auf diese Weise entstanden. Da waren zum Beispiel Brigdepartien, an denen teilzunehmen er verabscheute, sich aber dazu überreden ließ.

Er war verblüfft, diesen Zusammenhang zwischen verdrängtem Ärger und Kopfschmerzen zu entdecken, dachte aber nicht weiter darüber nach. Wenige Tage später wachte er jedoch früh wieder mit heftigen Kopfschmerzen auf. Er hatte am Vorabend an einer Mitarbeiterversammlung seines Betriebes teilgenommen. Danach hatten sie etwas getrunken, und zuerst erklärte er die Kopfschmerzen damit, daß er sich sagte, er habe vermutlich zuviel getrunken. Damit drehte er sich auf die andere Seite und versuchte, wieder einzuschlafen, konnte es aber nicht. Eine Fliege, die ihm ums Gesicht herumsurrte, störte ihn. Zuerst war die Gereiztheit kaum wahrnehmbar, sie wuchs sich jedoch schnell in ausgesprochenen Ärger aus. Dann erinnerte er sich an einen Traum oder ein Traumfragment: er hatte zwei Wanzen mit einem Stück Löschpapier zerquetscht. Das Löschpapier hatte viele Löcher. Tatsächlich entsann er sich, daß die Löcher über das ganze Papier verteilt waren und ein regelmäßiges Muster bildeten.

Das erinnerte ihn an das Seidenpapier, das er als Kind zusammengefaltet hatte, um Muster auszuschneiden. Er war sehr angetan von ihrer Schönheit. Ein Zwischenfall tauchte in seiner Erinnerung auf: Er hatte das Seidenpapier seiner Mutter gezeigt und Bewunderung erwartet, sie hatte ihm aber nur flüchtige Beachtung geschenkt. Das Löschpapier erinnerte ihn dann an die Mitarbeiterversammlung. Dabei hatte er auf Papier gekritzelt; er hatte kleine Karikaturen von dem Vorsitzenden und von seinem Gegner gezeichnet. Das Wort »Gegner« erstaunte ihn, weil er den Betreffenden nicht bewußt als Gegner betrachtet hatte. Es war über eine Enschließung abzustimmen gewesen, die ihm ein vages unbehagliches Gefühl verursacht hatte. Einen klaren Einwand dagegen sah er jedoch nicht. Daher war der Einwand, den er erhoben hatte, tatsächlich nicht treffend. Er war schwach und machte keinen Eindruck. Erst jetzt erkannte er, daß sie ihn hereingelegt hatten, denn die Annahme der Resolution bedeutete eine Menge langweilige Arbeit für ihn. Sie waren so raffiniert gewesen, daß ihm das entgangen war. An diesem Punkt lachte er plötzlich, weil er die Bedeutung der Wanzen erkannte. Der Vorsitzende und der Gegner – sie waren Blutsauger, genauso widerlich wie Wanzen. Außerdem hatte er vor Wanzen ebensolche Angst wie vor diesen Ausbeutern. Nun, er hatte sich gerächt – zumindest in seinem Traum. Wieder vergingen die Kopfschmerzen.

Bei drei folgenden Gelegenheiten forschte er nach einem verborgenen Ärger, sobald die Kopfschmerzen begannen, fand ihn und verlor dann sein Kopfweh. Danach verschwanden die Kopfschmerzen völlig.

Bei Überprüfung dieser Erfahrung ist man zuerst erstaunt, wie gering die Mühe im Vergleich zu dem erzielten Ergebnis war. Doch Wunder geschehen in der Psychoanalyse ebenso selten wie anderswo. Ob ein Symptom mühelos beseitigt werden kann, hängt von seiner Funktion in der Gesamtstruktur ab. In diesem Fall hatten die Kopfschmerzen keine weitere Rolle übernommen wie etwa die, John daran zu hindern, daß er Dinge tat, die zu tun er sich fürchtete oder ärgerte; oder als Mittel zu dienen, anderen zu demonstrieren, daß sie Ärgernis erregt oder Unrecht zugefügt hatten; oder als Grundlage zu dienen, besondere Rücksichtnahme zu verlangen. Wenn Kopfschmerzen oder irgendwelche anderen Symptome wichtige Funktionen wie diese übernommen haben, wird ihre Heilung langwierige, gründliche Arbeit erfordern. Man wird dann all die Bedürfnisse, die sie befriedigen, analysieren müssen, und sie werden wahrscheinlich nicht verschwinden, ehe die Arbeit praktisch beendet ist. In Johns Fall hatten sie keine solchen Funktionen übernommen und resultierten vermutlich nur aus Spannung, die durch den verdrängten Ärger gesteigert wurde.

Das Ausmaß von Johns Leistung wird auch durch eine weitere Erwägung verringert. Zweifellos war es ein Gewinn, die Kopfschmerzen los zu sein, aber es scheint mir, daß wir geneigt sind, die Bedeutung solch klarer, greifbarer Symptome zu überschätzen und die weniger greifbarer psychischer Störungen zu unterschätzen, wie in diesem Fall Johns Abkehr von seinen eigenen Wünschen und Ansichten und seine Hemmung in bezug auf Selbstbehauptung. An diesen Störungen, die sich später als höchst bedeutsam für sein Leben und seine Entwicklung erwiesen, wurde durch seine Arbeit nichts geändert. Alles, was geschah, war, daß er aufkommende Wut etwas mehr gewahr wurde und daß seine Symptome verschwanden.

Tatsächlich hätte jeder der Vorfälle, die John zufällig analysierte, mehr Einsichten erbringen können, als er aus ihnen gewann. So gab es in seiner Analyse des Ärgers, der während des musikalischen Lustspiels aufkam, zahlreiche Fragen, die er nicht berührte. Welcher Art war die Beziehung zu seiner Frau wirklich? War das gute Einvernehmen, auf das er stolz war, nur der

Nachgiebigkeit auf seiner Seite zuzuschreiben? War sie dominierend? Oder war er nur überempfindlich gegen alles, das Zwang ähnelte? Warum verdrängte er überdies die Wut? War das wegen eines neurotischen Liebesbedürfnisses erforderlich? Fürchtete er sich vor einem Vorwurf seiner Frau? Mußte er ein Selbstbild aufrechterhalten von einem Menschen, der sich nie durch »Kleinigkeiten« stören ließ? Hatte er Angst, für seine Wünsche kämpfen zu müssen? War er schließlich nur zornig auf die anderen, weil sie ihn überstimmt hatten, oder war er in erster Linie wütend auf sich, weil er aus reiner Schwäche nachgegeben hatte?

Die Analyse der Wut nach der Mitarbeiterversammlung hätte ebenfalls weitere Probleme erschließen können. Weshalb war er nicht mehr auf der Hut, wenn seine eigenen Interessen gefährdet wurden? Hatte er wiederum Angst, für sie zu kämpfen? Oder hatte die Wut solche Ausmaße – Zerquetschen der Wanzen –, daß es sicherer war, sie gänzlich zu verdrängen? Setzte er sich zudem dadurch, daß er zu nachgiebig war, der Ausnutzung aus? Oder empfand er etwas als Ausnutzung, das eigentlich nur eine berechtigte Erwartung seiner Kooperation war? Wie stand es weiterhin mit seinem Wunsch, andere zu beeindrucken – die Erinnerung daran, daß er Bewunderung von seiner Mutter erwartete? War es ein wesentliches Element in seiner Wut, daß es ihm mißlang, seine Kollegen zu beeindrucken? Und in welchem Grade war er auf sich selbst wütend, weil er so wenig bestimmt gewesen war? Keines dieser Probleme wurde berührt. John ließ die Angelegenheit auf sich beruhen, als er den Effekt der verdrängten Wut auf andere entdeckt hatte.

Das zweite Beispiel ist die Erfahrung, die mich zuerst bewog, die Möglichkeit der Selbstanalyse zu erwägen. Harry war ein Arzt, der wegen Panikanfälle zu mir zur Analyse kam, die er dadurch zu beschwichtigen versuchte, daß er Morphium und Kokain nahm; außerdem hatte er zeitweilig exhibitionistische Impulse. Es bestand kein Zweifel, daß er eine schwere Neurose hatte. Nach einigen Monaten der Behandlung fuhr er auf Urlaub und analysierte während dieser Zeit allein einen Angstanfall.

Der Beginn dieses Stücks Selbstanalyse war rein zufällig, wie im Fall von John. Ausgangspunkt war ein schwerer Angstanfall, der offenbar durch eine echte Gefahr ausgelöst wurde. Harry machte mit seiner Freundin eine Bergtour. Das Klettern war anstrengend, aber nicht gefährlich, solange sie klare Sicht hatten. Es wurde jedoch gefährlich, als ein Schneesturm aufkam und sie in dichten Nebel gehüllt wurden. Harry bekam nun Atemnot, sein Herz klopfte, er wurde übernervös und mußte sich schließlich zum Ausruhen hinlegen. Er dachte nicht weiter über den Vorfall nach, sondern führte den Anfall irgendwie auf seine Erschöpfung und die akute Gefahr zurück. Dies ist übrigens ein Beispiel dafür, wie leicht wir uns mit falschen Erklärungen zufriedengeben könne , *wenn wir es wollen,* denn Harry war körperlich kräftig und angesichts eines Notfalles alles andere als ein Feigling.

Am nächsten Tag wanderten sie auf einem schmalen Pfad, der in die steile Felswand eingehauen war. Das Mädchen ging voran. Das Herzklopfen begann abermals, als Harry sich bei einem Gedanken oder einem Impuls ertappte, sie die Klippen hinunterzustoßen. Das verblüffte ihn natürlich, zumal er sehr an ihr hing. Er dachte zuerst an Dreisers *Amerikanische Tragödie,* in der der junge Mann seine Freundin ertränkt, um sie loszuwerden. Dann dachte er an den Anfall vom Vortag und rief sich offen einen ähnlichen Impuls, den er da gehabt hatte, ins Gedächtnis zurück. Er war flüchtig gewesen, und er hatte ihn gezügelt, sobald er aufkam. Er erinnerte sich jedoch deutlich an einen zunehmenden Ärger über das Mädchen vor dem Anfall und an eine plötzliche Welle heftiger Wut, die er beiseite geschoben hatte. Dies war also die Bedeutung des Angstanfalls: ein Impuls von Gewalttätigkeit, der aus einem Konflikt zwischen einem plötzlichen Haß einerseits und seiner echten Verliebtheit in das Mädchen andererseits hervorgegangen war. Er fühlte sich erleichtert und auch stolz, weil er den ersten Anfall analysiert und den zweiten gestoppt hatte.

Harry ging im Gegensatz zu John einen Schritt weiter, da er sich durch seine Erkenntnis des Hasses und eines Mordimpulses gegen das Mädchen, das er liebte, alarmiert fühlte. Im Weitergehen warf er die Frage auf, wieso er den Wunsch haben sollte, sie umzubringen. Sofort fiel ihm ein Gespräch wieder ein, das sie am Morgen zuvor gehabt hatten. Das Mädchen hatte einen seiner Kollegen gerühmt, weil er geschickt im Umgang mit Menschen und bei einer Party ein charmanter Gastgeber sei. Das war alles. Und das konnte diese starke Feindseligkeit nicht hervorgerufen haben. Trotzdem empfand er, wenn er daran dachte, aufsteigende Wut. War er eifersüchtig? Aber es bestand keine Gefahr, sie zu verlieren. Dieser Kollege war allerdings größer als er, kein Jude (in beiden Punkten war er überempfindlich) und sehr redegewandt. Während seine Gedanken ziellos in dieser Richtung wanderten, vergaß er seinen Zorn auf das Mädchen und konzentrierte sein Augenmerk darauf, sich mit dem Kollegen zu vergleichen. Dann fiel ihm eine Szene ein. Er war etwa vier oder fünf Jahre alt und hatte versucht, auf einen Baum zu klettern, es aber nicht geschafft. Sein älterer Bruder war mühelos hinaufgestiegen und hänselte ihn von oben. Eine andere Szene stand wieder deutlich vor ihm, als seine Mutter seinen Bruder lobte und er übergangen wurde. Der ältere Bruder war ihm immer voraus. Es mußte dasselbe gewesen sein, was ihn am Vortag wütend gemacht hatte: er konnte es immer noch nicht ertragen, wenn irgendein Mann in seiner Gegenwart gelobt wurde. Mit dieser Einsicht verlor er seine Gespanntheit, konnte mühelos klettern und empfand für das Mädchen wieder Zärtlichkeit.

Verglichen mit dem ersten Beispiel erreichte das zweite in einer Weise mehr und in anderer weniger. Trotz der größeren Oberflächlichkeit von Johns Selbstanalyse machte er einen Schritt, den Harry nicht tat. John gab sich nicht zufrieden, als er nur eine bestimmte Situation erklärt hatte: er erkannte die Möglichkeit, daß seine Kopfschmerzen sämtlich aus einer verdrängten Wut resultieren könnten. Harry ging nicht über die Analyse der einen Situation hinaus. Es fiel ihm nicht ein, sich zu fragen, ob seine Entdeckung einen Zusammenhang mit anderen Angstanfällen habe. Andererseits war die Einsicht, zu der Harry gelangte, wesentlich tiefergehend als die Johns. Die Erkenntnis des Mordimpulses war eine echte emotionale Erfahrung; er fand zumindest eine Andeutung der Ursache für seine Feindseligkeit; und er erkannte die Tatsache, daß er in einem Konflikt gefangen war.

Auch beim zweiten Vorfall ist man erstaunt über die Anzahl nicht berührter Fragen. Wenn man zugibt, daß Harry über das Lob für einen anderen Mann wütend wurde, woher dann die Intensität der Reaktion? Wenn jenes Lob die einzige Ursache seiner Feindseligkeit war, wieso stellte es eine solche Bedrohung für ihn dar, daß es Gewalttätigkeit erweckte? War er das Opfer einer übergroßen und übermäßig verletzlichen Eitelkeit? Und wenn, welche Unzulänglichkeiten in ihm mußten so sehr verdeckt werden? Die Rivalität mit dem Bruder war zweifellos ein bedeutsamer Vergangenheitsfaktor, als Erklärung jedoch unzureichend. Die andere Seite des Konflikts, die Art seiner Liebe zu dem Mädchen, wird überhaupt nicht angeschnitten. Brauchte er sie primär wegen ihrer Bewunderung? Wieviel Abhängigkeit war in seiner Liebe enthalten? Gab es andere Ursachen für die Feindseligkeit ihr gegenüber?

Ein drittes Beispiel betrifft die Analyse einer Art Lampenfieber. Bill, ein gesunder, kräftiger, intelligenter und erfolgreicher Anwalt, konsultierte mich wegen einer Höhenangst. Er hatte einen wiederkehrenden Alptraum, in dem er von einer Brücke oder einem Turm hinuntergestoßen wurde. Er fühlte sich schwindlig, wenn er im Theater in der ersten Reihe vom Rang saß und wenn er von hochgelegenen Fenstern hinuntersah. Außerdem geriet er mitunter in Panik, ehe er vor Gericht auftreten mußte oder wichtige Klienten traf. Er hatte sich aus einem ärmlichen Milieu emporgearbeitet und fürchtete, sich die gute Position, die er erreicht hatte, nicht erhalten zu können. Oft beschlich ihn das Gefühl, daß er bluffte und daß das früher oder später festgestellt würde. Er konnte seine Angst nicht begründen, da er sich für ebenso intelligent wie seine Kollegen hielt; er war ein guter Redner und konnte andere durch seine Argumente gewöhnlich überzeugen.

Da er offen über sich sprach, konnten wir in ein paar Stizungen die Umrisse eines Konfliktes erkennen zwischen Ehrgeiz, Anmaßung, einem Wunsch, andere hereinzulegen, einerseits und andererseits einem Bedürfnis, das Bild eines netten, aufrichtigen Burschen aufrechtzuerhalten, der gar nichts für sich wollte. Keine Seite des Konflikts war tief verdrängt. Er hatte nur die Stärke und die Gegensätzlichkeit dieser Strebungen nicht realisiert. Sobald sie scharf in den Brennpunkt gerückt wurden, erkannte er deutlich, daß er tatsächlich bluffte. Er stellte dann spontan selbst den Zusammenhang her zwischen diesem unbeabsichtigten Schwindel und dem Schwindelgefühl. Er sah, daß er sich danach sehnte, eine hohe Stellung im Leben zu erreichen, aber sich nicht recht einzugestehen wagte, wie ehrgeizig er wirklich war. Er hatte Angst, daß andere sich gegen ihn wenden und ihn hinabstoßen würden, wenn sie sich über diesen Ehrgeiz klar wurden, und deshalb mußte er die Fassade eines netten Burschen zeigen, dem Geld und Prestige nicht viel bedeuteten. Da er trotzdem ein im wesentlichen aufrichtiger Mensch war, wußte er vage von irgendeinem Bluff, was ihn wiederum ängstlich gemacht hatte, »ertappt« zu werden. Diese Klärung genügte, das Schwindelgefühl zu beseitigen, das eine Umsetzung seiner Ängste in phyikalische Begriffe war.

Dann mußte er die Stadt verlassen. Über seine Angst vor öffentlichen Auftritten und vor der Begegnung mit bestimmten Klienten hatten wir nicht gesprochen. Ich riet ihm, die Umstände zu beobachten, unter denen sein »Lampenfieber« zu- oder abnahm.

Einige Zeit später erhielt ich folgenden Bericht. Er hatte zunächst gedacht, daß die Angst aufkam, wenn der Fall, den er vertrat, oder die Beweisführung, die er benutzte, strittig waren. Aber das Nachforschen in dieser Richtung führte nicht sehr weit, obwohl er deutlich spürte, daß er nicht ganz unrecht hatte. Dann widerfuhr ihm ein unglücklicher Zufall, der sich jedoch als glücklich erwies, was seine Bemühungen um Verständnis betraf. Er hatte einen schwierigen Schriftsatz nicht allzu sorgfältig vorbereitet, war aber nur mäßig besorgt, ihn dem Gericht vorzulegen, da er wußte, daß der Richter nicht sonderlich anspruchsvoll war. Dann erfuhr er, daß dieser Richter erkrankt und daß sein Vertreter streng und unnachgiebig sei. Er versuchte sich mit dem Gedanken, der zweite Richter sei immerhin keineswegs bösartig oder verschlagen, zu trösten, aber das minderte seine steigende Angst nicht. Dann dachte er an meinen Rat und bemühte sich, seinen Gedanken freien Lauf zu lassen.

Zuerst tauchte ein Bild von ihm als kleiner Junge auf, der von Kopf bis Fuß mit Schokoladenkuchen beschmiert war. Dieses Bild verwirrte ihn zunächst, aber dann erinnerte er sich, daß er bestraft werden sollte, aber *ungestraft davonkam,* weil er so »niedlich« war und seine Mutter über ihn lachen mußte. Das Leitmotiv »sich durchschwindeln« blieb. Mehrere Erinnerungen tauchten auf an Zeiten, in denen er in der Schule nicht vorbereitet war, sich aber durchmogelte. Dann dachte er an einen Geschichtslehrer, den er haßte. Er konnte den Haß immer noch spüren. Die Klasse mußte einen Aufsatz über die Französische Revolution schreiben. Bei Rückgabe der Hefte kritisierte der Lehrer seinen Aufsatz, weil er von hochtönenden Phrasen triefe, aber solides Wissen vermissen lasse; er zitierte eine dieser Phrasen, und die anderen brüllten vor Lachen. Bill hatte sich schwer gedemütigt gefühlt. Der Englischlehrer hatte seinen Stil immer bewundert, der Geschichtslehrer aber schien für seinen Charme unempfänglich zu sein. Die Wendung »für seinen Charme unempfänglich« überraschte ihn, weil er »für seinen Stil unempfänglich« gemeint hatte. Er konnte nicht umhin, sich zu amüsieren, weil das Wort »Charme« seine wahre Ansicht ausdrückte. So gut wie sicher war der Richter wie der Geschichtslehrer für seinen Charme oder seine Sprachgewalt unempfänglich. Das war es. Er war gewöhnt, sich auf seinen Charme zu verlassen und auf seine Wortgewandtheit, womit er sich »durchschwindelte«, anstatt sich gründlich vorzubereiten. Als Folge wurde er überängstlich, sobald er sich eine Situation vorstellte, in der dieses Mittel unwirksam sein würde. Da Bill nicht tief in seine neurotischen Tendenzen verstrickt war, vermochte er die praktische Konsequenz aus dieser Einsicht zu ziehen: sich hinzusetzen und sorgfältiger an dem Schriftsatz zu arbeiten.

Er ging sogar einen Schritt weiter. Ihm wurde klar, in welchem Ausmaß er seinen Charme auch in seinen Beziehungen zu Freunden und Frauen benutzte. Kurz gesagt, meinte er, sie müßten von seinem Charme fasziniert sein und deshalb übersehen, daß er in jede Beziehung nicht viel von sich selbst investierte. Er brachte diese Erkenntnis mit unserer Diskussion in Verbindung, indem er erkannte, daß er einen weiteren Bluff entdeckt hatte, und vergegenwärtigte sich am Schluß, daß er »den geraden Weg« gehen müsse.

Offenbar war er dazu in erheblichem Maße imstande, da seit jener Episode, die jetzt sechs Jahre zurückliegt, seine Ängste praktisch verschwunden sind. Dieses Ergebnis ähnelt dem von John erzielten, als er seine Kopfschmerzen überwand, aber es muß anders bewertet werden. Die Kopfschmerzen waren, wie zuvor angedeutet, ein peripheres Symptom. Sie können kraft zweier Tatsachen so bezeichnet werden: da sie selten und nicht schwer waren, störten sie ihn nicht nennenswert; und sie hatten keine sekundäre Funktion angenommen. Johns wirklich Störungen lagen, wie sich in einer anschließenden Analyse zeigte, in einer anderen Richtung. Bills Ängste wiederum waren das Ergebnis eines entscheidenden Konflikts. Sie behinderten ihn nicht, aber sie beeinträchtigten wichtige Aktivitäten in wesentlichen Bereichen seines Lebens. Johns Kopfschmerzen verschwanden ohne jede gleichzeitige Veränderung in seiner Persönlichkeit, die einzige Veränderung bestand in einer ein wenig größeren Bewußtheit der Wut. Bills Ängste verschwanden, weil er ihre Ursache in bestimmten entgegengesetzten Tendenzen in seiner Persönlichkeit erkannte und – wichtiger – weil er imstande war, diese Tendenzen zu ändern.

Hier erscheinen wiederum, wie in Johns Fall, die Ergebnisse größer als die Anstrengungen, die sie hervorgebracht haben. Doch abermals ist bei näherer Untersuchung der Unterschied nicht so groß. Natürlich schaffte es Bill mit vergleichsweise wenig Arbeit, nicht nur Störungen loszuwerden, die ernst genug waren, um seine Karriere auf lange Sicht zu gefährden, sondern auch einige wichtige Fakten über sich zu erkennen. Er sah, daß er sich und anderen eine etwas trügerische Fassade geboten hatte, daß er viel ehrgeiziger war, als er sich eingestanden hatte, daß er dazu neigte, seine ehrgeizigen Ziele eher durch seine Intelligenz und seinen Charme als durch solide Arbeit zu erreichen. Doch bei Bewertung dieses Erfolges dürfen wir nicht vergessen, daß Bill im Gegensatz zu John und Harry ein im wesentlichen psychisch gesunder Mensch mit nur leichten neurotischen Tendenzen war. Sein Ehrgeiz und sein Bedürfnis, »sich durchzuschwindeln«, waren nicht tief verdrängt und hatten keinen starren zwanghaften Charakter. Seine Persönlichkeit war so strukturiert, daß er beide Tendenzen erheblich modifizieren konnte, sobald er sie erkannt hatte. Läßt man die Bemühung, zu einem wissenschaftlichen Verständnis für Bills Kategorien zu gelangen, einmal kurz außer acht, so könnte man ihn einfach als einen Menschen betrachten, der versucht hatte, sich das Leben zu leicht zu machen, und der besser abschneiden konnte, als er erkannte, daß seine Methode nicht funktionierte.

Bills Einsichten genügten, bestimmte starke Ängste zu beheben. Aber selbst bei diesem höchst erfolgreichen Schnellverfahren bleiben viele Fragen offen. Was genau bedeutet der Alptraum, von einer Brücke hinuntergestoßen zu werden? War es für Bill notwendig, daß er allein überlegen sein mußte? Wollte er andere hinunterstoßen, weil er keine Konkurrenz dulden konnte? Und hatte er deshalb Angst, andere könnten ihm dasselbe antun? War seine Höhenangst nur eine Furcht, die Stellung zu verlieren, die er erreicht hatte, oder war es auch eine Angst, aus einer Höhe fiktiver Überlegenheit hinunterzufallen – wie es gewöhnlich bei Phobien dieser Art ist? Weshalb investierte er weiterhin nicht ein Maß an Arbeit, das seinen Fähigkeiten und seinem Ehrgeiz entsprach? Resultierte diese Trägheit nur aus der Verdrängung seines Ehrgeizes, oder meinte er, daß es seiner Überlegenheit Abbruch täte, wenn er entsprechende Anstrengungen machte – daß nur mittelmäßige Menschen arbeiten müßten? Und warum gab er in seinen Beziehungen zu anderen so wenig von sich her? War er zu sehr von sich in Anspruch genommen – oder vielleicht zu geringschätzig gegenüber anderen –, um fähig zu sein, ein starkes, spontanes Gefühl zu erleben?

Ob es vom therapeutischen Gesichtspunkt aus erforderlich wäre, all solche Zusatzfragen zu verfolgen, ist eine andere Sache. In Bills Fall ist es möglich, daß das geleistete bißchen Analyse weiterreichende Wirkungen hatte als die Behebung deutlich sichtbarer Ängste. Es ist möglich, daß sie etwas in Bewegung setzte, das man als segensreichen Kreis bezeichnen könnte. Indem er seinen Ehrgeiz erkannte und mehr Arbeit investierte, würde er seine Ambitionen tatsächlich auf eine realistischere und solidere Basis gründen. Dadurch würde er sich sicherer, weniger verwundbar und seines Bluffs weniger bedürftig fühlen. Durch Aufgabe der falschen Fassade würde er sich weniger eingezwängt vorkommen und weniger Angst haben, ertappt zu werden. All diese Faktoren könnten seine Beziehungen zu anderen beträchtlich vertiefen, und dieser Fortschritt würde ebenfalls zu seinem Sicherheitsgefühl beitragen. Ein solcher segensreicher Kreis kann in Bewegung gesetzt worden sein, selbst wenn die Analyse nicht vollständig war. Hätte die Analyse all die nicht behandelten Mitgegebenheiten erforscht, so hätte sie fast sicher diese Wirkung gehabt.

Das letzte Beispiel führt uns noch weiter weg von einer echten Neurose. Es betrifft die Analyse einer Störung, die hauptsächlich durch die objektiven Schwierigkeiten in einer konkreten Situation hervorgerufen wurde. Tom war medizinischer Assistent bei einem bedeutenden Kliniker. Er war leidenschaftlich interessiert an seiner Arbeit und wurde von seinem Chef begünstigt. Eine echte Freundschaft hatte sich zwischen ihnen entwickelt, und sie aßen oft gemeinsam zu Mittag. Einmal hatte Tom nach einer solchen Mahlzeit eine leichte Magenverstimmung, die er auf das

Essen zurückführte, ohne ihr weitere Beachtung zu schenken. Nach dem nächsten Lunch mit dem Chef fühlte er sich übel und matt, erheblich schlimmer als das erstemal. Er ließ seinen Magen untersuchen, aber es gab keinerlei pathologischen Befund. Dann trat die Störung ein drittesmal auf, diesmal mit einer qualvollen Geruchsempfindlichkeit. Erst nach dem dritten Lunch fiel ihm auf, daß alle diese Verstimmungen aufgetreten waren, wenn er mit dem Direktor aß.

Tatsächlich hatte er unlängst dem Direktor gegenüber Verlegenheit empfunden und manchmal nicht gewußt, worüber er reden sollte. Und er kannte den Grund. Seine Forschungsarbeit hatte ihn in eine Richtung geführt, die den Auffassungen des Direktors zuwiderlief. In den letzten Wochen war er sich seiner eigenen Entdeckungen immer sicherer geworden. Er hatte mit dem Chef sprechen wollen, aber irgendwie nie den Absprung gefunden. Er wußte um sein Zögern, doch der alte Mann war in wissenschaftlichen Dingen recht streng und duldete so leicht keine abweichende Meinung. Tom hatte seine Sorge damit beiseite geschoben, daß er sich sagte, ein gutes Gespräch werde alles lösen. Wenn die Magenverstimmung mit Ängsten zu tun hatte, überlegte er, dann müßten seine Ängste viel größer sein, als er sich selbst eingestanden hatte.

Er spürte, daß es so war, und bekam gleichzeitig zwei Beweise dafür. Einmal begann er sich, während er diese Gedanken hatte, plötzlich krank zu fühlen, genauso, wie es nach den Mittagessen der Fall gewesen war. Und zum anderen wurde ihm ebenso plötzlich klar, was diese Reaktion in Gang gesetzt hatte. Während der Mahlzeit, bei der die Krankheit erstmals aufgetreten war, hatte der Direktor abfällige Bemerkungen über die Undankbarkeit von Toms Vorgänger gemacht. Er hatte seinen Groll gegen diese jungen Leute geäußert, die viel von ihm lernten und dann weggingen und sich nicht einmal bemühten, in wissenschaftlichen Fragen mit ihm in Verbindung zu bleiben. Alles, was Tom in diesem Augenblick bewußt empfand, war Mitleid mit dem Chef. Er hatte seine Kenntnis dessen, was der Direktor in Wirklichkeit nicht ertragen konnte, verdrängt, daß nämlich der Vorgänger seinen eigenen selbständigen Weg gegangen war.

So merkte Tom, daß er die Augen vor einer vorhandenen Gefahr verschlossen hatte, und er erkannte auch das Ausmaß seiner Ängste. Seine Arbeit schuf eine echte Gefahr für sein gutes Verhältnis zu dem Direktor und dadurch eine Gefährdung seiner Karriere. Der alte Mann könnte sich wirklich gegen ihn wenden. Bei diesem Gedanken geriet er ziemlich in Panik und fragte sich, ob es nicht vielleicht besser für ihn wäre, wenn er seine Entdekkungen nochmals überprüfte – oder sie sogar ganz vergäße. Es war nur ein kurzer Gedanke, aber er zeigte ihm blitzartig, daß dies ein Konflikt zwischen seiner wissenschaftlichen Redlichkeit und den unmittelbaren Erfordernissen seiner Karriere war. Mit der Verdrängung seiner Ängste hatte er eine Vogel-Strauß-Politik betrieben, deren Zweck es war zu vermeiden, eine Entscheidung treffen zu müssen. Durch diese Einsicht fühlte er sich frei und erleichtert. Er wußte, es war eine schwere Entscheidung, bezweifelte aber nicht, daß sie zugunsten seiner Überzeugungen ausfallen würde.

Diese Geschichte wurde mir nicht als Beispiel für Selbstanalyse erzählt, sondern lediglich als eines dafür, wie groß manchmal die Versuchung ist, nicht ehrlich mit sich zu sein. Tom war ein Freund von mir, ein gewöhnlich ausgeglichener junger Mann. Wenn es auch möglich ist, daß er gewisse latente neurotische Züge hatte, wie ein Bedürfnis, irgendwelche Ängste zu verleugnen, so machten ihn diese nicht zu einem Neurotiker. Es ließe sich einwenden, gerade die Tatsache, daß er unbewußt einer Entscheidung auswich, sei Ausdruck einer tiefergreifenden neurotischen Störung. Doch es gibt zweifellos keine scharfe Grenze zwischen gesund und neurotisch, und deshalb erscheint es angezeigter, es als Sache des Akzents anheimzustellen und Tom, praktisch genommen, als gesunden Menschen anzusehen. Diese Episode würde dann eine Situationsneurose darstellen, das heißt, eine neurotische Störung, die primär durch die Schwierigkeiten in einer besonderen Situation verursacht wurde und nur so lange andauert, wie dem Konflikt nicht bewußt entgegengetreten und er nicht gelöst wird.

Trotz der Tatsache, daß eine kritische Bewertung der Ergebnisse, die in jedem dieser Beispiele erzielt wurden, gegeben worden ist, könnten sie, zusammen betrachtet, einen allzu optimistischen Eindruck über die Möglichkeiten gelegentlicher Selbstanalyse auslösen, einen Eindruck, daß man leicht über eine Erkenntnis stolpern und auf etwas Wertvolles stoßen kann. Um ein adäquateres Bild zu vermitteln, sollten diese vier mehr oder minder erfolgreichen Versuche durch eine Untersuchung von zwanzig oder mehr vergeblichen Bemühungen, die Bedeutung einer psychischen Störung schnell zu erfassen, ergänzt werden. Es erscheint notwendig, eine solche vorsichtige Einschränkung ausdrücklich zu machen, da ein Mensch, der sich hilflos in seinen neurotischen Verstrickungen gefangen fühlt, dazu neigt, auf die bloße Möglichkeit eines Wunders zu hoffen. Es sollte völlige Klarheit darüber bestehen, daß es unmöglich ist, eine schwere Neurose oder einen ihrer wesentlichen Teile durch gelegentliche Selbstanalyse zu heilen. Der Grund ist, daß die neurotische Persönlichkeit kein Teilganzes – um den Ausdruck der Gestaltpsychologen zu benutzen – von störenden Faktoren ist, sondern eine Struktur hat, in der jeder Teil mit jedem anderen in komplizierter Wechselbeziehung steht. Durch gelegentliche Arbeit an sich selbst ist es möglich, hier und da eine isolierte Verknüpfung zu erfassen, die Faktoren zu verstehen, die unmittelbar in eine Krise einbezogen sind, und ein peripheres Symptom zu beseitigen. Um jedoch wesentliche Veränderungen zu bewirken, ist es notwendig, die Gesamtstruktur durchzuarbeiten, das heißt, es erfordert eine systematischere Analyse.

So trägt die gelegentliche Analyse, wie es in der Natur der Sache liegt, nur wenig zu umfassender Selbsterkenntnis bei. Wie in den ersten drei Beispielen gezeigt, ist der Grund dafür, daß Einsichten nicht weiterverfolgt werden. Tatsächlich bringt jedes Problem, das geklärt wird, automatisch ein neues auf. Wenn diese sich anbietenden Hinweise nicht aufgegriffen werden, bleiben die Einsichten notwendigerweise isoliert.

Als therapeutische Methode ist gelegentliche Selbstanalyse für die Situationsneurose durchaus angemessen. Auch bei leichten Neurosen kann sie äußerst zufriedenstellende Ergebnisse zeitigen. Aber bei komplizierteren Neurosen ist sie kaum mehr als ein Sprung ins Ungewisse. Im allerbesten Falle kann sie nicht mehr tun, als hier oder da eine Spannung lösen oder die Bedeutung der einen oder anderen Störung zufällig aufklären.

7. Kapitel

# Systematische Selbstanalyse: Vorbereitungen

Die systematische Selbstanalyse ließe sich oberflächlich von der gelegentlichen allein durch die Tatsache unterscheiden, daß sie häufigere Arbeit beinhaltet: sie hat ebenfalls ihren Ausgangspunkt in einer besonderen Schwierigkeit, die man beheben möchte, doch anders als die gelegentliche Selbstanalyse geht sie den Prozeß eher wieder und wieder durch, als sich mit einer isolierten Lösung zufriedenzugeben. Diese Darstellung ist zwar rein formalistisch korrekt, würde jedoch die wesentlichen Unterschiede verfehlen. Man könnte sich wiederholt selbst analysieren, und es würde trotzdem gelegentliche Analyse bleiben, wenn bestimmte Voraussetzungen nicht erfüllt würden.

Daß sie häufig erfolgt, ist ein charakteristischer Faktor bei der systematischen Selbstanalyse, aber nur einer. Wichtiger ist das Attribut der Kontinuität, das Weiterverfolgen von Problemen; daß dies in den Beispielen gelegentlicher Arbeit fehlte, wurde im vorigen Kapitel betont. Dies erfordert jedoch mehr als ein bloßes gewissenhaftes Aufgreifen und Ausarbeiten der Anhaltspunkte, die sich anbieten. Es liegt keineswegs an reiner Oberflächlichkeit oder Nachlässigkeit, daß die Personen in den zitierten Beispielen mit den erzielten Resultaten zufrieden waren. Über leicht zu erreichende Einsichten hinauszugehen bedeutet unweigerlich, auf »Widerstände« zu treffen, sich allen Arten von quälenden Ungewißheiten und Kränkungen auszusetzen und den Kampf mit diesen Gegenkräften aufzunehmen. Und das erfordert einen anderen Geist als den, der bei gelegentlicher Arbeit genügt. Dort ist der Ansporn der Druck einer massiven Störung und der Wunsch, sie zu beheben. Hier ist, obwohl die Arbeit unter einem ähnlichen Druck beginnt, die entscheidende Triebkraft der unbeugsame Wille, sich mit sich selbst auseinanderzusetzen, ein Wunsch, sich zu entwickeln und nichts unbehandelt zu lassen, was diese Entwicklung behindert. Es ist ein Geist rücksichtsloser Ehrlichkeit mit sich, und nur in dem Maß, wie er sich durchsetzt, kann es dem Betreffenden gelingen, sich selbst zu finden.

Es besteht natürlich ein Unterschied zwischen dem Willen, ehrlich zu sein, und der Fähigkeit dazu. Zu wiederholten Malen wird er außerstande sein, diesem Ideal zu entsprechen. Es kann jedoch ein Trost in der Tatsache liegen, daß keine Analyse notwendig wäre, wenn er immer transparent für sich wäre. Weiterhin wird die Fähigkeit zur Ehrlichkeit allmählich wachsen, wenn er einigermaßen konstant weitermacht. Jedes überwundene Hindernis bedeutet, in sich Terrain zu gewinnen, und ermöglicht es daher, sich dem nächsten mit gewachsener innerer Kraft zu nähern.

Wenn derjenige, der sich selbst analysiert, nicht weiß, wie er es in Angriff nehmen soll, kann er, wie gewissenhaft auch immer, mit einer Art von künstlichem Eifer an die Arbeit herangehen. Er kann zum Beispiel beschließen, von jetzt an alle seine Träume zu analysieren. Träume sind nach Freud der königliche Weg *(via regia)* in das Unbewußte. Das bleibt wahr. Aber leider ist es ein Weg, den man leicht verliert, wenn keine genaue Kenntnis des gesamten umliegenden Gebiets vorhanden ist. Wer seine Fertigkeit im Deuten von Träumen erprobt, ohne einiges Verständnis für die Faktoren, die in ihm zu der Zeit wirksam sind, betreibt ein zufälliges Spiel auf gut Glück. Interpretation kann dann in intellektuelle Spekulationen ausarten, auch wenn der Traum selbst anscheinend transparent ist.

Sogar ein einfacher Traum kann verschiedene Deutungen zulassen. Wenn zum Beispiel ein Ehemann vom Tod seiner Frau träumt, kann dieser Traum eine tiefgehende unbewußte Feindseligkeit ausdrücken. Andererseits kann er bedeuten, daß er sich von ihr trennen möchte, und da er sich außerstande fühlt, diesen Schritt zu tun, ihr Tod als die einzig mögliche Lösung erscheint; in diesem Fall ist der Traum nicht primär ein Ausdruck von Haß. Oder schließlich kann es ein Todeswunsch sein, der durch eine lediglich vorübergehende Wut ausgelöst wurde, die verdrängt worden war und ihren Ausdruck in dem Traum gefunden hatte. Die aufgezeigten Probleme sind in den drei Interpretationen unterschiedlich. In der ersten würde es sich um die Ursache für den Haß und für seine Verdrängung handeln. In der zweiten ginge es darum, weshalb der Träumende keine angemessene Lösung findet. In der dritten wären es die Umstände des aktuellen Anlasses.

Ein weiteres Beispiel ist ein Traum von Clare während der

Zeit, in der sie versuchte, ihre Abhängigkeit von ihrem Freund Peter zu lösen. Sie träumte, daß ein anderer Mann den Arm um sie legte und sagte, er liebe sie. Er wirkte anziehend auf sie, und sie fühlte sich glücklich. Peter war im Zimmer und schaute aus einem Fenster. Der Traum könnte spontan darauf schließen lassen, daß Clare sich von Peter ab- und einem anderen Mann zuwandte, und daher ein Ausdruck widersprechender Gefühle sein. Oder er könnte einen Wunsch ausdrücken, daß Peter ebenso gefühlvoll wäre wie der andere Mann. Oder er könnte den Glauben bedeuten, daß die Zuwendung zu einer anderen Bindung das Problem ihrer pathologischen Abhängigkeit lösen würde; in diesem Fall würde er einen Versuch darstellen, einer wirklichen Lösung des Problems auszuweichen. Oder er könnte einen Wunsch ausdrücken, wählen zu können, ob sie bei Peter bliebe, eine Wahl, die sie wegen ihrer Bindungen an ihn tatsächlich nicht hatte.

Wenn ein gewisser Fortschritt in bezug auf Verständnis gemacht worden ist, dann kann ein Traum Bestätigung für eine Annahme bieten; er kann eine Wissenslücke schließen; oder er kann einen neuen, unverhofften Hinweis aufzeigen. Aber wenn das Bild durch einen Widerstand vernebelt ist, wird ein Traum die Dinge wahrscheinlich nicht klären. Er kann es tun, aber er kann auch mit unerkannten Einstellungen so kompliziert verflochten sein, daß er sich der Deutung widersetzt und nur zur Verwirrung beiträgt.

Diese Warnungen sollten gewiß niemanden von Versuchen, seine Träume zu analysieren, abhalten. Johns Traum über die Wanzen war zum Beispiel eine eindeutige Hilfe für ihn zum Verständnis seiner Gefühle. Die zu vermeidende Gefahr besteht lediglich in einer einseitigen Konzentration auf Träume unter Ausschluß anderer gleichermaßen wertvoller Beobachtungen. Und eine Warnung entgegengesetzter Art ist ebenso wichtig: Wir haben häufig ein zwingendes Interesse daran, einen Traum nicht ernst zu nehmen, und gerade durch seine Absurdität oder Übertriebenheit kann ein Traum sich für ein solches Ignorieren seiner Botschaft eignen. So sprach der erste Traum, der im nächsten Kapitel in Zusammenhang mit Clares Selbstanalyse geschildert wird, eigentlich deutlich genug für eine ernstliche Gefährdung ihrer Beziehung zu ihrem Geliebten, dennoch gelang es ihr, ihn leicht zu nehmen. Die Ursache war, daß sie zwingende

Gründe hatte, sich durch seine Mitgegebenheiten nicht aufregen zu lassen. Und das ist keine Ausnahmesituation.

So sind Träume eine wichtige Informationsquelle, aber nur eine unter mehreren. Da ich außer in Beispielen nicht auf die Traumdeutung zurückkommen werde, möchte ich hier ein wenig abschweifen, um zwei Prinzipien zu erwähnen, die im Gedächtnis zu behalten nützlich ist. Das eine lautet: Träume geben kein realistisches, naturalistisches Bild von Gefühlen oder Meinungen, sondern sind primär ein Ausdruck von Tendenzen. Natürlich kann ein Traum uns klarer als unser Wachzustand offenbaren, welches unsere wahren Gefühle sind: Liebe, Haß, Mißtrauen oder Traurigkeit, sonst unterdrückt, können in Träumen ohne Zwang empfunden werden. Das wichtigere Kennzeichen von Träumen aber ist, in Freuds Formulierung, daß sie vom Wunschdenken bestimmt sind. Das bedeutet nicht unbedingt, daß sie einen bewußten Wunsch darstellen oder direkt etwas symbolisieren, das wir als wünschenswert ansehen. Das »Wunschdenken« liegt wahrscheinlich eher in der Bedeutung als im ausdrücklichen Inhalt. Träume verleihen, mit anderen Worten, unseren Strebungen, unseren Bedürfnissen Ausdruck und stellen häufig Versuche dar zu einer Lösung von Konflikten, die uns derzeit quälen. Sie sind eher ein Spiel von emotionalen Kräften als eine Feststellung von Tatsachen. Wenn zwei mächtige widersprechende Strebungen zusammenstoßen, kann ein Angsttraum daraus resultieren.

Träumen wir von einem Menschen, den wir bewußt mögen oder achten, als einem abstoßenden oder lächerlichen Wesen, so sollten wir besser nach einem Bedürfnis suchen, das uns zwingt, den Betreffenden herabzusetzen, als voreilig den Schluß ziehen, daß der Traum unsere verborgene Meinung von ihm enthülle. Wenn ein Patient von sich als von einem verfallenen Haus träumt, das nicht mehr zu reparieren ist, kann dies natürlich ein Ausdruck seiner Hoffnungslosigkeit sein; die Hauptfrage aber ist, welches Interesse er hat, sich auf diese Weise darzustellen. Ist diese defätistische Einstellung als das kleinere Übel für ihn wünschenswert? Ist sie der Ausdruck eines rachsüchtigen Vorwurfs, auf seine eigenen Kosten erhoben, der sein Gefühl offenbart, es hätte früher etwas für ihn getan werden sollen, jetzt aber sei es zu spät?

Das zweite hier zu erwähnende Prinzip lautet, daß ein Traum

erst begriffen ist, wenn wir ihn mit dem aktuellen Anlaß, der ihn angeregt hat, in Zusammenhang bringen können. Es genügt zum Beispiel nicht, in einem Traum herabsetzende Tendenzen oder rachsüchtige Impulse generell zu erkennen. Die Frage nach dem Anlaß, auf den dieser Traum eine Reaktion war, muß immer gestellt werden. Wenn dieser Zusammenhang entdeckt werden kann, können wir eine Menge über die genaue Sorte von Erfahrung lernen, die für uns eine Drohung oder eine Beleidigung bedeutet, und über die unbewußten Reaktionen, die sie auslöst.

Ein anderer Weg, sich mit Selbstanalyse zu befassen, ist zwar weniger künstlich als eine einseitige Konzentration auf Träume, aber sozusagen zu vermessen. Der Ansporn eines Menschen, sich offen entgegenzutreten, kommt gewöhnlich aus einer Vergegenwärtigung, daß sein Glück oder seine Leistungsfähigkeit durch eine bestimmte auffallende Störung, wie rezidive Depression, chronische Müdigkeit, chronische Verstopfung funktioneller Natur, allgemeine Schüchternheit, Schlaflosigkeit, eine lebenslängliche Hemmung, sich auf die Arbeit zu konzentrieren, beeinträchtigt werden. Und er wird wahrscheinlich einen Frontalangriff auf die Störung an sich versuchen und eine Art Blitzkrieg beginnen. Mit anderen Worten, er kann sich bemühen, die unbewußten Determinanten seines mißlichen Zustands zu ermitteln, ohne viel über seine Persönlichkeitsstruktur zu wissen. Das Ergebnis wird bestenfalls sein, daß er auf einige vernünftige Fragen kommt. Wenn seine spezielle Störung zum Beispiel eine Arbeitshemmung ist, kann er sich fragen, ob er zu ehrgeizig ist, ob er an der Arbeit, die er tut, wirklich interessiert ist, ob er die Arbeit als eine Pflicht ansieht und insgeheim gegen sie rebelliert. Er wird sich bald festfahren und befinden, daß Analyse überhaupt nicht hilft. Aber hier liegt der Fehler bei ihm und kann nicht der Psychoanalyse in die Schuhe geschoben werden. Ein Blitzkrieg in psychologischen Belangen ist niemals eine gute Methode, ein gänzlich unvorbereiteter Blitzkrieg aber ist in jedem Fall schlecht. Dies wäre einer, der jede vorherige Rekognoszierung des anzugreifenden Terrains unterlassen hat. Daß jemand überhaupt ein solch auswegloses Schnellverfahren versuchen könnte, liegt zum Teil daran, daß die Unkenntnis in psychologischen Dingen immer noch so groß und so weitverbreitet ist. Hier ist ein Mensch mit unendlich komplizierten Gegenströmungen von Strebungen, Ängsten, Abwehrmechanismen, Illusionen; seine Unfähigkeit, sich auf die Arbeit zu konzentrieren, ist ein Endergebnis aus der Gesamtheit dieser Faktoren. Und er glaubt, er könne sie durch direkte Aktion ausmerzen, genauso einfach, wie er einen Beleuchtungskörper ausschaltet! In gewissem Grade beruht diese Erwartung auf Wunschdenken: er würde das Unvermögen, das ihn stört, gern schnell beseitigen; und er gefällt sich in dem Gedanken, daß, abgesehen von dieser auffälligen Störung, alles in Ordnung sei. Er möchte sich nicht gern mit der Tatsache auseinandersetzen, daß eine offenkundige Schwierigkeit nur ein Hinweis darauf ist, daß etwas in seinem Verhältnis zu sich und zu anderen grundlegend nicht stimmt.

Fraglos ist es wichtig für ihn, seine manifeste Störung zu beheben, und gewiß sollte er nicht so tun, als sei er daran desinteressiert, und sie künstlich aus seinen Gedanken ausschließen. Er sollte sie vielmehr hinten in seinem Gedächtnis behalten als ein Gebiet, das einmal zu erforschen ist. Er muß sich selbst sehr gut kennen, ehe er die Natur seiner konkreten Schwierigkeit erspähen kann. Wenn er dieses Wissen weiterhin zusammenträgt, wird er allmählich die in die Störung einbezogenen Elemente ansammeln, sofern er auf die Mitgegebenheiten seiner Entdeckungen achtet.

Auf eine Weise können die Störungen jedoch direkt untersucht werden, denn es läßt sich aus der Beobachtung ihrer Schwankungen viel lernen. Keine dieser chronischen Schwierigkeiten ist ständig gleichmäßig stark. De Einfluß, den sie ausüben, wird zunehmen und nachlassen. Zu Anfang wird der Betreffende nichts von den Voraussetzungen wissen, die dieses Auf und Ab erklären. Er kann sogar überzeugt davon sein, daß es keine zugrundeliegenden Ursachen gibt, und glauben, solche Schwankungen lägen in der »Natur« der Störung. In der Regel ist dieser Glaube ein Irrtum. Wenn er sorgfältig beobachtet, wird er einen Faktor hier und einen Faktor dort erkennen, der dazu beiträgt, den Zustand zu bessern oder zu verschlechtern. Hat er einmal eine Ahnung von der Natur dieser mitwirkenden Faktoren bekommen, so wird seine Fähigkeit zu weiterer Beobachtung geschärft, und derart wird er allmählich ein allgemeines Bild von den relevanten Voraussetzungen erhalten.

Fazit dieser Überlegungen ist die Binsenwahrheit, daß man, wenn man sich selbst analysieren möchte, nicht nur die hervorstechenden Züge untersuchen darf. Man muß jede Gelegenheit ergreifen, mit diesem Fremden oder Bekannten, der man ist, vertraut zu werden. Dies ist übrigens nicht bildlich gesprochen, denn die meisten Menschen wissen sehr wenig über sich und erfahren erst allmählich, wie weitgehend sie in Unkenntnis gelebt haben. Wenn man New York kennenlernen möchte, sieht man es sich nicht nur vom Empire State Building aus an. Man fährt zur unteren East Side; man spaziert durch den Central Park; man fährt mit dem Schiff um Manhattan herum; man nimmt einen Bus über die Fifth Avenue; und sehr vieles mehr. Gelegenheiten, mit sich vertraut zu werden, werden sich anbieten, und man wird sie wahrnehmen, sofern man den komischen Kauz, der unser Leben lebt, wirklich kennenlernen möchte. Man wird dann erstaunt sein festzustellen, daß man hier aus keinem ersichtlichen Grund verärgert ist, sich dort nicht entschließen kann, hier wieder, ohne es zu wollen, beleidigend war; daß man dort rätselhafterweise den Appetit verloren hat, hier einen Anfall von Freßsucht hatte; daß man es hier nicht über sich bringen konnte, einen Brief zu beantworten, dort plötzlich, wenn man allein war, Angst hatte vor Geräuschen ringsum; daß man hier nicht um eine Gehaltserhöhung bitten oder eine kritische Meinung äußern konnte. All diese zahllosen Beobachtungen bilden jene vielen Zugänge zu dem unbekannten Gebiet des Ich. Man beginnt sich zu fragen – was auch hier der Anfang aller Weisheit ist –, und man versucht, mit Hilfe freier Assoziation die Bedeutung dieser emotionalen Verwirrungen zu begreifen.

Beobachtungen sowie die Assoziationen und die Fragen, die sie erwecken, sind das Rohmaterial. Aber die Arbeit an ihnen erfordert wie jede Analyse Zeit. Bei einer fachlichen Analyse wird eine bestimmte Stunde jeden oder jeden zweiten Tag reserviert. Dieses Arrangement ist zweckmäßig, hat aber außerdem gewisse spezifische Werte. Patienten mit leichten neurotischen Tendenzen können ohne jeden Nachteil den Analytiker nur dann aufsuchen, wenn sie in Schwierigkeiten sind und diese erörtern möchten. Würde man jedoch einem Patienten, der sich in den Fängen einer schweren Neurose befindet, raten, nur zu kommen, wenn er es wirklich möchte, so würde er sich wahrscheinlich drücken, sobald er starke subjektive Gründe hätte, nicht weiterzumachen, das heißt, wann immer er einen »Widerstand« entwickelte. Das bedeutet, daß er wegbleiben würde, wenn er eigentlich Hilfe am meisten brauchte und wenn die konstruktivste Arbeit getan werden könnte. Ein weiterer Grund für Regelmäßigkeit liegt in der Notwendigkeit, ein gewisses Maß an Kontinuität zu wahren, was der Kern jeder systematischen Arbeit ist.

Beide Gründe für Regelmäßigkeit – die Kompliziertheit von Widerständen und die Notwendigkeit, Kontinuität zu wahren – gelten natürlich ebenso für die Selbstanalyse. Aber hier bezweifle ich, ob die Einhaltung einer regelmäßigen Stunde diesen Zweck erfüllen würde. Die Unterschiede zwischen fachlicher und Selbstanalyse sollten nicht unterschätzt werden. Für jeden ist es viel leichter, eine Verabredung mit einem Analytiker einzuhalten als eine mit sich selbst, weil er im ersten Fall ein größeres Interesse hat, sie einzuhalten: er möchte nicht unhöflich sein; er möchte sich nicht dem Vorwurf aussetzen, wegen eines »Widerstandes« auszubleiben; er möchte nicht auf den Nutzen verzichten, den die Stunde für ihn haben könnte; er möchte die für ihn reservierte Zeit nicht bezahlen, ohne sie genutzt zu haben. Diese Zwänge fehlen bei der Selbstanalyse. Jede Menge von Dingen, die anscheinend oder tatsächlich keinen Aufschub dulden, würden dazwischenkommen und sich auf die Zeit auswirken, die für die Analyse reserviert wurde.

Gegen eine regelmäßige, vorher festgesetzte Zeit für die Selbstanalyse sprechen auch innere Gründe – und dies ganz abgesehen von der Frage der Widerstände. Jemand könnte Lust haben, während einer freien halben Stunde vor dem Abendessen über sich nachzudenken, es aber zu einem festgelegten Termin, ehe er ins Büro fährt, als lästig ablehnen. Oder er findet vielleicht tagsüber keine Zeit, hat aber die aufschlußreichsten Assoziationen bei einem Abendspaziergang oder beim Einschlafen. In dieser Hinsicht hat sogar die regelmäßige Verabredung mit dem Analytiker gewisse Nachteile. Der Patient kann den Analytiker nicht jedesmal aufsuchen, wenn er ein besonderes Verlangen oder die Bereitschaft empfindet, mit ihm zu reden, sondern muß zur verabredeten Zeit in der Praxis des Analytikers erscheinen, auch wenn seine Begeisterung, sich zu äußern, abgeklungen ist. Infolge äußerer Umstände läßt sich dieser Nachteil kaum beseitigen, aber es gibt keinen triftigen Grund, weshalb er auf die Selbstanalyse übertragen werden sollte, wo diese Umstände nicht gegeben sind.

Noch ein weiterer Einwand gegen strikte Regelmäßigkeit bei

der Selbstanalyse liegt darin, daß dieser Prozeß nicht zur »Pflicht« werden sollte. Der Beigeschmack des »Muß« würde sie ihrer Spontaneität berauben, ihres wertvollsten und unerläßlichsten Elements. Es geschieht kein großer Schaden, wenn sich jemand zu seiner täglichen Gymnastik zwingt, ohne Lust dazu zu haben, bei der Analyse aber würde Lustlosigkeit ihn lahm und unproduktiv machen. Wiederum kann diese Gefahr auch bei der fachlichen Analyse gegeben sein, aber dort läßt sie sich durch das Interesse des Analytikers an dem Patienten und allein durch die Tatsache gemeinsamer Arbeit überwinden. Bei der Selbstanalyse wird man mit einer Lustlosigkeit, die durch überbetonte Regelmäßigkeit ausgelöst wurde, nicht so leicht fertig, und es kann sehr wohl dazu führen, daß das ganze Unternehmen sich totläuft.

So ist bei der Analyse Regelmäßigkeit der Arbeit kein Ziel an sich, sondern vielmehr ein Mittel, das beide Zwecke erfüllt, nämlich Kontinuität zu wahren und Widerstände zu bekämpfen. Die Widerstände des Patienten werden nicht beseitigt, weil er stets zu seiner Verabredung in der Praxis des Analytikers erscheint; sein Kommen ermöglicht es lediglich dem Analytiker, ihm dabei zu helfen, daß er die im Spiel befindlichen Faktoren versteht. Konsequente Pünktlichkeit ist auch keinerlei Garantie dafür, daß er nicht von einem Problem zum anderen springen und nur unzusammenhängende Einsichten erlangen wird; sie bildet nur für die Arbeit generell eine Gewähr für Kontinuität. Bei der Selbstanalyse sind diese Forderungen ebenfalls wesentlich, und ich werde in einem späteren Kapitel erörtern, wie sie auf sinnvolle Weise erfüllt werden können. Wichtig ist hier nur, daß sie keinen starren Zeitplan für die Verabredungen, die man mit sich trifft, verlangen. Sollte eine gewisse Unregelmäßigkeit in der Arbeit jemanden veranlassen, einem Problem auszuweichen, wird es ihn einholen. Und auch wenn es Zeit kostet, ist es klüger, die Dinge laufen zu lassen, bis er selbst meint, er sollte dem Problem besser nachgehen. Selbstanalyse sollte eher ein guter Freund bleiben, auf den man wieder zurückkommt, als ein Schulmeister, der uns antreibt, unsere täglichen guten Noten zu schreiben. Selbstverständlich besagt diese Warnung vor erzwungener Regelmäßigkeit nicht, daß man die Dinge auf die leichte Schulter nehmen soll. Genauso, wie eine Freundschaft gepflegt werden muß, wenn wir möchten, daß sie ein bedeutungsvoller Faktor in unserem Leben ist, kann analytische Arbeit an uns selbst ihre Vorteile nur bringen, wenn wir sie ernst nehmen.

Gleichgültig, wie aufrichtig ein Mensch in der Selbstanalyse eher eine Hilfe zur selbständigen Entwicklung als ein schnell wirkendes Allheilmittel sieht, hat es keinen Sinn, wenn er beschließt, diese Arbeit von jetzt an bis zu seinem Todestag konsequent fortzusetzen. Es wird Perioden geben, in denen er intensiv an einem Problem arbeitet wie an dem im folgenden Kapitel geschilderten. Zu anderen Zeiten aber wird die analytische Arbeit an sich selbst in den Hintergrund treten. Er wird trotzdem die eine oder andere auffallende Reaktion beobachten, sie zu verstehen suchen und so den Prozeß der Selbsterkenntnis fortsetzen, allerdings mit deutlich verminderter Intensität. Er kann durch persönliche Arbeit oder Gruppenaktivitäten beansprucht sein; er kann in einen Kampf gegen äußeres Ungemach verwikkelt sein; er kann darauf konzentriert sein, sich die eine oder andere Beziehung zu schaffen; er kann sich einfach weniger durch seine psychischen Schwierigkeiten beunruhigt fühlen. In diesen Zeiten ist der reine Lebensprozeß wichtiger als die Analyse, und er trägt auf seine Weise zu seiner Entwicklung bei.

Die Methode bei der Selbstanalyse unterscheidet sich nicht von der bei der Arbeit mit einem Analytiker, da die Technik aus freien Assoziationen besteht. Dieses Verfahren wurde ausführlich im vierten Kapitel erörtert, und bestimmte, für die Selbstanalyse besonders relevante Aspekte werden im neunten Kapitel hinzukommen. Während der Patient bei der Arbeit mit einem Analytiker alles berichtet, was immer ihm einfällt, beginnt er beim Alleinarbeiten damit, seine Assoziationen lediglich zu registrieren. Ob er sie nur im Geiste notiert oder sie aufschreibt, bleibt der individuellen Wahl überlassen. Manche Menschen können sich besser konzentrieren, wenn sie schreiben; andere finden, ihre Aufmerksamkeit werde durch das Schreiben abgelenkt. In dem umfassenden Beispiel, das im achten Kapitel zitiert wird, wurden einige Assoziationen aufgeschrieben, andere bloß registriert und später zu Papier gebracht.

Es liegen zweifellos gewisse Vorteile darin, wenn man seine Assoziationen aufschreibt. Einmal wird fast jeder feststellen, daß seine Gedanken nicht so leicht vom Thema abschweifen, wenn er es sich zur Regel macht, eine kurze Notiz, ein Stichwort über jede Assoziation niederzuschreiben. Auf jeden Fall wird er das Abschweifen schneller bemerken. Es kann auch sein, daß die Versuchung, einen Gedanken oder ein Gefühl als unerheblich auszulassen, geringer wird, wenn alles auf dem Papier festgehalten ist. Doch der größte Vorteil des Aufschreibens liegt darin, daß es einem ermöglicht, die Notizen nachher durchzugehen. Häufig wird einem Menschen die Bedeutung eines Zusammenhangs auf den ersten Blick entgehen, die er jedoch später, wenn er über seine Notizen nachdenkt, erkennen wird. Entdeckungen oder unbeantwortete Fragen, die sich nicht richtig eingeprägt haben, werden oft vergessen und lassen sich reaktivieren, wenn man auf sie zurückkommt. Oder man kann die alten Entdeckungen in einem anderen Licht sehen. Oder man stellt fest, daß man keinen merklichen Fortschritt gemacht hat, sondern im wesentlichen immer noch auf demselben Punkt ist, an dem man vor mehreren Monaten war. Diese zwei letzten Gründe machen es ratsam, Entdeckungen sowie die hauptsächlichen Wege, die zu ihnen hingeführt haben, schnell aufzunotieren, auch wenn sie ohne Notizen hätten erreicht werden können. Die Hauptschwierigkeit beim Schreiben, daß nämlich Gedanken schneller als die Feder sind, kann dadurch behoben werden, daß man nur Stichworte notiert.

Wenn die meiste Arbeit schriftlich getan wird, ist ein Vergleich mit Tagebuchführen fast unvermeidlich, und eine ausführliche Behandlung dieses Vergleichs mag auch dazu dienen, gewisse Kennzeichen der analytischen Arbeit hervorzuheben. Die Ähnlichkeit mit einem Tagebuch drängt sich auf, besonders wenn dieses kein simpler Tatsachenbericht, sondern darüber hinaus mit der Absicht geschrieben worden ist, wahrheitsgetreu die eigenen emotionalen Erfahrungen und Motivationen zu registrieren. Aber da bestehen bedeutende Unterschiede. Ein Tagebuch ist bestenfalls eine ehrliche Aufzeichnung bewußter Gefühle, Gedanken und Motivationen. Der enthüllende Charakter, den es haben kann, betrifft eher gefühlsmäßige, der Außenwelt unbekannte Erfahrungen als solche, die dem Schreiber selbst unbekannt sind. Als sich Rousseau in seinen *Confessions* der Ehrlichkeit rühmte, mit der er seine masochistischen Erfahrungen preisgab, deckte er keine Tatsache auf, derer er sich nicht selbst bewußt war; er berichtete lediglich etwas, das gewöhnlich geheimgehalten wird. Wenn ferner in einem Tagebuch nach Motivationen geforscht wird, so reicht das nicht über eine vage Vermutung hinaus, die – sofern überhaupt – wenig Gewicht hat. In der Regel wird kein Versuch gemacht, unter die Bewußtseinsebene vorzudringen. Culbertson berichtete zum Beispiel in *The Strange Lives of One Man* offen über seine Erbitterung und Übellaunigkeit gegenüber seiner Frau, machte aber keine Andeutung über mögliche Gründe. Diese Bemerkungen beinhalten keine Kritik an Tagebüchern oder Autobiographien. Sie haben ihren Wert, unterscheiden sich jedoch wesentlich von einer Selbsterforschung. Niemand kann eine Selbstdarstellung verfassen und gleichzeitig in freien Assoziationen seinen Gedanken ihren Lauf lassen.

Es gibt noch einen anderen Unterschied, den zu erwähnen von praktischer Bedeutung ist: Ein Tagebuch schielt mit einem Auge auf einen zukünftigen Leser, mag jener nun der Schreiber zu einem späteren Zeitpunkt oder ein breiteres Publikum sein. Jeder derartige Seitenblick auf die Nachwelt tut jedoch unvermeidlich unverfälschter Ehrlichkeit Abbruch. Der Schreiber muß also gewollt oder ungewollt einige Retuschen anbringen. Er wird gewisse Faktoren völlig weglassen, seine Fehler möglichst unbedeutend darstellen oder sie anderen anlasten, andere Menschen vor Bloßstellung schützen. Dasselbe wird geschehen, wenn er seine Assoziationen niederschreibt und dabei auch nur im geringsten nach einem bewundernden Publikum schielt oder mit der Idee kokettiert, ein Meisterwerk von einmaligem Wert zu schaffen. Er wird dann alle jene Sünden begehen, die den Wert freier Assoziationen zerstören. Was immer er zu Papier bringt, sollte nur den einen Zweck erfüllen, sich selbst zu erkennen.

8. Kapitel

# Systematische Selbstanalyse einer pathologischen Abhängigkeit

Keine noch so umfängliche Beschreibung, wie sorgfältig sie auch immer geboten wird, kann einen adäquaten Eindruck davon vermitteln, was genau in den Prozeß, Verständnis für sich selbst zu erreichen, eingeschlossen ist. Deshalb werde ich, anstatt diesen Prozeß im Detail zu erörtern, ein umfassendes Beispiel von Selbstanalyse darstellen. Es befaßt sich mit der pathologischen Abhängigkeit einer Frau von einem Mann, einem Problem, das aus vielen Gründen in unserer Zivilisation häufig vorkommt.

Die geschilderte Situation wäre interessant genug, wenn sie lediglich als alltägliches weibliches Problem betrachtet würde. Aber ihre Bedeutung reicht über die weibliche Sphäre hinaus. Eine unfreiwillige und in tieferem Sinne ungerechtfertigte Abhängigkeit von einem anderen Menschen ist ein Problem, das nahezu jeder kennt. Die meisten von uns befassen sich mit seinem einen oder anderen Aspekt in der einen oder anderen Zeit ihres Lebens, wobei sie oft sein Vorhandensein ebenso wenig erkennen wie Clare, als sie mit ihrer Analyse begann, und es statt dessen hinter so feinsinnigen Formulierungen wie »Liebe« oder »Treue« verbergen. Diese Abhängigkeit ist so häufig, weil sie eine bequeme und vielversprechende Lösung für zahlreiche Schwierigkeiten, die wir alle haben, zu sein scheint. Sie legt uns jedoch ernste Hindernisse in den Weg, reife, starke, selbständige Menschen zu werden; und ihre Verheißung von Glück ist größtenteils fiktiv. Deshalb kann es, auch von der Frage der Selbstanalyse abgesehen, für jeden, der Selbstvertrauen und gute Beziehungen zu anderen als wünschenswerte Ziele betrachtet, interessant und nützlich zu sein, einige ihrer unbewußten Mitgegebenheiten zu erforschen.

Die Frau, die dieses Problem ohne Hilfe anpackte, ist Clare, die mir freundlicherweise erlaubt hat, die Geschichte ihrer Weiterentwicklung zu veröffentlichen. Ihr Lebenslauf und ihre analytische Entwicklung wurden bereits umrissen, und so kann ich auf viele erklärende Bemerkungen verzichten, die sonst erforderlich wären.

Doch der Hauptgrund für die Auswahl dieses Berichts ist weder die eigentliche Bedeutung des Problems, das er schildert, noch unsere Kenntnis der einbezogenen Person. Ebensowenig zeichnet sich dieses Stück Analyse durch Scharfsinn oder Vollständigkeit aus. Der Grund ist vielmehr, daß der Bericht bei all seinen Fehlern und Mängeln deutlich zeigt, wie ein Problem schrittweise erkannt und gelöst wurde; selbst die Fehler und Mängel sind für eine Erörterung hinlänglich klar und hinreichend typisch, um aus ihnen lernen zu können. Es braucht kaum betont zu werden, daß der durch dieses Beispiel veranschaulichte Prozeß bei der Analyse jeder anderen neurotischen Tendenz im wesentlichen der gleiche ist.

Der Bericht ließ sich nicht gut in seiner ursprünglichen Form veröffentlichen. Einerseits mußte er ausgearbeitet werden, weil er größtenteils aus Stichworten besteht. Andererseits ist er gekürzt worden. Um der Prägnanz willen habe ich jene Teile weggelassen, die lediglich Wiederholungen darstellen. Außerdem habe ich nur den Teil des Berichts ausgewählt, der am besten abgerundet ist und der einen direkten Bezug auf das Problem der Abhängigkeit hat, und die früheren analytischen Bemühungen, die Schwierigkeiten in der Beziehung anzugehen, weggelassen, weil sie sämtlich in Sackgassen mündeten. Es wäre interessant gewesen, auch diese vergeblichen Versuche zu verfolgen, hätte jedoch nicht genügend ergänzende Faktoren beigesteuert, um den erforderlichen größeren Raum zu rechtfertigen. Ferner habe ich nur kurze Anmerkungen über die Phasen des Widerstands gemacht. Mit anderen Worten befaßt sich die Darstellung insgesamt nur mit den Höhepunkten dieser speziellen analytischen Entwicklung.

Jeder Aspekt der Analyse wird nach einer summarischen Darstellung diskutiert. In diesen Erörterungen werden mehrere Fragen besonders berücksichtigt. Was ist die Bedeutung der Entdekkungen? Welche Faktoren hat Clare zu der Zeit nicht gesehen? Welches sind die Gründe dafür, daß sie sie nicht gesehen hat?

Nach mehreren Monaten nicht sehr ergiebiger Bemühungen um Selbstanalyse erwacht Clare eines Sonntagmorgens mit einem heftigen Ärger auf einen Autor, der sein Versprechen, einen Artikel für die von ihr herausgegebene Zeitschrift zu schicken, nicht gehalten hatte. Es war unerträglich, daß Menschen so unzuverlässig sein mußten.

Bald danach fiel ihr auf, daß ihr Ärger unverhältnismäßig war. Die ganze Angelegenheit besaß kaum genügend Bedeutung, um sie um fünf Uhr früh aufzuwecken. Die bloße Erkenntnis einer Diskrepanz zwischen Ärger und angeblichem Anlaß ließ sie die wahre Ursache für den Ärger erkennen. Die eigentliche Ursache betraf ebenfalls Unzuverlässigkeit, aber in einer Sache, die ihr mehr am Herzen lag. Ihr Freund Peter, der geschäftlich verreist gewesen war, war zum Wochenende nicht, wie er versprochen hatte, zurückgekommen. Genau genommen hatte er kein festes Versprechen gegeben, aber gesagt, daß er wahrscheinlich am Sonnabend zurück sein werde. Er war nie präzise und eindeutig bei irgend etwas, sagte sie sich; immer erweckte er Hoffnungen in ihr und enttäuschte sie dann. Die Müdigkeit, die sie in der letzten Nacht verspürt und auf zuviel Arbeit zurückgeführt hatte, mußte eine Reaktion auf ihre Enttäuschung gewesen sein. Sie hatte eine Einladung zum Dinner abgesagt, weil sie auf einen Abend mit Peter gehofft hatte, und war dann, als er nicht erschien, statt dessen in ein Kino gegangen. Sie konnte nie irgendwelche Verabredungen treffen, weil Peter es haßte, sich terminlich im voraus festzulegen. Die Folge war, daß sie sich so viele Abende freihielt, wie sie irgend konnte, und sich immer mit dem Gedanken quälte, ob er mit ihr zusammen sein würde oder nicht.

Während sie über diese Situation nachdachte, kamen ihr zwei Erinnerungen gleichzeitig. Die eine war ein Vorfall, den ihre Freundin Eileen ihr vor Jahren erzählt hatte. Eileen war während einer leidenschaftlichen, aber ziemlich unglücklichen Beziehung zu einem Mann schwer an Lungenentzündung erkrankt. In der Rekonvaleszenz stellte sie zu ihrem Erstaunen fest, daß ihre Gefühle für den Mann gestorben waren. Er versuchte, die Beziehung fortzusetzen, aber er bedeutete ihr nichts mehr. Clares andere Erinnerung betraf eine spezielle Szene in einem Roman, eine Szene, die sie als junges Mädchen tief beeindruckt hatte. Der erste Ehemann der Romanheldin kam aus dem Krieg zurück und erwartete, seine Frau außer sich vor Freude über seine Rückkehr vorzufinden. Tatsächlich war die Ehe durch Konflikte zermürbt gewesen. Während der Abwesenheit des Mannes hatten sich die Gefühle der Frau gewandelt. Sie freute sich nicht auf sein Kommen. Er war ein Fremder für sie geworden. Alles, was sie empfand, war Empörung, daß er so anmaßend sein konnte, Liebe zu erwarten, nur weil es ihm beliebte, sie zu begehren – als ob sie und ihre Gefühle überhaupt nicht zählten. Clare konnte nicht umhin einzusehen, daß diese beiden Assoziationen auf einen Wunsch hinwiesen, sie möge imstande sein, von Peter loszukommen, ein Wunsch, den sie dem augenblicklichen Ärger zuschrieb. Aber, so argumentierte sie, ich würde es niemals tun, weil ich ihn zu sehr liebe. Mit diesem Gedanken schlief sie wieder ein.

Clare deutete ihren Ärger richtig, als sie erkannte, daß er eher von Peter als von dem Autor verursacht war, und ihre Interpretation der zwei Assoziationen war ebenfalls zutreffend. Aber trotz dieser Korrektheit fehlten den Interpretationen sozusagen die Tiefe. Da war keinerlei Gefühl für die Stärke des Grolls, den sie gegen Peter hegte. Folglich betrachtete sie den ganzen Ausbruch nur als ein vorübergehendes Ressentiment und tat so den Wunsch, sich von Peter loszureißen, viel zu leicht ab. Rückblickend ist es klar, daß sie zu jener Zeit viel zu abhängig von Peter war, um entweder den Groll oder den Wunsch nach Trennung zu erkennen. Aber sie hatte nicht das leiseste Bewußtsein irgendeiner Abhängigkeit. Sie führte die offensichtliche Leichtigkeit, mit der sie den Ärger überwand, auf ihre »Liebe« zu ihrem Freund zurück. Dies ist ein gutes Beispiel dafür, daß man nicht mehr aus Assoziationen herausholen wird, als man derzeit ertragen kann, auch wenn sie, wie in diesem Fall, eine beinahe unmißverständliche Sprache sprechen.

Clares fundamentaler Widerstand gegen die Bedeutung ihrer Assoziationen erklärt, weshalb sie gewisse Fragen, die sie nahelegten, nicht stellte. Zum Beispiel ist es bedeutsam, daß beide zwar auf allgemeine Weise einen Wunsch, Schluß zu machen, in sich schlossen, jedoch auf eine sehr spezielle Form dieses Schlußmachens hinwiesen: in beiden Fällen schwanden die Gefühle der Frau, während der Mann sie noch begehrte. Wie wir später sehen werden, war dies das einzige Ende einer qualvollen Beziehung, das Clare sich vorstellen konnte. Sich von Peter aus eigener Initiative zu trennen war undenkbar wegen ihrer Abhängigkeit von ihm. Die Vorstellung, daß er sich von ihr trennen könnte, hätte reine Panik hervorgerufen, obwohl es gute Gründe für die Vermutung gibt, daß sie zuinnerst spürte, daß er sie nicht wirklich begehrte, während sie sich an ihn klammerte. Ihre Angst davor saß so tief, daß sie beträchtliche Zeit brauchte, die bloße Tatsache zu erkennen, daß sie Angst hatte. Und sie war so groß, daß sie, selbst als sie ihre Furcht vor dem Verlassenwerden entdeckte, immer noch die Augen vor dem recht offensichtlichen Faktum verschloß, daß Peter eine Trennung wollte. Dadurch, daß sie an Begebenheiten dachte, bei denen die Frau selbst in einer Position war, den Mann zurückzuweisen, offenbarte Clare nicht nur einen Wunsch, frei zu sein, sondern auch ein Verlangen nach Rache, beide tief begraben und beide auf eine Versklavung hinweisend, die als solche nicht erkannt wurde.

Eine andere Frage, die sie nicht aufwarf, war die, weshalb der Ärger auf Peter eine ganze Nacht brauchte, um ins Bewußtsein vorzudringen, und weshalb er selbst dann zuerst seine wahre Bedeutung dadurch verbarg, daß er sich auf den Autor übertrug. Die Verdrängung ihres Grolls ist um so erstaunlicher, als sie um ihre Enttäuschung über Peters Wegbleiben durchaus wußte. Überdies wäre Groll bei einer solchen Gelegenheit zweifellos eine natürliche Reaktion gewesen, und es lag nicht in ihrem Charakter, sich niemals zu erlauben, auf jemanden wütend zu sein; sie war oft zornig auf Menschen, wobei es allerdings typisch für sie war, die Wut von ihrem eigentlichen Ursprung auf banale Dinge zu verlagern. Aber wenn auch anscheinend nur eine Routinesache, hätte diese Frage zu stellen bedeutet, das Thema anzuschneiden, weshalb die Beziehung zu Peter so gefährdet war, daß jede sie betreffende Störung aus dem Bewußtsein ausgeschlossen werden mußte.

Nachdem Clare es auf diese Weise geschafft hatte, ihr Bewußtsein von dem gesamten Problem zu befreien, schlief sie wieder ein und hatte einen Traum. Sie war in einer fremden Stadt; die Menschen redeten in einer Sprache, die sie nicht verstand; sie verlief sich, dieses Gefühl, verloren zu sein, trat sehr deutlich zutage; sie hatte ihr ganzes Geld im Gepäck gelassen, das auf dem Bahnhof deponiert war. Dann war sie auf einem Jahrmarkt; er hatte etwas Unwirkliches an sich, aber sie erkannte Spielbuden und ein Raritätenkabinett; sie fuhr auf einem Karussell, das sich schneller und schneller drehte, so daß sie Angst bekam, aber sie konnte nicht abspringen. Dann trieb sie auf Wellen und erwachte mit einem aus Verlassenheit und Angst gemischten Gefühl.

Der erste Teil des Traumes erinnerte sie an ein Erlebnis, das sie als junges Mädchen gehabt hatte. Sie war in einer fremden Stadt gewesen, hatte den Namen ihres Hotels vergessen und sich verloren gefühlt, wie in dem Traum. Außerdem fiel ihr wieder ein, daß sie sich in der vergangenen Nacht, als sie aus dem Kino nach Hause kam, ähnlich verloren gefühlt hatte.

Die Spielbuden und das Raritätenkabinett assoziierte sie mit ihrem früheren Gedanken an Peter, der Versprechungen machte und sie nicht hielt. Solche Orte verheißen auch phantastische Dinge, und man wird dort ebenfalls gewöhnlich betrogen. Außerdem betrachtete sie das Raritätenkabinett als einen Ausdruck ihrer Wut auf Peter: er war ein Monstrum.

Was sie wirklich an dem Traum verblüffte, war die Tiefe des Gefühls, verloren zu sein. Sie redete sich jedoch ihre Eindrücke sofort wieder aus, indem sie sich sagte, daß diese Äußerung von Zorn und Sichverlorenfühlen nur übertriebene Reaktionen auf ihre Enttäuschung waren und daß Träume Gefühle sowieso auf verzerrte Weise offenbaren.

Natürlich übersetzte der Traum Clares Probleme in verzerrte Begriffe, aber die Intensität ihres Gefühls übertrieb er nicht. Und selbst wenn er eine grobe Übertreibung dargestellt hätte, so hätte das nicht genügt, ihn lediglich deswegen abzutun. Ist eine Übertreibung vorhanden, muß sie untersucht werden. Welches ist die Tendenz, die sie veranlaßt? Ist es in Wirklichkeit keine Übertreibung, sondern eine adäquate Reaktion auf eine emotionale Erfahrung, deren Bedeutung und Intensität über das Bewußtsein hinausgehen? Bedeutet die Erfahrung auf den bewußten und unbewußten Ebenen etwas ganz anderes?

Nach Clares folgender Entwicklung zu urteilen, war die letzte Frage in diesem Fall die zutreffende. Clare fühlte sich tatsächlich genauso unglücklich, so verloren, so wütend, wie der Traum und die früheren Assoziationen zeigten. Aber da sie sich immer noch an die Vorstellung einer engen Liebesbeziehung klammerte, war diese Erkenntnis für sie unannehmbar. Aus demselben Grund nahm sie keine Notiz von dem Teil des Traumes, in dem sie ihr ganzes Geld im Gepäck auf dem Bahnhof gelassen hatte. Dies war wahrscheinlich der komprimierte Ausdruck eines Gefühls, daß sie alles, was sie besaß, in Peter investiert hatte, wobei der Bahnhof Peter symbolisierte und außerdem etwas Vorübergehendes und Gleichgültiges bedeutete, im Gegensatz zu der Beständigkeit und Sicherheit des Zuhauses. Und Clare übersah einen anderen erstaunlichen emotionalen Faktor in dem Traum, als sie sich nicht zu erklären bemühte, warum er mit Angst endete. Außerdem machte sie keine Versuche, den Traum als Ganzes zu verstehen. Sie begnügte sich mit oberflächlichen Erklärungen dieses und jenes Elements und lernte daher nicht mehr daraus, als sie sowieso wußte. Wenn sie tiefer gegangen wäre, hätte sie vielleicht das Hauptthema des Traums folgendermaßen gesehen: Ich fühle mich hilflos und verloren; Peter ist eine große Enttäuschung; mein Leben ist wie ein Karussell, und ich kann nicht abspringen; es gibt keine Lösung außer Treibenlassen, aber Sichtreibenlassen ist gefährlich.

Wir können jedoch emotionale Erfahrungen nicht so leicht abtun, wie es uns mit Gedanken, die nicht mit unseren Gefühlen zusammenhängen, möglich ist. Und es ist durchaus denkbar, daß Clares emotionale Erfahrungen der Wut und besonders des Sichverlorenfühlens, obwohl es ihr eklatant mißlang, sie zu verstehen, in ihren Gedanken lebendig blieben und ihr behilflich waren, den Weg der Analyse zu verfolgen, den sie später einschlug.

Das nächste Stück Analyse steht immer noch unter dem Zeichen des Widerstands. Während Clare am folgenden Tag ihre Assoziationen nochmals durchging, kam ihr eine andere Erinnerung in Zusammenhang mit der »fremden Stadt« des Traumes. Als sie einmal in einer ausländischen Stadt war, hatte sie sich auf dem Weg zum Bahnhof verlaufen; da sie die Sprache nicht beherrschte, konnte sie sich nicht nach dem Weg erkundigen und verpaßte daher ihren Zug. Als sie an diese Episode dachte, fiel ihr auf, daß sie sich albern benommen hatte. Sie hätte sich ein Wörterbuch kaufen oder in irgendein großes Hotel gehen und den Portier fragen können. Aber offenbar war sie zu schüchtern und zu unpraktisch gewesen, um zu fragen. Dann fiel ihr plötzlich auf, daß eben diese Schüchternheit auch bei der Enttäuschung mit Peter eine Rolle gespielt hatte. Anstatt ihren Wunsch, er solle über das Wochende zurückkommen, zu äußern, hatte sie ihm faktisch zugeredet, einen Freund auf dem Land zu besuchen, damit er sich ausruhen könne.

Eine Kindheitserinnerung an ihre Puppe Emily tauchte auf,

die sie zärtlichst liebte. Emily hatte nur einen Fehler: sie besaß lediglich eine billige Perücke. Clare wünschte sich sehnlichst für sie eine Perücke aus echtem Haar, das man kämmen und flechten konnte. Oft stand sie vor einem Spielwarengeschäft und betrachtete Puppen mit echtem Haar. Eines Tages war sie mit ihrer Mutter in dem Spielzeugladen, und die Mutter, die mit Geschenken großzügig war, fragte sie, ob sie gern eine Perücke mit echtem Haar hätte. Doch Clare lehnte ab. Die Perücke war teuer, und sie wußte, daß die Mutter knapp an Geld war. Und sie bekam sie nie, eine Erinnerung, die sie selbst jetzt fast zu Tränen rührte.

Sie war enttäuscht, als ihr klar wurde, daß sie ihr Zögern, ihre Wünsche zu äußern, trotz der Arbeit an diesem Problem im Verlauf ihrer analytischen Behandlung immer noch nicht überwunden hatte, fühlte sich aber gleichzeitig ungeheuer erleichtert. Diese verbliebene Schüchternheit schien die Lösung für ihre Verzweiflung vom Vortag zu sein. Sie mußte nur offener zu Peter sein und ihn ihre Wünsche wissen lassen.

Clares Deutung veranschaulicht, wie eine nur teilweise richtige Analyse den Kernpunkt verfehlen und das einbezogene Problem verwischen kann. Sie zeigt auch, daß ein Gefühl der Erleichterung als solches nicht beweist, daß die gefundene Lösung die richtige ist. Hier resultiert die Erleichterung aus der Tatsache, daß es Clare, indem sie auf eine falsche Lösung stieß, vorübergehend gelang, dem entscheidenden Problem auszuweichen. Wenn sie nicht unbewußt entschlossen gewesen wäre, einen mühelosen Ausweg aus ihrer Störung zu finden, hätte sie wahrscheinlich der Assoziation mehr Aufmerksamkeit geschenkt.

Die Erinnerung war nicht nur ein weiteres Beispiel für ihren Mangel an Selbstbehauptung. Sie wies deutlich auf einen Zwang hin, den Bedürfnissen ihrer Mutter Vorrang zu geben und damit zu vermeiden, daß sie Gegenstand eines auch nur vagen Grolls wurde. Die gleiche Tendenz galt für die gegenwärtige Situation. Natürlich war sie zu schüchtern gewesen, ihren Wunsch zu äußern, aber diese Hemmung erwuchs weniger aus Schüchternheit als aus unbewußter Absicht. Der Freund war nach allem, was ich weiß, ein zurückhaltender Mensch und überempfindlich gegen irgendwelche an ihn gestellten Ansprüche. Zu jener Zeit hatte Clare von dieser Tatsache keine vollständige Kenntnis, aber sie spürte sie zur Genüge, um alle direkten Wünsche in bezug auf seine Zeit zurückzuhalten, ebenso wie sie die Möglichkeit einer Heirat unerwähnt ließ, obwohl sie oft daran dachte. Wenn sie ihn gebeten hätte, zum Wochenende zurückzukommen, hätte er sich gefügt, aber mit Groll. Clare hatte dies jedoch nicht erkennen können ohne eine beginnende Vergegenwärtigung von Peters Grenzen, und das war ihr immer noch unmöglich. Sie zog es vor, primär ihren eigenen Anteil an der Angelegenheit zu sehen, und zwar jenen, den zu überwinden sie gewiß war. Es sollte auch bedacht werden, daß es ein altes Verhaltensmuster Clares war, eine schwierige Beziehung dadurch zu erhalten, daß sie alle Schuld auf sich nahm. Das war im wesentlichen die Art, wie sie ihre Mutter behandelt hatte.

Daß Clare den ganzen Kummer ihrer eigenen Schüchternheit zuschrieb, führte dazu, daß sie – zumindest bewußt – ihren Groll gegenüber Peter loswurde und sich darauf freute, ihn wiederzusehen. Das geschah am nächsten Abend. Doch es stand ihr eine neue Enttäuschung bevor. Peter kam nicht nur zu spät zu der Verabredung, sondern wirkte auch müde und äußerte keinerlei spontane Freude, sie zu sehen. Als Folge wurde sie befangen. Er merkte schnell, daß sie erstarrte, und ergriff, wie es offenbar seine Gewohnheit war, die Offensive, indem er sie fragte, ob sie darüber, daß er zum Wochenende nicht nach Hause gekommen war, wütend gewesen sei. Sie verneinte das lahm, gab aber auf weiteres Drängen zu, daß sie sich darüber geärgert habe. Sie konnte ihm nicht von der rührenden Anstrengung erzählen, die sie gemacht hatte, sich nicht darüber zu ärgern. Er schalt sie, kindisch zu sein und nur an ihre eigenen Wünsche zu denken. Clare war unglücklich.

Eine Notiz in der Morgenzeitung über einen Schiffbruch vergegenwärtigte ihr wieder jenen Teil ihres Traumes, in dem sie auf den Wellen getrieben war. Als sie Zeit hatte, über dieses Traumfragment nachzudenken, kamen ihr vier Assoziationen. Eine war eine Phantasie von einem Schiffbruch, bei dem sie auf dem Wasser trieb. Sie drohte zu ertrinken, als ein starker Mann die Arme um sie legte und sie rettete. Bei ihm hatte sie ein Gefühl der Zugehörigkeit und des immerwährenden Schutzes. Er würde sie stets in seinen Armen halten und sie niemals verlassen. Die zweite Assoziation betraf einen Roman, der in ähnlichem Stil endete. Eine Frau, die mit etlichen Männern unglückliche Erfahrungen gemacht hatte, begegnete schließlich dem Mann, den sie lieben und auf dessen Zuneigung sie sich völlig verlassen konnte.

Dann erinnerte sie sich an ein Fragment eines Traumes, den sie zu der Zeit gehabt hatte, als sie sich mit Bruce, dem älteren Schriftsteller, anfreundete, der sie ermutigt und implizite versprochen hatte, ihr Mentor zu sein. In jenem Traum gingen sie und Bruce Hand in Hand. Er war wie ein Heros oder Halbgott, und sie war vom Glück überwältigt. Von diesem Mann auserwählt zu sein erschien ihr als unbeschreibliche Gunst und Gnade. Als sie sich an diesen Traum erinnerte, lächelte Clare, denn sie hatte Bruces Intellekt blind überschätzt und seine kleinlichen, starren Hemmungen erst später erkannt.

Diese Erinnerung rief ihr eine andere Phantasie ins Gedächtnis, oder vielmehr einen häufigen Tagtraum, den sie beinahe vergessen hatte, obwohl er im College vor ihrem Flirt mit Bruce eine ziemliche Rolle gespielt hatte. Er drehte sich um die Gestalt eines großen Mannes, der mit überragender Intelligenz, Weisheit, Bedeutung und Reichtum ausgestattet war. Und dieser große Mann näherte sich ihr, weil er unter ihrem unscheinbaren Äußeren ihre beträchtlichen Möglichkeiten gespürt hatte. Er wußte, wenn sie eine Chance bekäme, könnte sie schön sein und Bedeutendes erreichen. Ihrer Entfaltung widmete er seine ganze Zeit und Kraft. Er verwöhnte sie nicht nur, indem er ihr schöne Kleider und ein attraktives Heim gab. Unter seiner Anleitung mußte sie hart daran arbeiten, nicht nur eine berühmte Schriftstellerin zu werden, sondern auch Geist und Körper zu kultivieren. So machte er aus einem häßlichen Entlein einen wunderschönen Schwan. Es war eine Art von Pygmalionphantasie, entstanden vom Gesichtspunkt des Mädchens aus, das sich entfalten soll. Neben der Arbeit an sich selbst mußte sie sich ausschließlich ihrem Herrn und Gebieter widmen.

Clares erste Interpretation dieser Assoziationskette war, daß sie einen Wunsch nach einer immerwährenden Liebe ausdrückte. Das sei es, was sich jede Frau wünsche, lautete ihr Kommentar. Sie erkannte jedoch, daß dieser Wunsch im gegenwärtigen Zeitpunkt größer wurde, da Peter ihr kein Gefühl von Sicherheit und dauerhafter Liebe gab.

Mit diesen Assoziationen kam Clare tatsächlich auf den Grund, ohne dessen jedoch gewahr zu werden. Die besonderen

Merkmale der »Liebe«, die sie ersehnte, sah sie erst später. Im übrigen ist der bedeutsamste Teil der Interpretation die Feststellung, daß Peter ihr nicht das gab, was sie wollte. Sie wird beiläufig gemacht, als habe sie das die ganze Zeit gewußt, faktisch aber war es ihre erste bewußte Erkenntnis, daß die Beziehung zutiefst unbefriedigend für sie war.

Es erscheint vernünftig, darüber nachzudenken, ob diese offensichtlich plötzliche Erkenntnis ein Ergebnis der analytischen Arbeit an den vorangegangenen Tagen war. Natürlich hatten die zwei kürzlich erlebten Enttäuschungen ihren Anteil daran. Aber ähnliche Enttäuschungen hatte es früher gegeben, ohne daß Clare zu einer solchen Einsicht gelangt wäre. Die Tatsache, daß sie bei der bis zu diesem Punkt geleisteten Arbeit bewußt alle wesentlichen Faktoren übergangen hatte, würde eine solche Annahme nicht entkräften, weil trotz dieser Versäumnisse zwei Dinge geschahen. Zunächst bedeutete ihr das Gefühl von Verlorenheit, das in Zusammenhang mit dem Traum von der fremden Stadt zutage trat, eine starke emotionale Erfahrung. Zum anderen bewegten sich ihre Assoziationen, obschon sie an keiner Stelle zu einer bewußten Klärung führten, in zunehmend engerem Kreis um das entscheidende Problem und zeigten einen Grad von Transparenz, der gewöhnlich nur vorhanden ist, wenn ein Mensch dicht vor einer Einsicht steht. Wir können uns fragen, ob die bloße Tatsache, solche Gedanken und Gefühle zu haben, wie sie in Clare während dieser Periode aufkamen, dazu beitrug, gewisse Faktoren schärfer in den Brennpunkt zu rücken, auch wenn sie immer noch unter der Bewußtseinsschwelle blieben. Die dieser Erwägung zugrunde liegende Voraussetzung wäre, daß es nicht nur zählt, Problemen bewußt entgegenzutreten, sondern daß es auch auf jeden einzelnen Schritt ankommt, der auf dieses Ziel zu getan wird.

Als Clare in den folgenden Tagen die zuletzt erwähnten Assoziationen untersuchte, bemerkte sie jedoch mehr Einzelheiten. Es fiel ihr auf, daß in den ersten beiden Assoziationen dieser Kette der Mann als Retter erschien. Ein Mann rettete sie vor dem Ertrinken; der Mann in dem Roman bot der Frau Zuflucht vor Mißachtung und Brutalität. Bruce und der große Mann aus ihrem Tagtraum retteten sie zwar aus keiner Gefahr, spielten aber ebenfalls eine Beschützerrolle. Als sie dieses sich ständig wiederholende Motiv von Retten, Beschützen und Beschirmen bemerkte, wurde ihr klar, daß sie nicht nur »Liebe«, sondern auch Schutz ersehnte. Sie sah ferner, daß zu den wertvollen Eigenschaften, die Peter für sie besaß, seine Bereitschaft und Fähigkeit gehörten, Rat zu geben und sie zu trösten, wenn sie bekümmert war. In diesem Zusammenhang fiel ihr etwas ein, das sie seit einer ganzen Weile wußte – ihre Wehrlosigkeit, wenn sie angegriffen oder unter Druck gesetzt wurde. Wir hatten das miteinander besprochen; es bildete einen Teil des Bedürfnisses, den zweiten Platz einnehmen zu müssen. Jetzt sah sie, daß es umgekehrt ein Bedürfnis nach jemandem, der sie beschützte, hervorrief. Schließlich wurde ihr klar, daß ihr Verlangen nach Liebe oder Ehe immer dann ziemlich heftig zugenommen hatte, wenn das Leben schwierig wurde.

Indem sie damit erkannte, daß Schutzbedürfnis ein wesentliches Element in ihrem Liebesleben darstellte, tat Clare einen großen Schritt vorwärts. Der Umfang der Ansprüche, die dieses anscheinend harmlose Bedürfnis in sich schloß, und die Rolle, die es spielte, wurden erst viel später klar. Es kann interessant sein, diese erste Einsicht in ein Problem mit der letzten, dasselbe Problem betreffend, zu vergleichen, der Einsicht, die sich auf ihre »private Religion« bezog. Der Vergleich enthüllt eine Begebenheit, die bei der psychoanalytischen Arbeit häufig vorkommt. Ein Problem wird zuerst in seinem knappsten Umriß gesehen. Über die Tatsache hinaus, daß es existiert, erkennt man nicht viel. Später kehrt man zu demselben Problem mit einem viel tieferen Verständnis für seine Bedeutung zurück. In einem solchen Fall wäre das Gefühl ungerechtfertigt, die spätere Entdeckung sei nicht neu, man habe das die ganze Zeit über gewußt. Man hat es nicht gewußt, zumindest nicht bewußt, aber der Weg für ihr Zutagetreten ist vorbereitet worden.

Trotz einer gewissen Oberflächlichkeit versetzte diese erste Einsicht Clares Abhängigkeit den ersten Schlag. Doch obwohl sie ihr Schutzbedürfnis flüchtig wahrnahm, war sie sich über seine Natur noch nicht klar, und so konnte sie nicht den Schluß ziehen, daß dies einer der wesentlichen Faktoren in ihrem Problem war. Sie ignorierte auch das ganze Material in dem Tagtraum von dem großen Mann, Material, das darauf hinwies, daß sie von dem Mann, den sie liebte, erwartete, er solle viel mehr Funktionen erfüllen als nur Beschützen.

Der nächste zu erörternde Bericht datiert sechs Wochen später. Die Notizen, die Clare in diesen Wochen machte, liefern kein neues analytisches Material, aber sie enthalten gewisse sachdienliche Selbstbeobachtungen. Diese betreffen ihre Unfähigkeit, allein zu sein. Sie hatte von dieser Hemmung zuvor nichts gewußt, weil sie ihr Leben so eingerichtet hatte, daß Zeiten der Einsamkeit vermieden wurden. Wie sie jetzt beobachtete, wurde sie, wenn sie allein war, unruhig oder müde. Dinge, an denen sie sich sonst freuen konnte, verloren ihren Sinn, wenn sie sie allein zu genießen versuchte. Sie konnte die gleiche Arbeit viel besser im Büro erledigen, wo andere da waren, als zu Hause.

Während dieser Zeit bemühte sie sich weder, die Beobachtungen zu verstehen, noch machte sie irgendeine Anstrengung, ihre neueste Entdeckung weiterzuverfolgen. Im Hinblick auf die einschneidende Bedeutung jener Entdeckung ist ihr Versäumnis, ihr weiter nachzugehen, fraglos verblüffend. Wenn wir es in Zusammenhang mit dem zuvor bewiesenen Widerstreben betrachten, ihre Beziehung zu Peter zu erforschen, sind wir zu der Annahme berechtigt, daß Clare bei ihrer jüngsten Entdeckung dichter an die Erkenntnis ihrer Abhängigkeit herankam, als sie derzeit ertragen konnte, und deshalb ihre analytischen Bemühungen stoppte.

Der Anlaß, ihre Arbeit wiederaufzunehmen, war ein plötzlicher starker Stimmungsumschwung, der sich an einem Abend mit Peter ereignete. Er hatte ihr ein unverhofftes Geschenk gegeben, einen hübschen Schal, und sie war vor Freude ganz außer sich. Später aber fühlte sie sich plötzlich müde und wurde kühl. Das gedrückte Gefühl kam auf, nachdem sie das Thema der Sommerpläne angeschnitten hatte. Sie begeisterte sich dafür, Peter aber war teilnahmslos. Er erklärte seine Reaktion damit, daß er überhaupt nicht gern Pläne mache.

Am nächsten Morgen erinnerte sie sich an ein Traumfragment. Sie sah einen großen Vogel fortfliegen, einen Vogel mit überaus farbenprächtigem Gefieder und wunderschönen Bewegungen. Er wurde kleiner und immer kleiner, bis er schließlich verschwand. Dann erwachte sie mit Angst und dem Gefühl zu fallen. Während sie sich weiter ermunterte, fiel ihr eine Redewendung ein – »der Vogel ist davongeflogen« –, in der sich, wie sie sofort wußte, die Angst, Peter zu verlieren, äußerte. Bestimmte spätere Assoziationen bestätigten diese intuitive Interpretation: Jemand hatte Peter mal als einen Vogel bezeichnet, der nie seßhaft wurde; Peter sah gut aus und war ein erstklassiger Tänzer; die Schönheit des Vogels hatte etwas Unwirkliches; eine Erinnerung an Bruce, den sie mit Eigenschaften ausgestattet hatte, die er nicht besaß; eine Frage, ob sie auch Peter glorifizierte; ein Lied aus der Sonntagsschule, in dem Jesus gebeten wird, seine Kinder unter seine Fittiche zu nehmen.

So wurde die Angst, Peter zu verlieren, auf zweierlei Arten ausgedrückt: durch den davonfliegenden Vogel und durch die Vorstellung von einem Vogel, der sie unter seine Fittiche genommen und fallen gelassen hatte. Der letzte Gedanke wurde nicht nur durch das Lied nahegelegt, sondern auch durch das Gefühl des Fallens, das sie beim Aufwachen gehabt hatte. In dem Symbol von Jesus, der seine Kinder unter seine Fittiche nimmt, wird das Thema des Schutzbedürfnisses wiederaufgenommen. Angesichts späterer Entwicklungen erscheint es keineswegs zufällig, daß es sich um ein religiöses Symbol handelt.

Clare forschte dem Hinweis, daß sie Peter glorifiziere, nicht nach. Aber allein die Tatsache, daß sie diese Möglichkeit sah, ist bemerkenswert. Das mag den Weg dafür gebahnt haben, daß sie es einige Zeit später wagte, ihn sich genau zu betrachten.

Das Hauptthema ihrer Interpretationen – die Angst, Peter zu verlieren – wurde jedoch nicht nur als Schluß erkannt, der unvermeidlich aus dem Traum zu ziehen war, sondern weitgehend als wahr und bedeutsam empfunden. Daß es ebenso eine emotionale Erfahrung wie die verstandesmäßige Erkenntnis eines entscheidenden Faktors war, offenbarte sich darin, daß etliche bislang nicht verstandene Reaktionen plötzlich transparent wurden. Zuerst erkannte sie, daß sie am vergangenen Abend nicht nur enttäuscht gewesen war über Peters Widerstreben, über einen gemeinsamen Urlaub zu sprechen. Seine mangelnde Begeisterung hatte eine Furcht erweckt, daß er sie verlassen würde, und diese Furcht hatte ihre Müdigkeit und Kälte verursacht und war der Anlaß für den Traum gewesen. Und viele andere vergleichbare Situationen wurden ähnlich erhellt. Alle möglichen Fälle tauchten auf, wo sie sich verletzt, enttäuscht, verärgert gefühlt hatte oder wo sie wie am Vortag anscheinend ohne triftigen Grund müde oder deprimiert geworden war. Ihr wurde klar, daß alle diese Reaktionen denselben Ursprung hatten, ungeachtet dessen, welche andere Faktoren einbezogen gewesen sein mochten. Wenn Peter sich verspätete, wenn er nicht anrief, wenn er sich mit anderen Dingen statt mit ihr beschäftigte, wenn er in sich gekehrt, wenn er angespannt oder gereizt war, wenn er sich sexuell nicht für sie interessierte – immer wurde dieselbe Furcht vor dem Verlassenwerden ausgelöst. Weiter begriff sie, daß die Wutausbrüche, die manchmal vorkamen, wenn sie mit Peter zusammen war, nicht aus banalen Meinungsverschiedenheiten resultierten oder, wie er sie meistens beschuldigte, aus ihrem Verlangen, ihren Willen durchzusetzen, sondern aus dieser selben Furcht. Der Zorn war mit solch trivialen Dingen verknüpft wie unterschiedlichen Ansichten über einen Film, Ärger darüber, auf ihn warten zu müssen, und ähnlichem, faktisch aber wurde er durch ihre Angst, ihn zu verlieren, erweckt. Und umgekehrt war sie vor Freude außer sich, wenn sie ein unverhofftes Geschenk von ihm bekam, weil das weitgehend eine plötzliche Entlastung von dieser Furcht bedeutete.

Schließlich stellte sie eine Verbindung her zwischen der Angst vor dem Verlassenwerden und dem leeren Gefühl, das sie hatte, wenn sie allein war, ohne jedoch zu irgendeinem endgültigen Verständnis des Zusammenhangs zu gelangen. War die Angst vor dem Verlassenwerden so groß, weil sie sich davor fürchtete, allein zu sein? Oder bedeutete Einsamkeit für sie implizite Verlassenheit?

Dieser Teil der Analyse veranschaulicht eindrucksvoll die Tatsache, daß ein Mensch von einer Angst, die eigentlich alles zerstörend ist, überhaupt nichts wissen kann. Daß Clare jetzt ihre Furcht erkannte und die Störungen sah, die sie in ihrer Beziehung zu Peter hervorrief, bedeutete einen klaren Schritt vorwärts. Es gibt zwei Zusammenhänge zwischen dieser Einsicht und der vorangegangenen, die ihr Schutzbedürfnis betraf. Beide Entdekkungen zeigen, in welchem Grade die gesamte Beziehung von Ängsten durchdrungen war. Und, spezifischer, die Furcht vor dem Verlassenwerden war teilweise eine Folge des Schutzbedürfnisses: wenn Peter sie vor dem Leben und seinen Gefahren beschützen sollte, konnte sie es sich nicht leisten, ihn zu verlieren.

Clare war immer noch weit davon entfernt, die Natur der Angst vor dem Verlassenwerden zu verstehen. Sie wußte nach wie vor nicht, daß das, was sie als tiefe Liebe ansah, wenig – wenn überhaupt – mehr war als eine neurotische Abhängigkeit, und deshalb konnte sie unmöglich erkennen, daß die Angst sich auf diese Abhängigkeit gründete. Die unpräzisen Fragen, die ihr in diesem Zusammenhang einfielen und die ihre Unfähigkeit, allein zu sein, betrafen, waren sachdienlicher, als sie wußte, wie sich später zeigen wird. Da aber dieses ganze Problem unklar blieb, weil immer noch zu viele unbekannte Faktoren einbezogen waren, war sie nicht einmal imstande, genaue Beobachtungen darüber anzustellen.

Clares Analyse ihrer freudigen Erregung, als sie den Schal bekam, war, soweit sie ging, richtig. Zweifellos war es ein bedeutsames Element in ihrem freudigen Überschwang, daß der freundliche Akt ihre Angst vorläufig beschwichtigte. Daß sie die anderen einbezogenen Elemente nicht berücksichtigte, kann kaum einem Widerstand zugeschrieben werden. Sie erkannte nur den speziellen Aspekt, der mit dem Problem verknüpft war, an dem sie damals arbeitete, ihre Angst vor dem Verlassenwerden.

Etwa eine Woche später erkannte Clare die anderen Elemente, die in ihre freudige Erregung über das Geschenk einbezogen waren. Gewöhnlich neigte sie nicht dazu, im Kino zu weinen, aber an diesem bestimmten Abend traten ihr Tränen in die Augen, als im Film einer Frau, die sich in einer unglücklichen Lage befand, unverhofft Beistand und Wohlwollen zuteil wurde. Sie verspottete sich selbst, sentimental zu sein, aber das ließ die Tränen nicht versiegen, und danach empfand sie das Bedürfnis, ihr Verhalten zu erklären. Zuerst dachte sie an die Möglichkeit, ein eigenes unbewußtes Unglücklichsein könne sich darin geäußert haben, daß sie über den Film weinte. Und natürlich fand sie Gründe zum Unglücklichsein. Dennoch führten ihre Assoziationen in dieser Gedankenrichtung nirgendwohin. Erst am nächsten Morgen sah sie plötzlich den Kernpunkt: die Tränen waren nicht geflossen, als es der Frau im Film schlecht ging, sondern als ihre Lage sich unverhofft zum Besseren wandte. Ihr wurde nun klar, was sie am Vortag übersehen hatte – daß sie stets bei solchen Gelegenheiten weinte.

Ihre Assoziationen ordneten sich jetzt ein. Sie erinnerte sich, daß sie als Kind immer weinte, wenn sie die Stelle erreichte, an der die Tauben Aschenputtel mit unverhofften Gaben überschütten. Dann fiel ihr ihre Freude, als sie den Schal bekam, wieder ein. Die nächste Erinnerung betraf eine Episode, die sich während ihrer Ehe zugetragen hatte. Ihr Mann gab ihr gewöhnlich nur die zu Weihnachten und an Geburtstagen obligaten Geschenke, aber einmal kam ein wichtiger Geschäftsfreund von ihm in die Stadt, und die beiden Männer gingen mit ihr in einen Modesalon, um ihr bei der Auswahl eines Kleides zu helfen. Sie konnte sich nicht entschließen, welches von zwei Kleidern sie wählen sollte. Da machte ihr Mann eine großzügige Geste und schlug vor, sie solle beide Kleider nehmen. Obwohl sie wußte, daß er diese Geste nicht ausschließlich um ihretwillen machte, sondern auch, um den Geschäftsfreund zu beeindrukken, war sie trotzdem überglücklich darüber und liebte gerade diese Kleider mehr als andere. Schließlich fielen ihr zwei Aspekte des Tagtraums vom großen Mann ein. Einmal die Szene, in der er sie zu ihrer restlosen Überraschung als Favoritin erwählte. Der andere betraf all die Geschenke, die er ihr gab, Begebenheiten, die sie sich bis in die kleinsten Einzelheiten ausgemalt hatte: die Reisen, die er vorschlug, die Hotels, die er aussuchte, die Kleider, die er nach Hause brachte, die Einladungen in Luxusrestaurants. Niemals brauchte sie um etwas zu bitten.

Sie war völlig verblüfft, beinahe wie ein Verbrecher, der mit überwältigendem Beweismaterial konfrontiert wird. Das war ihre »Liebe«! Sie erinnerte sich an einen Freund, einen eingeschworenen Junggesellen, der gesagt hatte, die Liebe der Frau sei nur eine Tarnung für die Ausbeutung der Männer. Außerdem dachte sie an ihre Freundin Susan, die sie sehr durch die Äußerung erstaunt hatte, sie halte das übliche Gerede über Liebe für widerlich. Liebe, so sagte Susan, sei lediglich ein ehrliches Geschäft, bei dem jeder Partner sein Teil dazu beitrage, ein gutes Betriebsklima zu schaffen. Clare war über diesen vermeintlichen Zynismus entsetzt gewesen: Susan war zu kaltschnäuzig, wenn sie das Vorhandensein und den Wert von Gefühlen leugnete. Aber sie selbst hatte, wie ihr jetzt klar wurde, naiverweise etwas mit Liebe verwechselt, das weitgehend aus Erwartungen bestand, daß ihr materielle und ideelle Gaben auf einem silbernen Tablett präsentiert würden. Ihre Liebe war im Grunde nicht mehr, als auf Kosten eines anderen zu leben!

Dies war zweifellos eine völlig unerwartete Einsicht, aber trotz der schmerzlichen Überraschung über sich selbst fühlte sie sich bald sehr erleichtert. Sie empfand, und das zu Recht, daß sie wirklich ihren Anteil an dem aufgedeckt hatte, was ihre Liebesbeziehungen schwierig gestaltete.

Clare war so überwältigt von der Entdeckung, die sie gemacht hatte, daß sie den Vorfall ganz vergaß, von dem sie ausgegangen war, nämlich das Weinen im Kino. Doch am nächsten Tag kam sie darauf zurück. Die Tränen drückten grenzenlose Verwirrung bei dem Gedanken an eine plötzliche Erfüllung geheimster und glühendster Wünsche aus, eine Erfüllung von etwas, worauf man sein ganzes Leben lang gewartet hat, etwas, wovon man nie zu glauben gewagt hat, es würde wahr werden.

In den nächsten Wochen verfolgte Clare ihre Einsicht in mehreren Richtungen. Als sie ihre letzten Assoziationsketten durchsah, fiel ihr auf, daß bei fast allen Episoden das Schwergewicht auf Hilfe oder unverhofften Geschenken lag. Ihrer Meinung nach gab es zumindest einen Anhaltspunkt dafür in der letzten Bemerkung, die sie über den Tagtraum niedergeschrieben hatte und die besagte, daß sie nie um etwas zu bitten brauchte. Hier kam sie auf ein Gebiet, das ihr durch die vorhergegangene analytische Arbeit vertraut war. Da sie früher dazu geneigt hatte, ihre eigenen Wünsche zu verdrängen, und immer noch einigermaßen gehemmt war, sie zu äußern, brauchte sie jemanden, der für sie wünschte oder der ihre geheimen Wünsche erriet und sie erfüllte, ohne daß sie selber etwas dazu tun mußte.

Eine andere Richtung, die sie verfolgte, betraf die Kehrseite der rezeptiven, parasitären Einstellung. Ihr wurde klar, daß sie selbst sehr wenig gab. Dementsprechend erwartete sie von Peter, daß er sich immer für ihre Sorgen oder Belange interessierte, nahm aber an den seinen keinen aktiven Anteil. Sie erwartete von ihm, daß er liebevoll und zärtlich war, ohne selber sehr gefühlvoll zu sein. Sie reagierte, überließ ihm jedoch die Initiative.

An einem anderen Tag wandte sie sich wieder einmal ihren Notizen über den Abend zu, an dem ihre Stimmung von freudiger Erregung in Depression umgeschlagen war, und sie erkannte, daß ein anderer Faktor in jene Müdigkeit hätte einbezogen sein können. Sie fragte sich, ob diese nicht nur aus der Angst, die erweckt worden war, entsprungen sein könnte, sondern auch aus einem verdrängten Ärger über die Vereitelung ihrer Wünsche. Wenn das so war, konnten ihre Wünsche nicht ganz so harmlos sein, wie sie angenommen hatte, denn dann mußten sie eine Komponente enthalten, die auf ihrer Erfüllung beharrte. Sie ließ diese Frage offen.

Dieses Stück Analyse hatte einen sofortigen günstigen Einfluß auf die Beziehung zu Peter. Sie nahm aktiver Anteil an seinen Interessen und mehr Rücksicht auf seine Wünsche, und sie war nicht länger lediglich rezeptiv. Auch die plötzlichen Wutausbrüche hörten völlig auf. Es ist schwer zu sagen, ob ihre Ansprüche an ihn nachließen, obwohl es Grund zu der Annahme gäbe, daß sie dies in bescheidenem Umfang taten.

Diesmal setzte sich Clare mit ihrer Entdeckung so offen auseinander, daß dem beinahe nichts mehr hinzuzufügen ist. Es ist freilich bemerkenswert, daß sich dasselbe Material sechs Wochen zuvor angeboten hatte, als der Tagtraum von dem großen Mann zum erstenmal auftauchte. Zu jenem Zeitpunkt war das Bedürfnis, an der Fiktion von »Liebe« festzuhalten, immer noch so zwingend, daß sie nicht mehr tun konnte als zugeben, ihre Liebe habe einen Anstrich von Schutzbedürfnis. Selbst in diesem Eingeständnis konnte sie sich das Schutzbedürfnis nur als einen Faktor vorstellen, der ihre »Liebe« verstärkte. Dennoch bedeutete diese frühe Einsicht, wie bereits erwähnt, den ersten Angriff auf ihre Abhängigkeit. Daß sie das Ausmaß von Angst in ihrer Liebe entdeckte, war der zweite Schritt. Ein weiterer Schritt war ihre Frage danach, ob sie Peter überschätze, auch wenn diese Frage unbeantwortet blieb. Und erst, nachdem sie sich so weit durch den Nebel gearbeitet hatte, konnte sie endlich sehen, daß ihre Liebe keineswegs echt war. Erst jetzt konnte sie die enttäuschende Erkenntnis ertragen, daß sie ihre zahlreichen Erwartungen und Ansprüche fälschlich für Liebe gehalten hatte. Noch tat sie nicht den letzten Schritt, sich über die Abhängigkeit klarzuwerden, die aus ihren Erwartungen resultierte. Sonst ist jedoch dieses Analysenfragment ein gutes Beispiel dafür, was es bedeutet, eine Einsicht zu verfolgen. Clare erkannte, daß ihre Erwartungen an andere weitgehend durch ihre eigenen Hemmungen, etwas für sich zu wünschen oder zu tun, erzeugt wurden. Sie sah, daß ihre parasitäre Einstellung ihre Fähigkeit, ihrerseits etwas zu geben, beeinträchtigte. Und sie erkannte ihre Tendenz, sich beleidigt zu fühlen, wenn ihre Erwartungen zurückgewiesen oder enttäuscht wurden.

In der Tat bezogen sich Clares Erwartungen hauptsächlich auf immaterielle Dinge. Trotz des anscheinend gegenteiligen Beweises war sie essentiell kein habgieriger Mensch. Ich würde sogar sagen, daß das Empfangen von Geschenken nur ein Symbol für weniger konkrete, aber bedeutsamere Erwartungen war. Sie wollte auf eine Weise geliebt werden, daß sie nicht über richtig oder falsch entscheiden, nicht die Initiative ergreifen, nicht für sich Verantwortung tragen, keine äußeren Schwierigkeiten lösen müßte.

Einige Wochen verstrichen, in denen ihr Verhältnis zu Peter insgesamt reibungsloser ablief. Sie hatten schließlich eine gemeinsame Reise geplant. Durch seine lange Unentschlossenheit hatte er ihr die Vorfreude größtenteils verdorben, obschon sie sich, als alles geregelt war, auf den Urlaub freute. Doch wenige Tage vor der geplanten Abfahrt teilte er ihr mit, gerade jetzt sei es geschäftlich zu unsicher, als daß er es sich erlauben könnte, die Stadt auch nur vorübergehend zu verlassen. Clare war zuerst wütend und dann verzweifelt, und Peter schalt sie unvernünftig. Sie war geneigt, den Vorwurf hinzunehmen, und versuchte, sich zu überzeugen, daß er recht habe. Als sie sich beruhigt hatte, schlug sie vor, allein in einen Ferienort zu fahren, der nur drei Autostunden von der Stadt entfernt war; Peter könnte dann nachkommen, wann immer es seine Zeit erlaubte. Peter lehnte diesen Vorschlag nicht ausdrücklich ab, sagte aber nach einigem Herumstottern, er hätte dem sehr gern zugestimmt, wenn sie imstande wäre, die Dinge vernünftiger zu nehmen, aber da sie auf jede Enttäuschung so heftig reagiere und da er nicht Herr seiner Zeit sei, sehe er nur drohende Schwierigkeiten voraus und halte es für besser, wenn sie ihre Pläne ohne ihn mache. Das stürzte sie wiederum in Verzweiflung. Der Abend endete damit, daß Peter sie tröstete und versprach, am Schluß des Urlaubs zehn Tage mit ihr zu verreisen. Clare fühlte sich beruhigt. Innerlich plichtete sie Peter bei und beschloß, die Dinge leichter zu nehmen und mit dem zufrieden zu sein, was er ihr geben konnte.

Während sie am nächsten Tag versuchte, ihre erste Wutreaktion zu analysieren, hatte sie drei Assoziationen. Die erste war eine Erinnerung, als Kind geneckt worden zu sein, weil sie die Märtyrerrolle spielte. Aber diese Erinnerung, die ihr oft gekommen war, erschien jetzt in einem neuen Licht. Sie hatte niemals zuvor untersucht, ob die anderen unrecht hatten, wenn sie sie auf diese Weise hänselten. Sie hatte es lediglich als Tatsache hingenommen. Jetzt dämmerte es ihr zum erstenmal, daß sie nicht recht hatten, daß sie tatsächlich zurückgesetzt worden war, daß sie mit dem Frotzeln zu dem Unrecht noch die Beleidigung gefügt hatten.

Dann kam ihr eine andere Erinnerung aus der Zeit, als sie fünf oder sechs Jahre alt war. Sie spielte immer mit ihrem Bruder und seinen Spielgefährten, und eines Tages erzählten sie ihr, daß auf einer bestimmten Wiese, in deren Nähe sie spielten, Räuber in einer verborgenen Höhle lebten. Sie glaubte das felsenfest und zitterte immer, wenn sie sich dieser Wiese näherte. Dann hatten sie sie eines Tages ausgelacht, weil sie auf ihr Märchen hereingefallen war.

Schließlich dachte sie an ihren Traum von der fremden Stadt, an den Teil, in dem sie das Raritätenkabinett und die Spielbuden gesehen hatte. Und jetzt wurde ihr klar, daß diese Symbole mehr als einen flüchtigen Ärger ausdrückten. Sie sah zum erstenmal, daß Peter etwas Falsches, etwas Betrügerisches an sich hatte. Nicht im Sinne von absichtlichem Schwindel. Aber er konnte nicht anders als die Rolle eines Menschen spielen, der immer recht hatte, immer überlegen, immer großzügig war – und er stand auf tönernen Füßen. Er war völlig von sich in Anspruch genommen, und wenn er sich ihren Wünschen fügte, geschah das nicht aus Liebe und Großzügigkeit, sondern aus seiner eigenen Schwäche heraus. Schließlich lag in seinem Verhalten zu ihr viel subtile Grausamkeit.

Jetzt erst erkannte sie, daß ihre Reaktion am Vorabend primär nicht auf die Enttäuschung zurückzuführen war, sondern auf die Gleichgültigkeit, mit der er ihre Gefühle mißachtet hatte. Da war keine Zärtlichkeit, kein Bedauern, kein Mitleid gewesen, als er ihr eröffnet hatte, daß er in der Stadt bleiben müsse. Erst gegen Ende des Abends, als sie bitterlich geweint hatte, war er liebevoll geworden. In der Zwischenzeit hatte er sie die Hauptlast des Kummers tragen lassen. Er hatte ihr eingehämmert, daß alles ihre Schuld sei. Er hatte auf genau dieselbe Weise gehandelt, wie es ihre Mutter und ihr Buder in ihrer Kindheit getan hatten: zuerst ihre Gefühle mit Füßen getreten und dann ihr das Schuldgefühl zugeschoben. Übrigens ist es interessant, hier zu sehen, wie die Bedeutung eines Fragments klarer wurde, weil sie ihren Mut zusammengenommen und rebelliert hatte, und wie diese

Aufhellung der Vergangenheit wiederum half, in der Gegenwart ehrlicher zu werden.

Clare entsann sich dann zahlreicher Episoden, in denen Peter stillschweigende oder ausdrückliche Versprechungen gemacht und sie nicht gehalten hatte. Überdies wurde ihr klar, daß dieses Verhalten sich auch auf bedeutsamere und ungreifbarere Weise zeigte. Sie sah, daß Peter in ihr die Illusion einer tiefen und immerwährenden Liebe geschaffen hatte und trotzdem ängstlich bestrebt war, sich abseits zu halten. Es war, als habe er sich und sie an der Vorstellung von Liebe berauscht. Und sie war darauf hereingefallen, wie sie auf das Märchen von den Räubern hereingefallen war.

Schließlich erinnerte sich Clare an die Assoziationen, die sie vor jenem frühen Traum gehabt hatte: Gedanken an ihre Freundin Eileen, deren Liebe während der Krankheit verwelkte, und an den Roman, in dem die Heldin sich ihrem Mann entfremdet hatte. Auch diese Gedanken besaßen, wie ihr jetzt klar wurde, eine viel gewichtigere Nebenbedeutung, als sie angenommen hatte. Etwas in ihr wollte sich ernstlich von Peter losmachen. Obzwar sie über diese Einsicht nicht glücklich war, fühlte sie sich trotzdem erleichtert. Ihr war zumute, als sei ein Bann gebrochen worden.

Während sie ihre Einsicht verfolgte, begann Clare sich zu fragen, weshalb es sie eine so lange Zeit gekostet hatte, ein klares Bild von Peter zu erhalten. Sobald diese Züge in ihm einmal erkannt waren, erschienen sie ihr so auffällig, daß sie nur schwer zu übersehen waren. Sie erkannte jetzt, daß sie ein starkes Interesse daran hatte, sie nicht zu sehen: nichts sollte sie daran hindern, in Peter die Verwirklichung des großen Mannes aus ihrem Tagtraum zu erblicken. Außerdem sah sie zum erstenmal die ganze Parade von Gestalten, bei denen sie auf ähnliche Weise Heldenverehrung betrieben hatte. Die Parade begann mit ihrer Mutter, die sie vergöttert hatte. Darauf war Bruce gefolgt, ein Peter in vieler Hinsicht ähnlicher Typ. Und der Mann aus dem Tagtraum und viele andere. Der Traum von dem prachtvollen Vogel kristallisierte sich nun eindeutig als Symbol für ihre Glorifizierung Peters heraus. Stets hatte sie, infolge ihrer Erwartungen, nach den Sternen gegriffen. Und alle Sterne hatten sich als Talmi erwiesen.

Hier könnte der Eindruck entstehen, daß diese Entdeckung

Clares überhaupt keine war. War sie sich nicht vor langem darüber klar geworden, daß Peter mehr versprach, als er hielt? Ja, sie hatte das einige Monate zuvor erkannt, aber es weder ernst genommen noch das ganze Ausmaß von Peters Unzuverlässigkeit voll erfaßt. Zu jener Zeit hatte sich in ihrem Denken vorwiegend ihre Wut auf ihn geäußert, jetzt hatte es sich zu einer Meinung, einem Urteil kristallisiert. Überdies hatte sie damals die sadistische Komponente hinter seiner Fassade von Rechtschaffenheit und Großzügigkeit nicht erkannt. Sie hätte unmöglich zu dieser klaren Sicht gelangen können, solange sie blind von ihm erwartete, daß er alle ihre Bedürfnisse erfüllte. Ihre Erkenntnis, daß sie phantastische Erwartungen hatte, und ihre Bereitschaft, die Beziehung auf die Grundlage von Geben und Nehmen zu stellen, hatte sie so viel stärker gemacht, daß sie es jetzt riskieren konnte, seiner Schwäche ins Auge zu sehen und damit die Säulen zu erschüttern, auf denen die Beziehung ruhte.

Ein typisches Merkmal für den Kurs, den Clare bei ihrer Analyse eingeschlagen hatte, war die Tatsache, daß sie zunächst in sich selbst nach den Ursprüngen ihrer Schwierigkeiten suchte und Peters Anteil daran erst prüfte, nachdem sie mit dieser Arbeit vorangekommen war. Ursprünglich war ihre Selbsterforschung ein Versuch, einen bequemen Anhaltspunkt zu finden, um die Schwierigkeiten der Beziehung zu lösen, aber sie führte sie schließlich zu einigen bedeutsamen Einsichten in sich selbst. In der Analyse muß jeder lernen, nicht nur sich zu verstehen, sondern auch die anderen, die einen Teil seines Lebens bilden, aber es ist sicherer, mit sich zu beginnen. Solange er in seine Konflikte verstrickt ist, wird das Bild, das er von den anderen erhält, gewöhnlich verzerrt sein.

Aus den Angaben über Peter, die Clare im Verlauf ihrer gesamten analytischen Arbeit zusammentrug, schließe ich, daß ihre Analyse seiner Persönlichkeit in der Hauptsache zutreffend war. Trotzdem begriff sie immer noch das einzig Wesentliche nicht: daß Peter, aus welchen persönlichen Gründen auch immer, entschlossen war, sich von ihr zu trennen. Natürlich müssen die Liebesbeteuerungen, die abzugeben er offenbar nie versäumte, ihre Urteilskraft getrübt haben. Andererseits ist diese Erklärung nicht ganz ausreichend, da sie zwei Fragen offenläßt: weshalb ihr Bemühen, ein klares Bild von ihm zu erlangen, an eben jenem bestimmten Punkt abbrach; und weshalb sie sich vorstellen –

wenn auch nicht in die Tat umsetzen – konnte, daß ihre Trennung von Peter wünschenswert wäre, aber ihre Augen vor der Möglichkeit, daß er sich von ihr löste, verschloß.

Als Folge dieser verbliebenen Bindung war Clares Wunsch nach Trennung von kurzer Dauer. Sie war unglücklich, wenn sie fern von ihm war, und sobald er zu ihr kam, erlag sie seinem Charme. Außerdem konnte sie die Aussicht, allein zu sein, immer noch nicht ertragen. So ging das Verhältnis weiter. Sie erwartete weniger von ihm und war resignierter. Aber ihr Leben konzentrierte sich nach wie vor um ihn.

Drei Wochen später erwachte sie mit dem Namen Margaret Brooks auf den Lippen. Sie wußte nicht, ob sie von ihr geträumt hatte, erkannte aber die Bedeutung sofort. Margaret war eine verheiratete Freundin, die sie seit Jahren nicht gesehen hatte. Sie war jammervoll abhängig von ihrem Mann gewesen, obwohl er ihre Würde rücksichtslos mit Füßen getreten hatte. Er vernachlässigte sie und machte vor anderen sarkastische Bemerkungen über sie; er hatte Geliebte und brachte eine davon mit nach Hause. In ihren Verzweiflungsanfällen hatte sich Margaret häufig bei Clare beklagt. Aber sie fand sich immer wieder ab und glaubte, daß er sich trotzdem als bester aller Ehemänner entpuppen würde. Clare war über eine solche Abhängigkeit erschüttert gewesen und hatte Margarets mangelnden Stolz als verächtlich empfunden. Dennoch drehte es sich bei dem Rat, den sie Margaret gab, ausschließlich um Mittel und Wege, den Ehemann zu halten oder ihn zurückzugewinnen. Sie hatte mit ihrer Freundin die Hoffnung geteilt, daß am Ende alles gut werden würde. Clare wußte, daß der Mann das nicht wert war, aber da Margaret ihn so sehr liebte, erschien es am besten, sich die Einstellung zu eigen zu machen. Jetzt dachte Clare, wie dumm sie gewesen war. Sie hätte Margaret bestärken sollen, ihn zu verlassen.

Aber was sie jetzt aufbrachte, war nicht diese vormalige Einstellung zu der Situation ihrer Freundin. Was sie verblüffte, war vielmehr die Ähnlichkeit zwischen ihr und Margaret, die ihr sofort beim Aufwachen aufgefallen war. Sie hatte sich nie für abhängig gehalten. Und nun erkannte sie mit erschreckender Klarheit, daß sie im gleichen Boot saß. Auch sie hatte ihre Würde dadurch verloren, daß sie sich an einen Mann klammerte, der sie nicht wirklich haben wollte und an dessen Wert sie zweifelte. Sie erkannte, daß sie mit überstarken Fesseln an Peter gekettet, daß ein Leben ohne ihn sinnlos, unvorstellbar war. Geselligkeit, Musik, Arbeit, Karriere, Natur – nichts galt etwas ohne ihn. Ihre Stimmung hing von ihm ab; an ihn zu denken nahm ihre Zeit und ihre Energien ganz in Anspruch. Wie auch immer er sich verhielt, sie kehrte trotzdem zu ihm zurück, genauso wie es von der Katze heißt, daß sie in das Haus zurückgeht, in dem sie gewohnt hat. Die nächsten Tage verbrachte sie wie betäubt. Die Einsicht hatte keine erleichternde Wirkung. Sie ließ sie nur die Ketten um so schmerzlicher empfinden.

Als sie ihr inneres Gleichgewicht einigermaßen wiedergewonnen hatte, arbeitete sie gewisse Mitgegebenheiten ihrer Entdekkung durch. Sie erfaßte die Bedeutung ihrer Angst vor dem Verlassenwerden gründlicher: eben weil ihre Fesseln unverzichtbar für sie waren, hatte sie eine derart tiefe Angst davor, sie könnten gelöst werden, und diese Angst mußte so lange fortbestehen, wie die Abhängigkeit fortbestand. Sie erkannte, daß sie mit ihrer Mutter, mit Bruce und ihrem Mann nicht nur Heroenkult betrieben hatte, sondern daß sie von ihnen abhängig gewesen war, genauso wie sie es von Peter war. Ihr wurde klar, daß sie nie darauf hoffen konnte, zu einer angemessenen Selbsteinschätzung zu gelangen, solange Verletzungen ihrer Würde nichts bedeuteten im Vergleich zu der Angst, Peter zu verlieren. Schließlich begriff sie, daß diese ihre Abhängigkeit auch für Peter eine Bedrohung und eine Last sein mußte; diese letzte Einsicht bewirkte, daß ihre Feindseligkeit ihm gegenüber jäh nachließ.

Als sie das Ausmaß erkannte, in dem diese Abhängigkeit ihre Beziehungen zu Menschen beeinträchtigt hatte, veranlaßte sie das, sich entschieden dagegenzustellen. Diesmal beschloß sie nicht einmal, den Knoten durch eine Trennung zu zerhauen. Zunächst wußte sie, daß sie das nicht über sich bringen konnte, aber sie meinte auch, das Problem, nun, da sie es erkannt hatte, im Rahmen ihrer Beziehung zu Peter lösen zu können. Sie überzeugte sich selbst davon, daß es immerhin Werte in der Beziehung gebe, die erhalten und gepflegt werden sollten. Sie fühlte sich durchaus imstande, sie auf eine gesündere Grundlage zu stellen. So unternahm sie im folgenden Monat zusätzlich zu ihrer analytischen Arbeit echte Anstrengungen, Peters Bedürfnis nach Distanz zu respektieren und mit ihren eigenen Angelegenheiten selbständiger fertig zu werden.

Es besteht kein Zweifel, daß Clare in diesem Teil der Analyse einen bedeutenden Fortschritt machte. Tatsächlich hatte sie ganz von sich aus eine zweite neurotische Tendenz – die erste war ihre zwanghafte Bescheidenheit – entdeckt, und zwar eine Tendenz, deren Vorhandensein sie nicht im mindesten geargwöhnt hatte. Sie erkannte ihren zwanghaften Charakter und den Schaden, den sie ihrem Liebesleben zufügte. Jedoch sah sie nicht, wie diese Tendenz ihr Leben generell hemmte, und war weit davon entfernt, deren gewaltige Stärke zu erkennen. Daher überschätzte sie die Freiheit, die sie gewonnen hatte. Hier verfiel sie der üblichen Selbsttäuschung, daß die Erkenntnis eines Problems gleichbedeutend mit seiner Lösung sei. Die Lösung, das Verhältnis mit Peter fortzusetzen, war faktisch nur ein Kompromiß. Sie war bereit, die Tendenz in gewissem Grade zu modifizieren, aber noch nicht gewillt, sie aufzugeben. Dies war auch die Ursache, weshalb sie trotz ihres klaren Bildes von Peter immer noch seine Grenzen unterschätzte, die, wie sich alsbald zeigen wird, viel beträchtlicher und viel starrer waren, als sie glaubte. Desgleichen unterschätzte sie, wie sehr er von ihr wegstrebte. Sie sah es, hoffte aber, daß sie ihn durch einen Wandel in ihrer Einstellung zu ihm zurückgewinnen könnte.

Einige Wochen später hörte sie, daß jemand Verleumdungen über sie verbreitet hatte. Bewußt regte sie das nicht auf, es führte aber zu einem Traum, in dem sie einen Turm sah, der in einer unermeßlichen Wüste stand; der Turm endete in einer einfachen Plattform, von keinerlei Geländer umgeben, und am Rand stand eine Gestalt. Sie erwachte mit einer leisen Angst.

Die Wüste hinterließ bei ihr den Eindruck von etwas Trostlosem und Gefährlichem. Und sie erinnerte sie an einen Angsttraum, in dem sie auf einer Brücke gegangen war, die in der Mitte abbrach. Die Gestalt auf dem Turm bedeutete für sie lediglich ein Symbol der Einsamkeit, die sie tatsächlich empfand, da Peter für einige Wochen verreist war. Dann fiel ihr die Redensart »zwei auf einer Insel« ein. Sie erinnerte an Phantasien, die sie gelegentlich hatte, mit dem geliebten Mann in einer einfachen Hütte in den Bergen oder an der Meeresküste allein zu sein. Daher bedeutete der Traum für sie zunächst nur einen Ausdruck ihrer Sehnsucht nach Peter und daß sie sich ohne ihn einsam fühlte. Sie erkannte auch, daß dieses Gefühl durch das Gerücht, das sie am Vortag gehört hatte, gesteigert worden war, das heißt, sie erkannte, daß die verleumderischen Bemerkungen sie verängstigt und ihr Schutzbedürfnis vergrößert haben mußten.

Als sie ihre Assoziationen untersuchte, fragte sie sich, weshalb sie dem Turm in dem Traum keinerlei Aufmerksamkeit geschenkt hatte. Ein Bild fiel ihr ein, das ihr mitunter in den Sinn kam und in dem sie inmitten eines Moores auf einer Säule stand; aus dem Moor reckten sich Arme und Tentakel und griffen nach ihr, als wollten sie sie hinunterziehen. In dieser Phantasie geschah nichts weiter; es gab nur dieses Bild. Sie hatte es nie sonderlich beachtet und nur seine handgreiflichste Bedeutung gesehen: eine Furcht, in etwas Schmutziges und Widerliches hereingezogen zu werden. Die verleumderischen Bemerkungen mußten diese Angst wiedererweckt haben. Aber sie sah plötzlich eine andere Seite des Bildes, daß sie sich nämlich über andere stellte. Der Traum von dem Turm hatte diesen Aspekt ebenfalls. Die Welt war leer und trostlos, aber sie überragte sie weit. Die Gefahren der Welt konnten sie nicht erreichen.

So deutete sie den Traum dahingehend, daß sie sich durch die Verleumdungen gedemütigt gefühlt und Zuflucht in einer recht arroganten Einstellung gesucht hatte; daß die einsame Höhe, auf die sie sich daher gestellt hatte, erschreckend war, weil sie sich viel zu unsicher fühlte, um sie zu ertragen: daß sie jemanden haben mußte, der sie auf dieser Höhe stützte, und in Panik geriet, weil es niemanden gab, auf den sie sich verlassen konnte. Fast sofort erkannte sie die umfassende Mitgegebenheit dieser Entdeckung. Bisher hatte sie gesehen, daß sie jemanden brauchte, sie zu stützen und zu schützen, weil sie wehrlos und unfähig zur Selbstbehauptung war. Jetzt wurde ihr klar, daß sie mitunter in das andere Extrem umschlug, nämlich Hochmut, und daß sie in solchen Situationen einen Beschützer ebensosehr brauchte, wie wenn sie sich zurückhielt. Sie war überaus erleichtert, weil sie spürte, daß sich ihr eine neue Sicht der Fesseln, die sie an Peter banden, eröffnet hatte und dadurch auch neue Möglichkeiten, sie zu lösen.

In dieser Interpretation erkannte Clare in der Tat einen weiteren Grund, aus dem sie emotionale Unterstützung brauchte. Es gibt gute Gründe dafür, weshalb sie diesen Aspekt des Problems nie gesehen hatte. Der ganze Bereich in ihrer Persönlichkeit, der aus Hochmut, Menschenverachtung, dem Bedürfnis, sich hervorzutun, dem Bedürfnis nach Überlegenheit bestand, war immer noch so tief verdrängt, daß er bisher nur durch kurz aufblitzende Einsichten erhellt worden war. Selbst vor Beginn ihrer Analyse war ihr ihr Bedürfnis, Menschen zu verachten, mitunter klargeworden, ebenso ihre große freudige Erregung über jeden Erfolg, die Rolle, die Ehrgeiz in ihren Tagträumen spielte, und es war eine flüchtige Einsicht dieser Art, die sie jetzt hatte. Aber dieses ganze Problem war immer noch so tief begraben, daß seine Symptome kaum verstanden werden konnten. Es war, als sei ein in die Tiefen führender Schacht plötzlich erhellt und bald darauf von Dunkelheit unkenntlich gemacht worden. Daher blieb eine weitere Mitgegebenheit dieser Assoziationsketten unzugänglich. Das Bild äußerster Einsamkeit, wie es sich in dem Turm in der Wüste darstellte, bezog sich nicht nur darauf, daß sie sich ohne Peter einsam fühlte, sondern auf ihre Isolierung im allgemeinen. Einer der dafür verantwortlichen und ebenso der daraus resultierenden Faktoren war der zerstörerische Hochmut. Und daß sie sich an einen Menschen klammerte – »zwei auf einer Insel« –, war ein Weg, aus einer solchen Isolierung zu entfliehen, ohne ihre Beziehungen zu Menschen generell in Ordnung bringen zu müssen.

Clare glaubte, sie könnte nun mit Peter besser fertig werden, aber bald darauf kam ein zweifacher Schlag, der ihre Probleme auf den Höhepunkt trieb. Zuerst erfuhr sie auf Umwegen, daß er eine Affäre mit einer anderen Frau hatte oder gehabt hatte. Kaum hatte sie diesen Schock bekommen, als Peter ihr schrieb, daß es für sie beide besser wäre, wenn sie sich trennten. Clares erste Reaktion war, dem Himmel zu danken, daß dies nicht früher passiert war. Jetzt, so dachte sie, könnte sie es ertragen.

Die erste Reaktion war eine Mischung aus Wahrheit und Selbsttäuschung. Die Wahrheit bestand darin, daß sie einige Monate zuvor wahrscheinlich die Belastung nicht ohne schweren Schaden für sich selbst hätte aushalten können; in den folgenden Monaten bewies sie nicht nur, daß sie sie ertragen konnte, sondern kam einer Lösung des gesamten Problems näher. Aber diese erste sachliche Reaktion resultierte offenbar auch daraus, daß sie den Schlag nicht unter einen Schutzpanzer dringen ließ. Als ihm das in den nächsten paar Tagen gelang, stürzte es sie in wilde Verzweiflung.

Sie war zu hochgradig erregt, um ihre Reaktion zu analysieren, was verständlich ist. Wenn ein Haus brennt, denkt man nicht über Ursachen und Wirkungen nach, sondern versucht herauszukommen. Clare notierte zwei Wochen später, daß ihr einige Tage lang immer wieder der Gedanke an Selbstmord kam, der allerdings nie den Charakter einer ernsthaften Absicht annahm. Sie wurde schnell der Tatsache gewahr, daß sie nur mit der Idee herumspielte, und dann konfrontierte sie sich offen mit der Frage, ob sie sterben oder leben wollte. Sie wollte eindeutig leben. Aber wenn sie nicht als verwelkende Blume dahinvegetieren wollte, mußte sie sich nicht nur von ihrer Sehnsucht nach Peter frei machen sowie von dem Gefühl, daß ihr Leben, wenn sie ihn verlor, in Stücke zerbrechen würde, sondern auch ihr gesamtes Problem zwanghafter Abhängigkeit bewältigen.

Sobald ihr diese Frage gedanklich klar war, setzte ein Kampf von unerwarteter Intensität ein. Erst jetzt empfand sie die ganze Gewalt ihres Bedürfnisses, in einem anderen Menschen aufzugehen. Sie redete sich nicht mehr ein, daß es »Liebe« sei: ihr wurde klar, daß es wie Rauschgiftsucht war. Sie erkannte mit absoluter Deutlichkeit, daß sie nur die zwei Alternativen hatte, der Abhängigkeit nachzugeben und einen anderen »Partner« zu finden oder sie restlos zu überwinden. Aber konnte sie sie überwinden? Und war das Leben ohne sie lebenswert? Sie machte heftige, rührende Versuche, sich einzureden, daß das Leben ihr immerhin viele angenehme Dinge bot. Hatte sie keine hübsche Wohnung? Konnte sie nicht Befriedigung in der Arbeit finden? Hatte sie nicht Freunde? Konnte sie nicht Musik und Natur genießen? Es klappte nicht. Das alles erschien ebenso schal und belanglos wie die Pause in einem Konzert. Eine Pause war schon recht – man vertrieb sich so angenehm wie möglich die Zeit, bis die Musik wieder begann –, aber niemand würde lediglich in die Pause gehen wollen. Sie registrierte nur flüchtig, daß dieses Argument völlig untauglich war. Es überwog das Gefühl, daß jede wirkliche Änderung über ihre Kraft ging.

Schließlich kam ihr ein Gedanke, der, obzwar überaus einfach, eine Wendung zum Besseren brachte. Es war die alte Weisheit, daß ein »ich kann nicht« oft ein »ich will nicht« ist. Vielleicht wollte sie ihr Leben einfach nicht auf eine andere Grundlage stellen? Vielleicht weigerte sie sich energisch, sich irgend etwas anderem im Leben zuzuwenden, wie ein Kind, das sich sträubt, überhaupt etwas zu essen, wenn es keinen Apfelkuchen bekommt? Seitdem sie ihre Abhängigkeit erkannt hatte, hatte sie nur gesehen, wie sich ihre Energien dadurch, daß sie vollkommen in der einen Beziehung hängengeblieben war, so erschöpft hatten, daß für jemand anders nichts übrigblieb. Jetzt wurde ihr klar, daß es mehr war als eine bloße Kanalisierung von Interessen. Sie selber lehnte und wertete alles ab, was sie selbständig oder mit jemand anders als dem »Geliebten« tat. So kam ihr zum erstenmal zum Bewußtsein, wie tief sie in einem Kreis feststeckte; ihre Abwertung von allem außer der einen Beziehung verlieh dem Partner in dieser Beziehung notwendigerweise ausschlaggebende Bedeutung; und diese einmalige Bedeutung wiederum entfremdete sie sich selbst und anderen weiterhin. Diese beginnende Einsicht, die sich später als richtig erwies, bestürzte und ermutigte sie. Wenn in ihr Kräfte am Werk waren, die sie daran hinderten, sich aus der Knechtschaft zu befreien, dann konnte sie vielleicht etwas gegen ihre Versklavung tun.

So endete diese Periode inneren Aufruhrs damit, daß Clare neue Lebenszuversicht und einen erneuten Ansporn erhielt, an dem Problem zu arbeiten. Aber hier erhebt sich eine Anzahl von Fragen. Wie steht es mit dem Nutzen der vorhergegangenen analytischen Arbeit, wenn der Verlust Peters sie immer noch so tief erregen konnte, wie er es tat? Zwei Erwägungen sind bei dieser Frage maßgeblich.

Eine ist die Unzulänglichkeit der vorhergehenden Arbeit. Clare hatte die Tatsache erkannt, daß sie zwanghaft abhängig war, und bestimmte Mitgegebenheiten dieses Zustands gesehen. Aber sie war weit davon entfernt, das Problem wirklich in den Griff zu bekommen. Wenn man den Wert der geleisteten Arbeit anzweifelt, macht man weitgehend denselben Fehler, den Clare selbst während der ganzen Zeit vor der Klimax beging, als sie die Tragweite der speziellen neurotischen Tendenz unterschätzte und deshalb zu schnelle und zu mühelose Ergebnisse erwartete.

Die andere Erwägung geht dahin, daß die letzte Krise selbst insgesamt konstruktiver Natur war. Sie stellte den Kulminationspunkt einer Entwicklungsrichtung dar, die von vollständiger Unkenntnis des einbezogenen Problems und heftigsten unbewußten Versuchen, sein Vorhandensein zu leugnen, bis hin zu voller Erkenntnis seiner Schwere verläuft. Der Höhepunkt führte ihr vor Augen, daß ihre Abhängigkeit wie eine Krebsgeschwulst war, die sich nicht in sicheren Schranken (Kompromissen) halten läßt, sondern ausgerottet werden muß, um das Leben nicht ernstlich zu gefährden. Unter dem Druck der akuten Qual gelang es Clare auch, einen Konflikt, der bisher unbewußt gewesen war, scharf ins Bewußtsein zu rücken. Sie hatte überhaupt nicht bemerkt, daß sie zwischen dem Wunsch, ihre Abhängigkeit von einem anderen Menschen aufzugeben, und dem, sie fortzusetzen, hin und her gerissen wurde. Dieser Konflikt war durch ihre Kompromißlösungen bei Peter getarnt worden. Nun hatte sie sich ihm gestellt und war imstande, einen klaren Standpunkt zu beziehen, was die Richtung betraf, in die sie gehen wollte. In dieser Hinsicht veranschaulicht die Phase, die sie jetzt durchmachte, eine Tatsache, die in einem vorhergehenden Kapitel erwähnt wurde, daß es nämlich zu bestimmten Zeiten in der Analyse notwendig ist, Farbe zu bekennen, eine Entscheidung zu treffen. Und es ist als Leistung zu bewerten, wenn sich durch die analytische Arbeit ein Konflikt für den Patienten hinreichend konkretisiert hat, so daß er dazu imstande ist. In Clares Fall war die Kernfrage natürlich, ob sie unverzüglich versuchen würde, die verlorene Säule durch eine neue zu ersetzen oder nicht.

Selbstverständlich ist es verwirrend, einem Problem auf diese kompromißlose Weise ins Auge zu sehen. Und hier kommt eine zweite Frage ins Spiel. Hat Clares Erfahrung eine größere Selbstmordgefahr gezeitigt, als es ohne Analyse der Fall gewesen wäre? Für eine Erwägung dieser Frage ist es relevant, daß sie sich in früheren Zeiten mit Selbstmordgedanken getragen hatte. Sie war jedoch nie imstande gewesen, so entschieden damit aufzuhören wie diesmal. Früher waren sie einfach aus dem Blickfeld verschwunden, weil irgend etwas »Nettes« passierte. Jetzt widerlegte sie sie aktiv, bewußt und mit einer konstruktiven Einstellung. Zudem war, wie oben erwähnt, ihre erste Reaktion von Dankbarkeit, daß Peter sich nicht eher zurückgezogen hatte, ein teilweise echtes Gefühl, daß sie jetzt leichter imstande war, mit seinem Weggang fertig zu werden. Es erscheint daher als gesicherte Annahme, daß die Selbstmordtendenzen ohne die geleistete analytische Arbeit stärker und andauernder gewesen wären.

Eine letzte Frage ist, ob Clare die ganze Schwere ihrer Verstrickung erkannt hätte ohne den äußeren Druck, der dadurch ausgeübt wurde, daß Peter sie verließ. Es ließe sich denken, daß Clare, nachdem sie die vor der Trennung eingetretene Entwicklung durchgemacht hatte, unmöglich auf die Dauer bei einer im wesentlichen unhaltbaren Kompromißlösung hätte verharren können, sondern früher oder später weitergegangen wäre. Andererseits waren die Kräfte, die sich ihrer endgültigen Befreiung widersetzen, sehr stark, und sie hätte sich nach wie vor heftig bemühen können, weitere Kompromisse zu schließen. Das wäre eine müßige, nicht erwähnenswerte Spekulation, würde sie nicht eine Einstellung der Analyse gegenüber berühren, die unter Analytikern ebenso wie unter Patienten nicht eben selten ist. Diese Einstellung besteht in dem Postulat, daß Analyse allein imstande sei, alles zu lösen. Aber wenn man der Behandlung solche Allmacht beimißt, vergißt man, daß das Leben selbst der beste Therapeut ist. Was Analyse tun kann, ist, den Menschen in den Stand zu setzen, daß er die Hilfe annimmt, die das Leben bietet, und davon profitiert. Und in Clares Fall hatte sie genau diese Aufgabe erfüllt. Es ist wahrscheinlich, daß sie ohne die analytische Arbeit, die sie leistete, so bald wie möglich nach einem neuen Partner gegriffen und demgemäß dasselbe Erfahrungsmuster endlos fortgesetzt hätte. Der springende Punkt ist nicht, ob sie sich ohne Hilfe von außen hätte befreien können, sondern ob sie, als diese Hilfe kam, imstande war, sie in eine konstruktive Erfahrung zu verwandeln. Und das tat sie.

Was den Inhalt von Clares Entdeckungen in diesem Zeitraum betrifft, so war am wichtigsten diejenige des aktiven Widerstands dagegen, ihr eigenes Leben zu leben, ihre eigenen Gefühle zu fühlen, ihre eigenen Gedanken zu denken, ihre eigenen Interessen und Pläne zu haben, kurz dagegen, sie selbst zu sein und den Schwerpunkt in sich zu finden. Im Gegensatz zu ihren anderen Entdeckungen war diese lediglich eine emotionale Einsicht. Sie gelangte nicht durch freie Assoziation dazu, und es gab keine Fakten, sie zu beweisen. Ebensowenig hatte sie die leiseste Ahnung von der Natur der Gegenkräfte; sie spürte lediglich ihr Vorhandensein. Rückblickend können wir verstehen, weshalb sie an diesem Punkt kaum hätte weitergehen können. Ihre Situation war der eines Menschen vergleichbar, der aus seinem Heimatland vertrieben und mit der Aufgabe konfrontiert wird, sein ganzes Leben auf eine neue Grundlage zu stellen. Clare mußte einen fundamentalen Wandel in ihrer Einstellung zu sich selbst und in ihren Beziehungen zu anderen herbeiführen. Natürlich wurde sie verwirrt bei dieser Aussicht mit all ihren Komplikationen. Der Hauptgrund für die Sperre aber war, daß es trotz ihrer Entschlossenheit, das Abhängigkeitsproblem zu lösen, immer noch starke unbewußte Kräfte gab, die eine endgültige Lösung verhinderten. Sie hing sozusagen in der Luft zwischen zwei Formen der Lebensbewältigung, nicht bereit, die alte aufzugeben, und nicht bereit, nach der neuen zu greifen.

Daher wurden die nächsten Wochen durch ein Auf und Ab in rascher Folge charakterisiert. Sie schwankte zwischen Zeiten, in denen die Erfahrung mit Peter und alles, was sie nach sich zog, als einer weit entfernten Vergangenheit zugehörig erschien, und anderen, in denen sie sich verzweifelt danach sehnte, ihn zurückzugewinnen. Einsamkeit wurde dann als unfaßbare, an ihr verübte Grausamkeit empfunden.

An einem dieser Tage ertappte sie sich, als sie allein von einem Konzert nach Hause ging, bei dem Gedanken, daß jeder besser dran sei als sie. Aber, so argumentierte sie, andere Menschen sind auch allein. Ja, aber sie sind es gern. Aber Menschen, die Unfälle haben, sind schlechter dran. Ja, aber sie werden in Krankenhäusern versorgt. Und was ist mit den Arbeitslosen? Ja, sie sind schlecht dran, aber sie sind verheiratet. An diesem Punkt erkannte sie plötzlich, wie absurd ihre Argumentation war. Immerhin waren nicht alle Arbeitslosen glücklich verheiratet; und selbst wenn, so war die Ehe doch keine Lösung für alles. Sie erkannte, daß eine Tendenz am Werk sein mußte, die sie veranlaßte, sich selbst übertriebenes Elend einzureden. Der Schatten von Unglücklichsein war vertrieben, sie fühlte sich erleichtert.

Als sie diesen Vorfall zu analysieren begann, fiel ihr zuerst die Melodie eines Liedes aus der Sonntagsschule ein, ohne daß sie sich an den Text erinnern konnte. Dann ihre Notoperation am Blinddarm. Dann die Spalte »Ärmste der Armen«, die zu Weihnachten veröffentlicht wurde. Dann ein Bild von einer riesigen Gletscherspalte. Dann ein Film, in dem sie diesen Gletscher gesehen hatte; jemand war in die Spalte gestürzt und wurde im letzten Augenblick geborgen. Dann eine Erinnerung an die Zeit, als sie etwa acht Jahre alt war. Sie lag weinend im Bett und hielt es für ausgeschlossen, daß ihre Mutter nicht kommen und sie trösten würde. Sie wußte nicht, ob ein Streit mit ihrer Mutter vorausgegangen war. Alles, woran sie sich erinnerte, war die unerschütterliche Überzeugung, daß ihr Kummer die Mutter herbeischaffen und sie rühren würde. Tatsächlich erschien die Mutter nicht, und sie schlief ein.

Jetzt erinnerte sie sich an den Text zu der Melodie aus der Sonntagsschule. Wie groß auch unser Leid sein mag, hieß es darin, Gott wird uns helfen, wenn wir zu ihm beten. Plötzlich sah sie den Schlüssel zu ihren anderen Assoziationen und zu dem übertriebenen Elend, das ihnen vorausgegangen war: sie hatte die Hoffnung, daß ein großer Kummer auch Hilfe zuwege bringen würde. Und um dieses unbewußten Glaubens willen stellte sie sich selbst unglücklicher hin, als sie es war. Es war erschreckend töricht, dennoch hatte sie es getan, und zwar häufig. Bei den Tränenausbrüchen, die übrigens vollständig aufgehört hatten, war genau das geschehen. Und sie erinnerte sich an zahllose Gelegenheiten, bei denen sie sich als Inbegriff aller Erniedrigten und Beleidigten empfand, nur um einige Zeit später einzusehen, daß sie die Dinge viel schlimmer gemacht hatte, als sie tatsächlich waren. Solange sie jedoch ganz im Zeichen eines solchen Unglücks stand, sahen sich die Gründe dafür real an und wurden auch so empfunden. In solchen Zeiten hatte sie Peter oft angerufen, und er war meistens mitfühlend und hilfreich gewesen. In dieser Hinsicht konnte sie beinahe auf ihn zählen; hier hatte er sie weniger im Stich gelassen als irgend jemand sonst. Vielleicht war das eine wichtigere Bindung, als sie gewußt hatte? Manchmal aber hatte Peter ihr Elend nicht für bare Münze genommen und sie damit geneckt, wie ihre Mutter und ihr Bruder sie in ihrer Kindheit gehänselt hatten. Dann hatte sie sich zutiefst beleidigt gefühlt und war wütend auf ihn.

Ja, da war eine deutliche Struktur, die sich wiederholte – übertriebenes Elend und gleichzeitig eine Hoffnung auf Hilfe, Trost, Ermutigung, von ihrer Mutter, von Gott, von Bruce, von ihrem Mann, von Peter. Daß sie die Märtyrerrolle spielte, mußte, von allem anderen abgesehen, auch eine unbewußte Bitte um Hilfe gewesen sein.

So war Clare im Begriff, einen weiteren wichtigen Anhaltspunkt für ihre Abhängigkeit zu erkennen. Aber etwa einen Tag danach begann sie gegen ihre Entdeckung aus zwei Gründen Einwände zu machen. Einmal war es schließlich nichts Ungewöhnliches, in schlechten Zeiten von einem Freund freundschaftliche Gesinnung zu erwarten. Worin sonst bestand der Wert der Freundschaft? Jeder ist gut zu einem, wenn man fröhlich und zufrieden ist. Mit seinen Kümmernissen aber kann man nur zu einem Freund gehen. Das andere Argument, mit dem sie ihre Entdeckung zu widerlegen suchte, war ein Zweifel daran, ob sie sich auf das Elend jenes Abends anwenden ließ, an dem sie sich herausgestellt hatte. Natürlich hatte sie ihr Unglück übertrieben, aber es war niemand dagewesen, den sie damit hätte beeindrucken, kein Peter, den sie hätte anrufen können. Sie konnte unmöglich so unvernünftig sein zu glauben, daß Hilfe nur deshalb kommen würde, weil sie sich eingeredet hatte, der unglücklichste Mensch weit und breit zu sein. Dennoch – manchmal, wenn sie sich schlecht fühlte, geschah etwas Erfreuliches. Jemand rief sie an oder lud sie zum Ausgehen ein. Sie bekam einen Brief, ihre Arbeit wurde gelobt, Radiomusik heiterte sie auf.

Sie merkte nicht gleich, daß sie zwei entgegengesetzte Standpunkte verteidigte: daß es irrational sei, wenn man sich unglücklich fühlte, Hilfe als unmittelbare Folge zu erwarten, und daß es rational sei. Aber sie sah den Widerspruch, als sie ein paar Tage später ihre Notizen noch einmal durchlas, und dann zog sie den einzig vernünftigen Schluß, sie müsse versucht haben, sich etwas auszureden.

Zuerst bemühte sie sich, ihre fragwürdige Argumentation damit zu erklären, daß sie eine generelle Abneigung dagegen empfinde, in sich etwas so Vernunftwidriges zu entdecken wie Hilfe durch ein Wunder zu erwarten – aber das befriedigte sie nicht. Dies war übrigens ein wichtiger Hinweis. Wenn wir in einem sonst rationalen Menschen einen irrationalen Bereich entdecken, können wir sicher sein, daß er etwas Wichtiges verbirgt. Der Kampf, der häufig gegen die Unvernunft geliefert wird, richtet sich in Wirklichkeit meistens dagegen, daß ihr Hintergrund aufgedeckt wird. Das galt auch hier. Aber selbst ohne solche Argumentation wurde Clare bald darauf klar, daß der wirkliche Stein des Anstoßes nicht die Unvernunft an sich war, sondern ihr Widerstand, sich ihrer Entdeckung zu stellen. Sie erkannte, daß ein Glaube, sie könne durch Leiden Hilfe beanspruchen, sie tatsächlich beherrschte.

In den nächsten Monaten sah sie mit allmählich zunehmender Klarheit und sehr im einzelnen, was dieser Glaube ihr zufügte. Sie erkannte, daß sie unbewußt dazu neigte, aus jeder Schwierigkeit, die sich in ihrem Leben ergab, eine größere Katastrophe zu machen und dann im Zustand absoluter Hilflosigkeit zusammenzubrechen; daraus folgte, daß sie trotz einer gewissen Fassade von Tapferkeit und Selbständigkeit dem Leben gegenüber überwiegend ein Gefühl von Hilflosigkeit angesichts einer überwältigenden Übermacht hatte. Sie erkannte, daß dieser feste Glaube an nahende Hilfe auf eine Art Privatreligion hinausgelaufen war und – nicht anders als eine echte Religion – eine starke Quelle des Trostes und der Beruhigung bedeutet hatte.

Außerdem gewann Clare eine vertiefte Einsicht, in welchem Ausmaß ihr Vertrauen auf jemand anders an die Stelle des Vertrauens auf sich selbst getreten war. Wenn sie stets jemanden hatte, der sie unterwies, anspornte, beriet, ihr half, sie verteidigte, sich ihres Wertes versicherte, gab es keinen Grund, weshalb sie sich bemühen sollte, die Angst zu überwinden, die es mit sich brachte, ihr Leben selber in die Hand zu nehmen. Auf diese Weise hatte die Abhängigkeitsbeziehung ihre Funktion restlos erfüllt; sie erlaubte ihr, es mit dem Leben aufzunehmen, ohne sich auf sich selbst verlassen zu müssen, und hatte sie damit um jeden echten Ansporn gebracht, die kleinmädchenhafte Einstellung aufzugeben, die ihre zwanghafte Bescheidenheit nach sich zog. In der Tat hatte die Abhängigkeit dadurch, daß sie ihren Antrieb, mehr Selbstvertrauen zu bekommen, erstickte, nicht nur ihre Schwäche fortbestehen lassen, sondern faktisch ein Interesse daran geschaffen, hilflos zu bleiben. Wenn sie bescheiden und zurückhaltend blieb, würde ihr jedes Glück, jeder Triumph zuteil werden. Jedes Bemühen um größeres Selbstvertrauen und mehr Selbstbehauptung mußte diese Erwartungen auf einen Himmel auf Erden gefährden. Diese Entdeckung wirft übrigens ein Licht auf die Panik, die sie empfand, als sie die ersten Schritte unternahm, ihre Ansichten und Wünsche geltend zu machen. Die zwanghafte Bescheidenheit hatte ihr nicht nur den Schutzmantel der Unauffälligkeit geschenkt, sondern auch die unverzichtbare Grundlage für ihre Hoffnungen auf »Liebe« gebildet.

Sie erkannte, daß es also nur eine logische Folge war, wenn der Partner, dem sie die gottähnliche Rolle des Wunderhelfers – um einen treffenden Ausdruck Erich Fromms zu benutzen – zugewiesen hatte, allein ausschlaggebend wurde, und daß von ihm begehrt und geliebt zu werden, das einzige war, was zählte. Peter war durch seine spezifischen Eigenschaften – offenbar war er der Typ des Retters – besonders geeignet, diese Rolle zu spielen. Seine Bedeutung für sie war nicht nur die eines Freundes, auf den man sich in jeder Zeit wirklicher Not verlassen konnte. Seine Bedeutung lag vielmehr in der Tatsache, daß er ein Werkzeug war, dessen Dienste sie beanspruchen konnte, indem sie ihr Bedürfnis danach hinlänglich groß machte.

Als Folge dieser Einsichten fühlte sie sich viel freier als je zuvor. Die Sehnsucht nach Peter, die zuweilen qualvoll heftig gewesen war, begann nachzulassen. Was noch wichtiger war, die Einsicht bewirkte eine echte Änderung in ihren Lebenszielen. Bewußt hatte sich sich immer gewünscht, unabhängig zu sein, in ihrem wirklichen Leben aber war dieser Wunsch ein reines Lippenbekenntnis geblieben, und sie hatte bei jeder auftauchenden Schwierigkeit nach Hilfe gegriffen. Fähig zu werden, mit ihrem eigenen Leben fertig zu werden, wurde nun zum aktiven, lebendigen Ziel.

Als einziger kritischer Kommentar ist zu diesem Stück Analyse zu sagen, daß es das spezifische Problem außer acht ließ, das zu eben dieser Zeit einbezogen war: Clares Unfähigkeit, allein zu sein. Da ich keine Gelegenheit versäumen möchte, zu zeigen, wie man einem Problem nachgeht, werde ich zwei etwas unterschiedliche Wege anführen, auf denen man sich ihm hätte nähern können.

Clare hätte von der Überlegung ausgehen können, daß ihre Kummerphasen im letzten Jahr bereits deutlich zurückgegangen waren. Sie hatten in einem solchen Ausmaß abgenommen, daß sie selbst sich aktiver mit äußeren und inneren Schwierigkeiten auseinandersetzte. Diese Überlegung hätte zu der Frage geführt, weshalb sie gerade an diesem Punkt zu der alten Praktik Zuflucht nehmen mußte. Zugegeben, daß sie allein unglücklich war – warum stellte Einsamkeit einen derart unerträglichen Kummer dar, daß er unverzüglich nach einem Heilmittel verlangte? Und wenn Alleinsein so qualvoll war, warum konnte sie selber nicht aktiv etwas dagegen tun?

Clare hätte auch von einer Beobachtung ihres aktuellen Verhaltens ausgehen können. Sie fühlte sich elend, wenn sie allein war, aber sie bemühte sich kaum darum, mit Freunden zu verkehren oder neue Kontakte zu knüpfen; statt dessen zog sie sich in ein Schneckenhaus zurück und erwartete Wunderhilfe. Trotz ihrer sonst scharfsinnigen Selbstbeobachtung übersah

Clare vollständig, wie seltsam ihr gegenwärtiges Verhalten in dieser Hinsicht war. Solch ein eklatanter schwacher Punkt weist gewöhnlich auf einen verdrängten Faktor von beträchtlicher Macht hin.

Aber, wie ich im vorausgehenden Kapitel sagte, wenn wir einem Problem ausweichen, holt es uns ein. Dieses Problem holte Clare ein paar Wochen später ein. Sie gelangte dann auf einem etwas anderen Weg als den beiden von mir vorgeschlagenen zu einer Lösung – ein Beispiel dafür, daß auch in psychologischen Fragen mehrere Wege nach Rom führen. Da es keinen schriftlichen Bericht über diesen Teil ihrer Analyse gibt, werde ich lediglich die Schritte aufzeigen, die zu der neuen Einsicht führten.

Der erste war eine Erkenntnis, daß sie sich nur von anderen widergespiegelt zu sehen vermochte. Ihre Selbsteinschätzung wurde ausschließlich dadurch bestimmt, wie sie ihrer Meinung nach von anderen beurteilt wurde. Clare erinnerte sich nicht, wie sie zu dieser Einsicht gelangte. Sie entsann sich nur, daß sie sie so plötzlich und so heftig überfiel, daß sie beinahe ohnmächtig wurde.

Die Bedeutung dieser Einsicht wird so gut durch ein Kinderlied veranschaulicht, daß ich der Versuchung nicht widerstehen kann, es zu zitieren:

There was an old woman
As I have heard tell
She went to market
Her eggs for to sell.
She went to market
All on a market-day
And fell asleep
On the king's highway.

By came a peddler
His name was Stout
He cut off her petticoat
All round about.
He cut off her petticoat
Up to her knees
Which made the old woman
Shiver and freeze.

When the old woman
First did awake
She began to shiver
And then to shake.
She began to wonder
And then to cry,
»Mercy on me
This is not I.

But if it be I
As I hope it be
I have a little dog at home
And he will know me.
If it be I
He'll wag his little tail
If it be not I
He'll bark and he'll wail.

Home went the little woman
All in the dark
Up jumped the little dog
And began to bark.
He began to bark
And she began to cry,
»Mercy on me
This is not I.«

Es war einmal eine alte Frau,
man hat mir erzählt,
sie ging zum Markt,
wollt ihre Eier verkaufen.
Sie ging zum Markt,
ein Markttag war's,
und sie schlief ein
auf des Königs Straße.

Da kam ein Hausierer,
sein Name war Stout,
schnitt ab ihren Unterrock
rundum und um.

Er schnitt ihren Unterrock ab
bis zum Knie,
das macht' die alte Frau
zittern und frieren.

Als die alte Frau
schließlich erwachte,
begann sie zu zittern
und dann zu beben.
Sie begann sich zu wundern
und dann zu weinen,
»Erbarme dich meiner,
das bin nicht ich.«

»Aber wenn ich es bin,
wie ich hoff', es mög' sein,
ich hab' einen kleinen Hund daheim,
der wird mich erkennen.
Wenn ich es bin,
wird er mit dem kleinen Schwanz wedeln,
bin ich es nicht,
wird er bellen und jaulen.«

Nach Hause ging die kleine Frau
im tiefen Dunkel,
auf sprang der kleine Hund,
fing an zu bellen.
Er begann zu bellen,
und sie begann zu weinen,
»Erbarme dich meiner,
das bin nicht ich.«

Der zweite Schritt, der zwei Wochen später folgte, betraf direkter ihr Aufbegehren gegen das Alleinsein. Ihre Einstellung zu diesem Problem hatte sich seit ihrer Analyse der »privaten Religion« gewandelt. Sie empfand den Schmerz, allein zu sein, immer noch so heftig wie zuvor, aber anstatt hilflosem Elend zu erliegen, hatte sie aktive Schritte unternommen, Einsamkeit zu vermeiden. Sie suchte die Gesellschaft anderer und freute sich daran. Doch etwa eine Woche lang war sie völlig besessen von der Idee, sie müsse einen festen Freund haben. Am liebsten hätte sie alle Menschen, denen sie begegnete – Friseur, Schneiderin, Sekretärin, verheiratete Freunde –, gefragt, ob sie keinen Mann kannten, der für sie geeignet wäre. Jede, die verheiratet war oder einen festen Freund hatte, betrachtete sie mit heftigstem Neid. Diese Gedanken nahmen solche Dimensionen an, daß sie schließlich fand, all dies sei nicht nur kläglich, sondern eindeutig zwanghaft.

Erst jetzt vermochte sie zu sehen, daß ihre Unfähigkeit, allein zu sein, im Laufe der Beziehung zu Peter erheblich zugenommen und nach der Trennung einen Höhepunkt erreicht hatte. Ebenso wurde sie sich klar darüber, daß sie selbstgewählte Einsamkeit sehr wohl ertragen konnte. Qualvoll wurde es nur, wenn die Einsamkeit nicht freiwillig war; dann fühlte sie sich verstoßen, unerwünscht, ausgeschlossen, geächtet. So erkannte sie, daß das Problem nicht in einer generellen Unfähigkeit, allein zu sein, bestand, sondern in einer Überempfindlichkeit dagegen, zurückgestoßen zu werden.

Als sie diese Entdeckung mit ihrer Erkenntnis, daß ihre Selbsteinschätzung völlig durch die Beurteilung seitens anderer bestimmt wurde, in Zusammenhang brachte, begriff sie, daß für sie das bloße Nichtvorhandensein von Beachtung bedeutete, zum Kehricht zu gehören. Daß diese Empfindlichkeit gegen Ablehnung überhaupt nichts damit zu tun hatte, ob sie diejenigen, die sie zurückwiesen, gern hatte, sondern ausschließlich ihre Selbstschätzung betraf, wurde ihr durch eine Erinnerung aus dem College klargemacht. Im College hatte es eine Gruppe von snobistischen Mädchen gegeben, die eine verschworene Clique bildeten, aus der sie sie ausgeschlossen hatten. Sie besaß weder Achtung noch Zuneigung für diese Mädchen, aber da waren Augenblicke, in denen sie alles dafür gegeben hätte, zu ihnen zu gehören. In diesem Zusammenhang dachte Clare auch an die enge Gemeinschaft zwischen ihrer Mutter und ihrem Bruder, aus der sie ausgeschlossen gewesen war. Zwischenfälle tauchten auf, bei denen sie ihr zu verstehen gegeben hatten, daß sie in ihren Augen nur lästig war.

Ihr wurde klar, daß die Reaktion, die sie jetzt entdeckte, tatsächlich zu der Zeit begonnen hatte, als sie aufhörte, gegen diskriminierende Behandlung zu rebellieren. Bis dahin hatte sie eine natürliche Sicherheit gehabt, ebenso gut zu sein wie die anderen, und spontan dagegen reagiert, wie ein minderwertiger Mensch behandelt zu werden. Aber auf die Dauer war die Isolierung, die durch ihren Widerstand unweigerlich hervorgerufen wurde, mehr, als sie ertragen konnte, wie im zweiten Kapitel gezeigt. Um von den anderen akzeptiert zu werden, hatte sie sich unterworfen, hatte das implizierte Urteil, minderwertig zu sein, hingenommen und die anderen als überlegene Wesen zu bewundern begonnen. Unter dem Druck einer überwältigenden Übermacht hatte sie ihrer Menschenwürde den ersten Schlag versetzt.

Sie begriff nun, daß Peters Bruch mit ihr sie nicht nur auf sich selbst gestellt hatte, und zwar zu einer Zeit, als sie immer noch recht abhängig war, sondern sie außerdem mit dem Gefühl, nicht das mindeste wert zu sein, zurückgelassen hatte. Die Kombination der beiden Faktoren war verantwortlich für die tiefe Schockwirkung der Trennung. Es war das Gefühl der Wertlosigkeit, das es unerträglich gemacht hatte, allein zu sein. Dieses Gefühl hatte zuerst nach einem Wundermittel verlangt und dann den besessenen Wunsch nach einem festen Freund als Mittel zur Rehabilitierung hervorgerufen. Diese Einsicht brachte einen sofortigen Wandel zuwege. Der Wunsch nach einem Freund verlor seinen zwanghaften Charakter, und sie konnte allein sein, ohne sich bedrückt zu fühlen; zuweilen vermochte sie es sogar zu genießen.

Sie sah auch, wie ihre Reaktion auf Ablehnung während der unglücklichen Beziehung zu Peter gewirkt hatte. Rückblickend erkannte sie, daß Peter sie auf subtile Art zurückzuweisen begonnen hatte, bald nachdem der erste Rausch einer Liebesaffäre verflogen war. Durch seine Methode, sich zurückzuziehen, sowie durch die Reizbarkeit, die er in ihrer Gegenwart bewies, hatte er in ständig steigendem Maße gezeigt, daß er sie nicht wollte. Natürlich war sein Rückzug durch die Liebesbeteuerungen, die er ihr gleichzeitig gegeben hatte, bemäntelt worden, aber das konnte nur mit Erfolg geschehen, weil sie die Augen vor der offenkundigen Tatsache verschlossen hatte, daß er von ihr loskommen wollte. Anstatt das zu erkennen, was sie gewußt haben mußte, hatte sie immer größere Anstrengungen gemacht, ihn zu behalten. Anstrengungen, die durch ein verzweifeltes Bedürfnis, ihre Selbstachtung wiederherzustellen, bestimmt wurden. Jetzt war es ihr klar, daß gerade diese Bemühungen, der Demütigung zu entrinnen, ihre Würde mehr verletzt hatten als alles andere.

Diese Anstrengungen waren insofern besonders verderblich gewesen, als sie nicht nur eine unkritische Unterwerfung unter Peters Wünsche beinhalteten, sondern auch eine unbewußte Übersteigerung ihres Gefühls für ihn. Je mehr ihr wirkliches Gefühl für ihn abnahm, so wurde ihr klar, desto mehr hatte sie es zu einem Höhepunkt falscher Emotion aufgepeitscht und sich dadurch noch tiefer in ihre Versklavung verstrickt. Ihre Einsichten in die Bedürfnisse, die diese »Liebe« ausmachten, hatten die Tendenz zu einer Inflation von Gefühlen verringert, aber erst jetzt sanken ihre Gefühle jäh auf ihren eigentlichen Stand ab; in aller Klarheit entdeckte sie, daß sie sehr wenig für ihn empfand. Diese Erkenntnis gab ihr ein Gefühl heiterer Ruhe, das sie seit langem nicht gehabt hatte. Anstatt zwischen der Sehnsucht nach Peter und dem Wunsch, sich zu rächen, hin und her zu schwanken, nahm sie ihm gegenüber einen gelassenen Standpunkt ein. Sie schätzte seine guten Eigenschaften nach wie vor, wußte aber, daß es ihr unmöglich war, je wieder eng mit ihm verbunden zu sein.

Mit dieser letzten hier zu berichtenden Entdeckung ging Clare die Abhängigkeit von einer neuen Warte aus an. Die bis zu diesem Punkt geleistete Arbeit läßt sich als eine schrittweise Erkenntnis zusammenfassen, daß sie wegen ihrer hochgeschraubten Erwartungen an den Partner abhängig war. Schritt für Schritt hatte sie sich die Natur dieser Erwartungen klargemacht, wobei diese Arbeit in der Analyse der »privaten Religion« gipfelte. Jetzt erkannte sie außerdem, wie der Verlust des spontanen Selbstvertrauens unmittelbarer zu der Abhängigkeit beigetragen hatte. Die entscheidende Entdeckung in dieser Hinsicht war die Erkenntnis, daß ihr Selbstbild gänzlich von der Beurteilung durch andere bestimmt wurde. Es entspricht der Bedeutung dieser Einsicht, daß sie sie so tief traf, daß sie beinahe ohnmächtig wurde; die emotionale Erkenntnis dieser Tendenz stellte eine so tiefgreifende Erfahrung dar, daß sie sie für einen kurzen Augenblick fast überwältigte. Die Einsicht an sich löste das Problem nicht, bildete aber die Basis dafür, daß sie die Inflation ihrer Gefühle erkannte und ebenso die weitreichende Bedeutung, die »Ablehnung« für sie besaß.

Dieser Teil der Analyse bahnte auch den Weg für ein späteres Verständnis ihres verdrängten Ehrgeizes. Er befähigte sie zu erkennen, daß von anderen akzeptiert zu werden ein Mittel war, ihre angeschlagene Selbstachtung zu heben, ein Zweck, der aus einer anderen Richtung durch den Ehrgeiz, andere auszustechen, erfüllt wurde.

Einige Monate, nachdem sie die hier geschilderte Arbeit vollendet hatte, kehrte Clare zur analytischen Behandlung zurück, teils, weil sie die Dinge mit mir durchsprechen wollte, teils wegen verbliebener Hemmungen beim kreativen Schreiben. Wie im dritten Kapitel erwähnt, benutzten wir jene Zeit, um ihr Bedürfnis, andere auszustechen, oder, allgemeiner gesagt, ihre verdrängten aggressiven und rachsüchtigen Tendenzen durchzuarbeiten. Ich bin überzeugt davon, daß sie diese Arbeit hätte allein bewältigen können, wenn es sie auch vielleicht eine längere Zeit gekostet hätte. Die Analyse der verdrängten aggressiven Tendenzen trug wiederum zu einem noch besseren Verständnis der Abhängigkeit bei. Außerdem beseitigte sie dadurch, daß sie sie positiver machte, jede eventuell noch vorhandene Gefahr, daß sie wieder in eine andere pathologisch abhängige Beziehung verfallen würde. Aber die Macht, die durch ihr Bedürfnis, in einem Partner aufzugehen, auf sie ausgeübt wurde, war im wesentlichen durch die von ihr allein geleistete analytische Arbeit gebrochen worden.

9. Kapitel

# Geist und Regeln systematischer Selbstanalyse

Da wir die psychoanalytische Arbeit bereits von mehreren Gesichtspunkten aus besprochen und an einem ausführlichen Beispiel das allgemeine Verfahren bei der Selbstanalyse gesehen haben, ist es kaum notwendig – und wäre in der Tat eine Wiederholung –, die Methode der Selbstanalyse systematisch zu erörtern. Die folgenden Bemerkungen wollen daher lediglich gewisse Überlegungen unterstreichen, von denen viele bereits in anderen Zusammenhängen erwähnt wurden und die besondere Aufmerksamkeit verdienen, wenn man allein vorgeht.

Wie wir gesehen haben, ist der Prozeß der freien Assoziation, der offenen und vorbehaltlosen Selbstäußerung Ausgangspunkt und ständige Basis jeder analytischen Arbeit – der Selbstanalyse ebenso wie der fachlichen –, aber er ist keineswegs leicht durchzuführen. Man könnte meinen, dieses Verfahren sei einfacher, wenn man allein arbeitet, denn dann gibt es niemanden, der den Anschein erwecken kann, mißzuverstehen, zu kritisieren, sich aufzudrängen oder sich zu rächen; übrigens ist es auch nicht so demütigend, sich selbst jene Dinge einzugestehen, deren man sich schämen mag. Bis zu einem gewissen Grad stimmt das, obwohl es ebenso zutrifft, daß ein Außenstehender allein durch sein Zuhören für Anreiz und Ermutigung sorgt. Aber es besteht keinerlei Zweifel, daß die größten Hindernisse für freie Äußerung, ob man nun allein oder mit einem Analytiker arbeitet, immer in einem selbst liegen. Man ist so ängstlich darauf bedacht, gewisse Faktoren zu ignorieren und das Selbstbild aufrechtzuerhalten, daß man – allein oder nicht allein – nur hoffen kann, dem Ideal freier Assoziationen in etwa nahezukommen. Angesichts dieser Schwierigkeiten sollte sich derjenige, der allein arbeitet, von Zeit zu Zeit daran erinnern, daß er gegen sein wahres Eigeninteresse handelt, wenn er irgendeinen aufkommenden Gedanken oder ein Gefühl überspringt oder wegläßt. Ebenso sollte er daran denken, daß die Verantwortung ganz bei ihm liegt: es gibt niemanden außer ihm, der ein fehlendes Bindeglied erraten oder wegen einer bestehenden Lücke nachfragen könnte.

Diese Gewissenhaftigkeit ist besonders wichtig, was die Äußerung von Gefühlen betrifft. Hier gibt es zwei Regeln, die man sich merken sollte. Einmal sollte der Betreffende versuchen, das zu äußern, was er wirklich fühlt, und nicht das, was nach Tradition und seinen eigenen Maßstäben von ihm erwartet wird. Er sollte zumindest wissen, daß es eine breite, bedeutsame Kluft zwischen echten und künstlich angeeigneten Gefühlen geben kann, und sich manchmal fragen – nicht beim Assoziieren, sondern danach –, was er wirklich bei der Angelegenheit empfindet. Die andere Regel lautet, daß er seinen Gefühlen so freien Spielraum lassen sollte, wie er nur irgend kann. Auch das ist leichter gesagt als getan. Es kann lächerlich wirken, wenn er sich durch eine anscheinend geringfügige Kränkung zutiefst verletzt fühlt. Es kann verwirrend und widerwärtig sein, wenn er jemandem, dem er nahesteht, mißtraut oder ihn haßt. Er kann bereit sein, eine leise Gereiztheit zuzugeben, es aber erschreckend finden, sich die tatsächlich vorhandene Wut zuzugestehen. Er muß sich jedoch daran erinnern, daß keine Situation weniger gefährlich für eine aufrichtige Äußerung von Gefühlen ist als die Analyse, soweit es äußere Konsequenzen betrifft. In der Analyse zählt nur die innere Konsequenz, und die besteht darin, die volle Intensität eines Gefühls zu erkennen. Das ist wichtig, weil wir auch in psychologischen Dingen keinen hängen können, wir hätten ihn denn.

Natürlich kann niemand Gefühle, die verdrängt sind, gewaltsam ans Tageslicht bringen. Man kann nur eines tun, nämlich jene, die in Reichweite sind, nicht zurückhalten. Beim besten Willen der Welt hätte Clare zu Beginn ihrer Analyse nicht mehr Groll gegen Peter empfinden oder äußern können, als sie es tat. Doch als ihre Analyse voranschritt, vermochte sie allmählich die vorhandene Intensität ihrer Gefühle besser zu erfassen. Von einem Gesichtspunkt aus ließe sich die gesamte Entwicklung, die sie durchmachte, als wachsende Freiheit, das zu fühlen, was sie wirklich empfand, beschreiben.

Ein weiteres Wort zur Methode der freien Assoziation: es ist wesentlich, sich des logischen Denkens zu enthalten, während man assoziiert. Der Verstand hat seinen Platz in der Analyse, und es gibt reichlich Gelegenheit, ihn zu benutzen – nachher. Aber, wie bereits betont, besteht der Kern freier Assoziation in Spontaneität. Wer sich daranmacht, sollte daher nicht versuchen, durch Kalkulation zu einer Lösung zu gelangen. Nehmen Sie zum Beispiel an, daß Sie sich so ermüdet und so schlapp fühlen, daß Sie ins Bett kriechen und sich für krank erklären möchten. Sie schauen aus einem Fenster im zweiten Stock und ertappen sich bei dem schwermütigen Gedanken, daß Sie sich höchstens einen Arm brechen würden, wenn Sie hinunterfielen. Das verblüfft Sie. Sie hatten nicht gewußt, daß Sie verzweifelt waren, sogar so verzweifelt, daß Sie sterben wollten. Dann hören Sie, wie ein Stockwerk höher ein Radio angestellt wird, und Sie denken einigermaßen erbittert, daß Sie den Kerl, der es laufen läßt, erschießen möchten. Sie schließen richtig, daß hinter ihrem Sichkrankfühlen sowohl Wut wie Verzweiflung stecken müssen. Soweit haben Sie gut gearbeitet. Sie fühlen sich bereits weniger gelähmt: wenn Sie auf etwas wütend sind, werden Sie vielleicht die Gründe dafür finden können. Aber jetzt beginnen Sie bewußt ungestüm danach zu suchen, was Sie in Wut versetzt haben könnte. Sie gehen alle Zwischenfälle durch, die sich ereignet haben, bevor Sie sich so müde fühlten. Es ist möglich, daß Sie den Anlaß finden, wahrscheinlich aber ist, daß Ihr ganzes bewußtes Forschen scheitert – und daß die wirkliche Ursache Ihnen eine halbe Stunde später *einfallen* wird, nachdem Sie durch die Vergeblichkeit Ihrer Bemühungen entmutigt worden sind und die bewußte Suche aufgegeben haben.

Ebenso unproduktiv wie solche Versuche, eine Lösung zu erzwingen, ist das Vorgehen eines Menschen, der sich, noch während er seinen Gedanken freien Lauf läßt, bemüht, die Bedeutung seiner Assoziationen dadurch zu ermitteln, daß er seine Schlüsse zieht. Was immer ihn dazu veranlaßt, ob es Ungeduld ist oder ein Bedürfnis, sich herauszustellen, oder eine Furcht, unkontrollierten Gedanken und Gefühlen nachzugeben, diese Einschaltung des Verstandes muß den entspannten Zustand stören, der für die freie Assoziation erforderlich ist. Natürlich kann ihm die Bedeutung einer Assoziation spontan klarwerden. Clares Assoziationskette, die mit dem Text des Kirchenliedes endet, ist ein gutes Beispiel dafür: hier zeigten ihre Assoziationen ein zunehmendes Maß an Klarheit, obwohl keine bewußte Anstrengung gemacht worden war, sie zu verstehen. Mit anderen Worten: die zwei Prozesse – Selbstäußerung und Verständnis – können manchmal zusammenfallen. Aber soweit es sich um bewußte Bemühung handelt, sollten sie streng getrennt gehalten werden.

Wenn damit deutlich zwischen freiem Assoziieren und Verständnis unterschieden wird, wann also hört man mit dem Assoziieren auf und versucht zu verstehen? Zum Glück gibt es dafür keinerlei Regeln. Solange Gedanken frei laufen, hat es keinen Sinn, sie künstlich anzuhalten. Früher oder später werden sie durch etwas, das stärker ist als sie, gestoppt. Vielleicht gelangt der Betreffende an einen Punkt, wo er neugierig wird, was all das bedeuten mag. Oder er kann plötzlich eine emotionale Seite anschlagen, die auf etwas Licht zu werfen verspricht, das ihn beunruhigt. Oder vielleicht gehen ihm einfach die Gedanken aus, was ein Anzeichen von Widerstand sein, aber auch darauf hinweisen kann, daß er das Thema für den Augenblick erschöpft hat. Oder er hat vielleicht nur begrenzte Zeit zur Verfügung und möchte sich trotzdem an der Deutung seiner Aufzeichnungen versuchen.

Was das Verständnis von Assoziationen betrifft, so ist der Bereich der Themen und der Kombinationen, die sie bieten können, so gewaltig, daß es unmöglich festgelegte Regeln für die Bedeutung individueller Elemente in individuellen Zusammenhängen geben kann. Gewisse grundlegende Prinzipien sind in dem Kapitel über den Anteil des Analytikers am analytischen Prozeß besprochen worden. Aber notwendigerweise bleibt vieles dem Scharfsinn, der Wachsamkeit und der Konzentration des einzelnen überlassen. Ich werde deshalb lediglich das, was bereits gesagt wurde, durch einige Bemerkungen über den Geist erweitern, in dem die Interpretation unternommen werden sollte.

Wenn ein Mensch zu assoziieren aufhört und seine Notizen durchzugehen beginnt, um sie zu verstehen, muß sich seine Arbeitsmethode ändern. Anstatt völlig passiv und aufnahmebereit gegenüber allem, was auftaucht, zu sein, wird er aktiv. Jetzt kommt sein Verstand ins Spiel. Aber ich würde das lieber negativ ausdrücken: er schließt den Verstand nicht länger aus. Sogar jetzt benutzt er ihn nicht ausschließlich. Die Einstellung, die er sich aneignen sollte, wenn er die Bedeutung einer Assoziationskette zu erfassen sucht, ist schwer, einigermaßen genau zu beschreiben. Der Prozeß sollte zweifellos nicht zu einer reinen Verstandesübung entarten. Wenn er das will, wird er besser daran tun, Schach zu spielen, den Kurs der Weltpolitik vorauszusagen oder sich auf Kreuzworträtsel zu verlegen. Ist er bestrebt, vollständig abgerundete Interpretationen auszutüfteln und dabei keine mögliche Nebenbedeutung auszulassen, so mag das seine Eitelkeit befriedigen, indem es seine überlegene Intelligenz beweist, ein wirkliches Verständnis seiner selbst wird es ihm jedoch kaum näherbringen. Ein solches Bemühen zieht sogar eine gewisse Gefahr nach sich, denn es kann den Fortschritt dadurch behindern, daß es ein selbstgefälliges Gefühl von Allwissenheit erzeugt, während er in Wirklichkeit nur Einzelheiten registriert hat, ohne sich durch irgend etwas tangieren zu lassen.

Das andere Extrem, eine rein emotionale Einsicht, ist bei weitem nützlicher. Wenn sie nicht weiter ausgearbeitet wird, ist sie auch nicht ideal, weil sie es zuläßt, daß viele bedeutsame Hinweise, die noch nicht ganz klar sind, aus dem Blickfeld verschwinden. Aber wie wir aus Clares Analyse gesehen haben, kann eine Einsicht dieser Art etwas in Bewegung setzen. Frühzeitig erlebte sie bei ihrer Arbeit ein intensives Gefühl von Verlorenheit in Zusammenhang mit ihrem Traum von der fremden Stadt; es wurde dann erwähnt, daß es zwar unmöglich zu beweisen sei, ob diese emotionale Erfahrung irgendeine Wirkung auf die weitere Analyse hatte, daß sie aber durch ihren beunruhigenden Charakter sehr wohl Clares striktes Tabu gegen jede Berührung der komplexen Bande, die sie an Peter fesselten, gelockert haben kann. Ein anderer Fall ereignete sich während Clares Schlußkampf gegen ihre Abhängigkeit, als sie ihren Widerstand dagegen spürte, ihr Leben selber in die Hand zu nehmen; sie hatte damals kein intellektuelles Verständnis für die Bedeutung dieser gefühlsmäßigen Einsicht, dennoch half sie ihr, aus einem Zustand lethargischer Hilflosigkeit herauszukommen.

Anstatt ein wissenschaftliches Meisterstück hervorbringen zu wollen, sollte derjenige, der allein arbeitet, seine Interpretation durch sein Interesse lenken lassen. Er sollte einfach dem nachgehen, was seine Aufmerksamkeit fesselt, was seine Neugier erregt, was eine emotionale Saite in ihm anschlägt. Wenn er flexibel genug ist, sich durch sein spontanes Interesse leiten zu lassen, kann er ziemlich sicher sein, daß er intuitiv jene Themen auswählen wird, die gerade seinem Verständnis am zugänglichsten sind oder sich in das Problem, an dem er arbeitet, einordnen.

Ich nehme an, dieser Rat wird gewisse Zweifel erwecken. Befürworte ich nicht eine zu große Nachsicht? Wird das Interesse des Betreffenden ihn nicht dazu führen, Themen herauszusuchen, die ihm vertraut sind? Würde dieser Kurs nicht bedeuten, seinen Widerständen nachzugeben? Ich werde die Frage, wie man mit Widerständen fertig wird, in einem eigenen Kapitel behandeln. Hier nur soviel. Natürlich bedeutet, sich von seinen Interessen leiten zu lassen, den Weg des geringsten Widerstandes zu gehen. Aber der *geringste* Widerstand ist nicht dasselbe wie *kein* Widerstand. Das Prinzip sagt im wesentlichen, jene Themen zu verfolgen, die im Augenblick am wenigsten verdrängt werden. Und das ist genau das Prinzip, nach dem der Analytiker verfährt, wenn er Interpretationen zumißt. Wie bereits betont, wird er jene Faktoren zur Deutung auswählen, von denen er glaubt, daß der Patient sie zu dem Zeitpunkt vollständig erfassen kann, und er wird davon absehen, in Probleme einzusteigen, die noch immer tief verdrängt werden.

Clares gesamte Selbstanalyse veranschaulicht die Gültigkeit dieses Verfahrens. Mit anscheinender Sorglosigkeit gab sie sich nie damit ab, irgendein Problem anzupacken, das in ihr keine Reaktion hervorrief, auch wenn es kaum zu übersehen sein mochte. Ohne etwas über das Prinzip der Lenkung durch das Interesse zu wissen, wandte sie es bei ihrer Arbeit intuitiv an, und es nützte ihr sehr. Ein Beispiel mag für viele stehen. In der Assoziationskette, die mit dem ersten Auftauchen des Tagtraums von dem großen Mann endete, erkannte Clare nur die Rolle, die das Schutzbedürfnis in ihren Beziehungen spielte. Die ihre übrigen Erwartungen an Männer betreffenden Hinweise tat sie gänzlich ab, obwohl sie einen augenfälligen, hervorstechenden Teil des Tagtraums bildeten. Diese intuitive Auswahl führte sie auf den besten Weg, den sie hätte verfolgen können. Sie bewegte sich keineswegs nur auf vertrautem Grund. Die Feststellung, daß Schutzbedürfnis ein wesentlicher Bestandteil ihrer »Liebe« war, bedeutete die Entdeckung eines bisher unbekannten Faktors. Überdies stellte diese Entdeckung, wie man sich erinnern wird, den ersten Angriff auf ihre wohlgehütete Illusion von »Liebe« dar, an sich ein schmerzlicher und einschneidender Schritt. Gleichzeitig das erschwerende Problem ihrer parasitären Einstellung zu Männern aufzugreifen wäre fraglos zu hart gewesen, es sei denn, sie hätte sich damit auf oberflächliche Weise befaßt. Das bringt einen letzten Punkt zur Sprache: Es ist nicht möglich, mehr als eine bedeutsame Einsicht auf einmal zu absorbieren. Versucht man das zu tun, so wird es für beide, oder für alle, schädlich sein. Jede relevante Einsicht braucht Zeit und ungeteilte Konzentration, wenn sie sich einprägen und Wurzeln schlagen soll.

Das Verständnis für eine Assoziationskette verlangt Flexibilität nicht nur in Richtung auf die Arbeit, wie eben erörtert, sondern auch in der Betrachtungsweise. Mit anderen Worten, man muß sich bei der Auswahl von Problemen von spontanen emotionalen Interessen ebenso wie von der Intelligenz leiten lassen; und auch beim Studium der aufkommenden Probleme muß man mühelos von besonnenem Denken zu intuitivem Erfassen von Zusammenhängen übergehen. Diese letzte Bedingung ließe sich mit der beim Studium eines Gemäldes erforderlichen Einstellung vergleichen: wir denken über die Komposition, über Farbzusammenstellungen, über Pinselstrich und ähnliches nach, ziehen aber ebenso die gefühlsmäßigen Reaktionen in Erwägung, die das Gemälde in uns auslöst. Dies entspricht auch der Haltung, die der Analytiker den Assoziationen des Patienten gegenüber einnimmt. Während ich einem Patienten zuhöre, denke ich manchmal angestrengt über mögliche Bedeutungen nach, und mitunter gelange ich lediglich dadurch zu einer Mutmaßung, daß ich das Reden des Patienten auf meine intuitiven Fähigkeiten einwirken lasse. Die Überprüfung jeder Entdeckung, gleichgültig, wie man zu ihr gelangt ist, erfordert jedoch immer volle geistige Wachsamkeit.

Jemand kann natürlich finden, daß in einer Assoziationskette nichts sein besonderes Interesse verlangt; er sieht lediglich die eine oder andere Möglichkeit, aber nichts Aufschlußreiches. Oder er kann, im entgegengesetzten Extrem, feststellen, daß ihm, selbst wenn er sich in einen Zusammenhang vertieft, bestimmte Elemente ebenfalls als bemerkenswert auffallen. In beiden Fällen wird er gut daran tun, die offengelassene Frage am Rande zu notieren. Vielleicht werden ihm, wenn er seine Aufzeichnungen später durchgeht, die rein theoretischen Möglichkeiten etwas mehr bedeuten, oder die aufgeschobenen Fragen können ausführlicher behandelt werden.

Es bleibt noch eine letzte Gefahr zu erwähnen: Nehmen Sie nie mehr hin, als Sie wirklich glauben. Diese Gefahr ist bei der normalen Analyse größer, besonders wenn der Patient dazu neigt, sich autoritativen Aussagen zu unterwerfen. Doch es kann auch eine Rolle spielen, wenn ein Mensch sich auf seine eigenen Fähigkeiten verläßt. Er kann sich zum Beispiel verpflichtet fühlen, was immer an »schlechten« Dingen über ihn zum Vorschein kommt, zu akzeptieren und einen »Widerstand« zu vermuten, wenn er das zu tun zögert. Aber er wird sich auf viel sichererem Boden befinden, wenn er seine Deutung nur als Test betrachtet und sich nicht einzureden versucht, sie sei definitiv. Der Kern der Analyse ist Wahrhaftigkeit, und die sollte sich auch auf Hinnahme oder Nichthinnahme von Interpretationen erstrekken.

Die Gefahr, eine Deutung zu geben, die irreführend oder zumindest nutzlos ist, kann nie ausgeschlossen werden, aber man sollte sich dadurch nicht einschüchtern lassen. Wenn man nicht nachgibt, sondern im richtigen Geist weitermacht, wird sich früher oder später ein gewinnbringender Weg eröffnen, oder man wird merken, daß man sich in einer Sackgasse befindet, und vielleicht sogar aus dieser Erfahrung lernen. Clare hatte beispielsweise, bevor sie mit ihrer Analyse der Abhängigkeit begann, einige Monate damit verbracht, nach einem angeblichen Bedürfnis, ihren Willen durchzusetzen, zu forschen. Aus den später zutage getretenen Einzelheiten können wir verstehen, wie sie in diese Richtung geführt wurde. Sie erzählte mir allerdings, sie habe während dieser Versuche niemals ein Gefühl von innerer Gewißheit gehabt, das auch nur entfernt jenen später während des geschilderten Zeitraums erlebten ähnelte. Zudem war der entscheidende Grund, aus dem sie zuerst diesen Weg eingeschlagen hatte, daß Peter ihr häufig vorwarf, sie sei dominierend. Das veranschaulicht zwei obengenannte Gesichtspunkte: wie wichtig es ist, einmal seinen eigenen Interessen zu folgen und zum anderen nichts ohne restlose Überzeugung hinzunehmen. Aber obwohl diese erste Untersuchung Clares Zeitverschwendung bedeutete, ging sie ohne Schaden zu Ende und hinderte sie nicht daran, danach überaus konstruktive Arbeit zu leisten.

Der konstruktive Charakter von Clares Arbeit war nicht nur auf die essentielle Richtigkeit ihrer Deutungen zurückzuführen, sondern auch auf die Tatsache, daß ihre Analyse in diesem Zeitraum ein bemerkenswertes Maß an Kontinuität aufwies. Ohne daß sie beabsichtigte, sich auf ein Problem zu konzentrieren – lange Zeit wußte sie nicht einmal, welches es war –, wurde alles, was sie begann, zu einem Beitrag zu dem Problem ihrer Abhängigkeit. Diese unerschütterliche, unbewußte Konzentration auf ein einziges Problem, die sie veranlaßte, es unnachgiebig von immer neuen Seiten aus anzugehen, ist zwar wünschenswert, wird jedoch selten in gleichem Maße erreicht. Wir können das in Clares Fall erklären, denn in jener Zeit lebte sie unter einem gewaltigen Druck – wie gewaltig, erkannte sie in vollem Umfang erst später –, und folglich verwendete sie unbewußt ihre ganzen Kräfte darauf, die Probleme zu lösen, die daran mitwirkten. Solch eine zwingende Situation kann nicht künstlich geschaffen werden. Aber je absorbierender das Interesse an einem Problem, desto mehr wird man sich einer ähnlichen Konzentration annähern.

Clares Selbstanalyse veranschaulicht sehr gut die drei im dritten Kapitel erörterten Schritte: eine neurotische Tendenz erkennen; ihre Mitgegebenheiten verstehen; und ihre Wechselbeziehungen zu anderen neurotischen Tendenzen entdecken. In Clares Analyse überschnitten sich die Schritte in gewissem Grade, wie es häufig der Fall ist: sie erkannte viele der Mitgegebenheiten, bevor sie schließlich die Tendenz selbst entdeckte. Auch unternahm sie keine Anstrengung, bei ihrer Analyse bestimmte Wege zu gehen: sie nahm sich nicht bewußt vor, eine neurotische Tendenz zu entdecken, und sie untersuchte nicht bewußt die Zusammenhänge zwischen ihrer Abhängigkeit und ihrer zwanghaften Bescheidenheit. Die Erkenntnis der Tendenz kam von allein; und ähnlich wurden, als die analytische Arbeit fortschritt, die Bindeglieder zwischen den beiden Tendenzen fast automatisch mehr und mehr sichtbar. Mit anderen Worten wählte Clare die Probleme nicht aus – zumindest nicht bewußt –, sondern die Probleme kamen zu ihr und zeigten, als sie sich offenbarten, eine organische Kontinuität.

In Clares Analyse gab es zudem eine wieder andersgeartete Kontinuität, die sogar noch wichtiger ist und es leichter ermöglicht, ihr nachzueifern: zu keiner Zeit war da irgendeine Einsicht, die isoliert oder zusammenhanglos blieb. Was wir sich entwikkeln sehen, ist keine Anhäufung von Einsichten, sondern ein Strukturmuster. Selbst wenn jede individuelle Einsicht, die ein Mensch in einer Analyse gewinnt, richtig ist, kann er sich trotzdem der größten Vorteile aus seiner Arbeit berauben, sofern die Einsichten vereinzelt bleiben.

So hätte Clare, nachdem sie erkannt hatte, daß sie sich in Kummer versinken ließ, weil sie insgeheim glaubte, dadurch Hilfe verlagen zu können, lediglich den Ursprung dieses Charakterzuges in der Kindheit herausfinden und ihn als fortwirkenden Kingerglauben betrachten können. Das hätte womöglich etwas geholfen, da niemand ohne guten Grund wirklich unglücklich sein möchte; wenn sie das nächstemal in Trübsal verfallen würde, hätte sie diesen Zustand kurzerhand selbst beenden können. Aber eine solche Behandlung ihrer Einsicht hätte bestenfalls im Laufe der Zeit die schweren Anfälle von übersteigertem Unglücklichsein vermindert. Zudem stellten diese Anfälle nicht die bedeutsamste Äußerung des Charakterzuges dar. Oder sie hätte nicht weiter als bis zum nächsten Schritt gehen können, mit dem sie ihre Entdeckung mit ihrem tatsächlichen Mangel an Selbstbehauptung in Zusammenhang brachte und erkannte, daß ihr Glaube an Wunderhilfe den Ersatz dafür bildete, sich aktiv mit den Schwierigkeiten des Lebens auseinanderzusetzen. Das hätte, obwohl immer noch unzulänglich, erheblich mehr geholfen, weil es einen neuen Ansporn geboten hätte, die Einstellung von Hilflosigkeit, die hinter dem Glauben lag, insgesamt loszuwerden. Hätte sie jedoch den Glauben an Wunderhilfe nicht mit ihrer Abhängigkeit in Zusammenhang gebracht und das eine als einen wesentlichen Bestandteil des anderen erkannt, so hätte sie den Glauben nicht völlig überwinden können, weil sie immer den unbewußten Vorbehalt gemacht hätte, daß Hilfe stets verfügbar wäre, wenn sie nur die beständige »Liebe« finden könnte. Bloß weil sie diesen Zusammenhang sah und den Trugschluß in einer solchen Erwartung ebenso erkannte wie den schmerzlichen Preis, den sie dafür zahlen mußte, hatte die Einsicht jene radikal befreiende Wirkung.

Es ist also keineswegs eine Frage von rein theoretischem Interesse, wenn jemand entdeckt, wie eine Charaktereigenschaft in seiner Struktur mit vielfältigen Wurzeln und mit vielfältigen Wirkungen verankert ist, es ist auch von größter therapeutischer Bedeutung. Dieses Erfordernis ließe sich in den bekannten Begriffen der Dynamik ausdrücken: man muß die treibenden Kräfte einer Eigenschaft kennen, bevor man sie ändern kann. Aber dieses Wort ist wie eine Münze, die durch langen Gebrauch ein bißchen abgenutzt und dünn geworden ist. Nebenbei erweckt sie gewöhnlich die Vorstellung von Triebkräften und könnte hier dahingehend interpretiert werden, daß man lediglich solche Kräfte zu suchen braucht, entweder in der frühen Kindheit oder in der Gegenwart. In diesem Fall wäre der Begriff der treibenden Kräfte irreführend, denn der Einfluß, den ein Charakterzug auf die gesamte Persönlichkeit ausübt, ist genauso wichtig wie die Faktoren, die sein Vorhandensein bestimmen.

Dieses Bewußtsein struktureller Wechselbeziehungen ist keineswegs nur in psychologischen Dingen belangvoll. Die Überlegungen, die ich hervorgehoben habe, gelten mit gleichem Gewicht beispielsweise für Fragen organischer Krankheit. Kein guter Arzt wird eine Herzkrankheit als isoliertes Phänomen betrachten. Er wird auch erwägen, auf welche Weise das Herz durch andere Organe beeinflußt wird, etwa durch Nieren oder Lunge. Und er muß wissen, wie der Herzzustand wiederum andere Systeme im Körper affiziert: wie er zum Beispiel auf den Blutkreislauf oder die Leberfunktion einwirkt. Seine Kenntnis solcher Einflüsse wird ihm helfen, die Intensität der Krankheit zu erfassen.

Wenn es also bei der analytischen Arbeit wesentlich ist, sich nicht in breitgestreute Einzelheiten zu verlieren, wie kann dann die wünschenswerte Kontinutiät zustande gebracht werden? Theoretisch ist die Antwort in den vorhergehenden Absätzen mitenthalten. Hat ein Mensch eine einschlägige Beobachtung gemacht oder eine Einsicht in sich selbst gewonnen, so sollte er untersuchen, wie die aufgedeckte Eigenheit sich auf verschiedenen Gebieten manifestiert, welche Konsequenzen sie hat und welche Faktoren in seiner Persönlichkeit dafür verantwortlich sind. Aber das mag man als recht abstrakte Feststellung ansehen, und ich werde deshalb versuchen, sie durch ein konstruiertes Beispiel zu veranschaulichen. Dabei ist allerdings zu berücksichtigen, daß jedes knappe Beispiel notwendigerweise einen Eindruck von Klarheit und Einfachheit vermittelt, die in Wirklichkeit nicht existieren. Auch vermag ein solches Beispiel, das die Vielfalt der zu erkennenden Faktoren aufzeigen soll, nicht die emotionellen Erfahrungen wiederzugeben, die ein Mensch macht, wenn er sich selbst analysiert, und somit zeichnet es ein einseitiges und übertrieben rationales Bild.

Dieser Vorbehalte eingedenk, wollen wir uns einen Menschen vorstellen, der beobachtet hat, daß er in bestimmten Situationen, in denen er sich gern an Diskussionen beteiligen würde, stumm bleibt, weil er mögliche Kritik fürchtet. Läßt er es zu, daß diese Beobachtung in ihm Wurzel faßt, wird er sich über die einbezogene Angst zu wundern beginnen, da sie in keinem Verhältnis zu irgendeiner realen Gefahr steht. Er wird sich fragen, weshalb die Furcht so groß ist, daß sie ihn nicht nur daran hindert, seine Gedanken zu äußern, sondern ebenso am klaren Denken. Er wird sich fragen, ob die Angst größer ist als sein Ehrgeiz und als alle praktischen Erwägungen, die es um seiner Karriere willen wünschenswert machen würden, daß er einen guten Eindruck erweckt.

Da er demgemäß ein Interesse an seinem Problem gewonnen hat, wird er herauszufinden suchen, ob ähnliche Schwierigkeiten in anderen Lebensbereichen wirksam sind und welche Form sie gegebenenfalls annehmen. Er wird seine Beziehungen zu Frauen überprüfen. Ist er zu schüchtern, sich ihnen zu nähern, weil sie etwas an ihm auszusetzen haben könnten? Wie steht es mit seinem Sexualleben? War er eine Zeitlang impotent, weil er über ein Versagen nicht hinwegkommen konnte? Geht er ungern auf Partys? Wie sieht es bei Einkäufen aus? Kauft er einen teuren Whisky, weil der Verkäufer ihn sonst für zu sparsam halten könnte? Gibt er zu großzügig Trinkgeld, weil der Kellner auf ihn herabsehen könnte?Wie verletzlich ist er überdies genau, was Kritik anbetrifft? Was reicht aus, eine Verwirrung auszulösen oder ihn sich gekränkt fühlen zu lassen? Ist er nur gekränkt, wenn seine Frau offen seine Krawatte kritisiert, oder ist er beunruhigt, wenn sie lediglich Jimmy lobt, weil er Krawatte und Socken immer aufeinander abstimmt?

Solche Überlegungen werden ihm einen Eindruck von dem Ausmaß und von der Intensität seiner Schwierigkeit vermitteln sowie von deren verschiedenen Symptomen. Er wird dann wissen wollen, wie sie sein Leben beeinflußt. Daß sie ihn auf vielen Gebieten gehemmt macht, weiß er bereits. Er kann sich nicht behaupten; er ist zu nachgiebig in dem, was andere von ihm erwarten, und deshalb kann er nie er selbst sein, sondern muß automatisch eine Rolle spielen. Das macht ihn wütend auf andere, denn sie scheinen ihn zu beherrschen, aber es reduziert auch seine Selbstschätzung.

Schließlich hält er Ausschau nach Faktoren, die für die Schwierigkeit verantwortlich sind. Was macht ihn so furchtsam vor Kritik? Er erinnert sich vielleicht, daß seine Eltern sehr strenge Maßstäbe an ihn legten, und an jede Menge von Vorfällen bei denen er gescholten wurde oder man ihm ein Gefühl von Unzulänglichkeit einprägte. Aber er wird auch all die schwachen Punkte in seiner derzeitigen Persönlichkeit zu bedenken haben, die ihn in ihrer Gesamtheit von anderen abhängig machen und ihn deshalb deren Meinung über ihn als unabdingbar wichtig betrachten lassen. Wenn er die Antworten auf alle derartigen Fragen finden kann, wird seine Erkenntnis, daß er sich vor Kritik fürchtet, keine isolierte Einsicht mehr sein, sondern er wird die Beziehung dieses Charakterzuges zu seiner gesamten Persönlichkeitsstruktur sehen.

Man kann sehr wohl fragen, ob ich mit diesem Beispiel meine, daß ein Mensch, der einen neuen Faktor entdeckt hat, bewußt seine Erfahrungen und Gefühle auf die verschiedenen angedeuteten Arten durchforschen sollte. Fraglos nicht, da ein solches Vorgehen dieselbe Gefahr eines rein verstandesmäßigen Übergewichts in sich schließen würde, wie sie zuvor erörtert wurde. Aber er sollte sich eine Periode des Nachdenkens zugestehen. Er sollte über seine Entdeckung auf etwa die gleiche Weise nachsinnen wie ein Archäologe, der eine Statue, einen schwer beschädigten Torso, ausgegraben hat, seinen Fund von allen Seiten betrachtet, bis sich die ursprünglichen Züge seinem geistigen Auge offenbaren. Jeder neue Faktor, den ein Mensch erkennt, ist wie ein Scheinwerfer, der auf bestimmte Bereiche seines Lebens gerichtet ist und Stellen ausleuchtet, die bisher im Dunkel lagen. Er muß sie geradezu sehen, wenn er nur stark daran interessiert ist, sich selbst zu erkennen. Dies sind Augenblicke, in denen die Anleitung eines Fachmanns besonders nützlich wäre. In solchen Zeiten würde ein Analytiker dem Patienten aktiv helfen, die Bedeutung der Entdeckung zu erkennen, indem er die eine oder andere Frage aufwirft, die sie nahelegt, und sie mit früheren Entdeckungen verknüpft. Wenn keine solche Hilfe von außen vorhanden ist, unterläßt man tunlichst eine überstürzte Fortführung der Analyse, erinnert sich daran, daß eine neue Einsicht eine Eroberung neuen Gebietes bedeutet, und sucht von dieser Eroberung dadurch zu profitieren, daß man ihre Gewinne konsolidiert. Zu jedem der Beispiele in dem Kapitel über gelegentliche Selbstanalyse nannte ich Fragen, die durch die erlangte Einsicht hätten nahegelegt werden können. Wir können ziemlich sicher sein, daß die Betroffenen nur deshalb nicht auf diese Fragen stießen, weil ihr Interesse mit der Behebung ihrer unmittelbaren Schwierigkeiten endete.

Wenn Clare gefragt würde, wie sie eine derart bemerkenswerte Kontinuität in ihrer Analyse erreichte, würde sie wahrscheinlich ungefähr die gleiche Antwort geben wie ein Koch, wenn er um ein Rezept gebeten wird. Seine Antwort läuft meistens darauf hinaus, daß er sich nach seinem Gefühl richtet. Aber im Fall der Analyse ist diese Antwort nicht so unbefriedigend wie in dem eines Omeletts. Niemand kann Clares Gefühle entleihen, aber jeder hat seine eigenen Gefühle, an die er sich halten kann. Und das bringt uns zurück zu einer Feststellung, die zuvor bei der Erörterung der Interpretation von Assoziationen gemacht wurde: Es ist nützlich, einige Kenntnis von dem zu besitzen, wonach man sich umsieht, aber diese Ausschau sollte durch die eigene Initiative und das eigene Interesse gesteuert werden. Man sollte die Tatsache akzeptieren, daß man ein lebendes Wesen ist, von Bedürfnissen und Interessen getrieben, und die Illusion aufgeben, der eigene Verstand arbeite mit gutgeölter, maschinengleicher Perfektion. In diesem Prozeß zählt, wie in so vielen anderen, Gründlichkeit beim Vordringen zu der einen oder anderen Mitgegebenheit mehr als Vollständigkeit. Die Mitgegebenheiten, die einem entgehen, werden zu einem späteren Zeitpunkt zutage treten, wenn man vielleicht eher bereit ist, sie zu erkennen.

Die Kontinuität der Arbeit wird wahrscheinlich auch durch Dinge beeinträchtigt, die außerhalb der eigenen Kontrolle liegen. Der Betreffende muß mit Unterbrechungen rechnen, da er nicht in einem Erfahrungsvakuum lebt. Jede Menge von täglichen Erfahrungen wird auf sein Denken übergreifen, von denen manche vielleicht gefühlsmäßige Reaktionen auslösen, die sofortige Klärung verlangen. Angenommen zum Beispiel, daß Clare ihre Stellung verloren hätte, während sie an dem Problem ihrer Abhängigkeit arbeitete, oder daß sie einen neuen Job angenommen hätte, der mehr Initiative, Standvermögen und Führungsqualitäten erforderte. In beiden Fällen wären andere Probleme als ihre Abhängigkeit in den Vordergrund getreten. Unter solchen Umständen kann man nur eines tun, nämlich diese Störungen überwinden und mit den entstehenden Problemen bestmöglich fertig werden. Man kann jedoch genauso Erfahrungen machen, die bei dem akuten Problem helfen. So spornte Peters Abbruch der

Beziehung Clare zweifellos an, weitere analytische Arbeit an ihrem Problem zu leisten.

Insgesamt ist es nicht notwendig, sich zuviel Gedanken über Eingriffe von außen zu machen. Ich habe bei der Arbeit mit Patienten herausgefunden, daß selbst einschneidende äußere Ereignisse den Verlauf der Analyse nur kurzfristig umlenken. Ziemlich schnell und oft, ohne es zu wissen, wechselt der Patient wieder zu dem Problem zurück, an dem er gearbeitet hat, wobei er es manchmal an genau der Stelle wiederaufnimmt, an der er es verlassen hatte. Wir brauchen nicht zu irgendeiner geheimnisvollen Erklärung für diesen Vorgang zu greifen wie etwa der Annahme, dieses Problem finde mehr Anklang bei dem Patienten als Ereignisse in der Außenwelt. Da die meisten Erfahrungen eine Anzahl von Reaktionen auslösen können, ist es wahrscheinlicher, daß jene, die dem akuten Problem am nächsten kommt, ihn zutiefst berühren und dadurch veranlassen wird, den Faden wiederaufzunehmen, den er gerade fallenlassen wollte.

Die Tatsache, daß diese Bemerkungen eher subjektive Faktoren betont als klare Richtlinien geboten haben, mag die Kritik ins Gedächtnis zurückrufen, die gegen die Analyse vorgebracht wurde, sie sei mehr ein künstlerisches als ein wissenschaftliches Verfahren. Eine Diskussion über dieses Argument würde uns zu weit abschweifen lassen, weil sie eine philosophische Begriffsklärung notwendig machen würde. Was hier zählt, ist eine praktische Überlegung. Wenn die Analyse als künstlerische Tätigkeit bezeichnet wird, würde das vielen Menschen suggerieren, man müsse besonders begabt sein, um sich mit ihr zu befassen. Natürlich sind unsere Talente unterschiedlich. Und genauso, wie manche Menschen besonders geschickt in handwerklichen Dingen sind oder einen besonders klaren Blick für Politik haben, besitzen andere eine spezielle natürliche Begabung für psychologisches Denken. Worauf es jedoch wirklich ankommt, ist keine geheimnisvolle künstlerische Begabung, sondern ein genau definierbarer Faktor – nämlich das Interesse oder der Ansporn. Das bleibt ein subjektiver Faktor, aber ist er nicht der entscheidende für die meisten Dinge, die wir tun? Was zählt, ist der Geist und nicht die Regeln.

## 10. Kapitel

# Vom Umgang mit Widerständen

Die Analyse bringt ein Kräftespiel im Ich in Gang oder akzentuiert es, das zwischen zwei Faktorengruppen mit gegensätzlichen Interessen stattfindet. Das Interesse der einen Gruppe besteht darin, die Illusionen und die Sicherheit, die durch die neurotische Struktur gewährt werden, unverändert zu erhalten; das der anderen Gruppe ist es, ein Maß an innerer Freiheit und Stärke dadurch zu erlangen, daß die neurotische Struktur zerstört wird. Aus diesem Grund ist die Analyse, wie bereits nachdrücklich betont wurde, nicht primär ein Prozeß objektiver verstandesmäßiger Forschung. Der Intellekt ist ein Opportunist und dient jedwedem Interesse, das gerade den größten Einfluß hat. Die Kräfte, die sich der Befreiung widersetzen und bestrebt sind, den Status quo zu erhalten, werden durch jede Einsicht herausgefordert, die imstande ist, die neurotische Struktur zu gefährden; derart herausgefordert, versuchen sie, den Fortschritt auf die eine oder andere Weise zu blockieren. Sie treten als »Widerstände« gegen die analytische Arbeit auf, ein Begriff, der treffend von Freud verwendet wurde, um damit alles zu bezeichnen, was diese Arbeit von innen her behindert.

Widerstand wird keineswegs nur durch die analytische Situation hervorgerufen. Sofern wir nicht unter Ausnahmebedingungen leben, ist das Leben selbst eine zumindest ebenso große Herausforderung für die neurotische Struktur wie der Analytiker. Die geheimen Ansprüche eines Menschen an das Leben müssen häufig wegen ihres absoluten und starren Charakters unerfüllt bleiben. Andere teilen die Illusionen, die er über sich selbst hat, nicht und werden ihn verletzen, indem sie sie in Frage stellen oder ignorieren. Angriffe auf seine kunstvoll ausgearbeiteten, aber unstabilen Schutzmaßnahmen sind unvermeidlich. Diese Herausforderungen können einen konstruktiven Einfluß ausüben, aber er kann auch – wie er es in der Analyse tut – zuerst mit Angst und Wut darauf reagieren, wobei die eine oder andere überwiegt, und dann mit einer Verstärkung der neurotischen Tendenzen. Er wird, je nachdem, noch introvertierter, noch dominierender, noch abhängiger.

Teilweise erzeugt die Beziehung zu dem Analytiker ungefähr die gleichen Gefühle und Reaktionen wie die Beziehungen zu anderen. Da aber die Analyse ein ausdrücklicher Angriff auf die neurotische Struktur ist, ist die Herausforderung, die sie darstellt, größer.

Im größten Teil der analytischen Literatur gilt es implizite oder explizite als Grundsatz, daß wir unseren Widerständen gegenüber hilflos sind, das heißt, daß wir sie nicht ohne fachmännischen Beistand überwinden können. Diese Überzeugung wird als stärkstes Argument der Idee der Selbstanalyse entgegengehalten werden. Und es ist ein Argument, das nicht nur auf Analytiker, sondern auch auf jeden Patienten, der analysiert worden ist, beträchtlichen Einfluß haben wird, weil beide, Analytiker wie Patient, die zähen, ausweichenden Kämpfe kennen, die entbrennen, wenn man sich gefährlichem Gebiet nähert. Doch ein Appell an die Erfahrung kann niemals ein schlüssiges Argument sein, weil die Erfahrung selbst durch den gesamten Komplex herrschender Begriffe und Bräuche sowie durch unsere Mentalität bestimmt wird. Spezifischer gesagt, wird analytische Erfahrung durch die Tatsache bestimmt, daß der Patient keine Chance bekommt, allein seine Widerstände zu bekämpfen.

Eine gewichtigere Erwägung stellt die theoretische Voraussetzung dar, die der Überzeugung des Analytikers zugrunde liegt und die nicht mehr und nicht weniger ist als Freuds gesamte Philosophie über die Natur des Menschen. Dieses Thema ist zu kompliziert, um sich hier darin zu vertiefen. Nur soviel: Wenn der Mensch von Trieben beherrscht wird und wenn darunter der Zerstörungstrieb eine führende Rolle spielt – wie es Freud postulierte –, bleibt in der menschlichen Natur, wenn überhaupt, nicht viel Raum für konstruktive Kräfte, die auf Entwicklung und Entfaltung hinstreben könnten. Und es sind diese konstruktiven Kräfte, die den dynamischen Gegenpol zu jenen darstellen, die den Widerstand erzeugen. Sie zu leugnen muß notwendigerweise zu einer defätistischen Einstellung gegenüber der Möglichkeit führen, unsere Widerstände durch unsere eigenen Bemühungen zu überwinden. Ich teile diesen Aspekt der Freudschen Philosophie nicht, aber ich bestreite nicht, daß die Frage des Widerstandes eine ernsthafte Überlegung bleibt. Das Ergebnis der Selbstanalyse hängt wie das jeder Analyse im großen und ganzen von der Stärke der Widerstandskräfte sowie von der Stärke des Ich ab, mit ihnen fertig zu werden.

Das Ausmaß, in dem ein Mensch Widerständen gegenüber faktisch hilflos ist, wird nicht nur durch ihre offenkundige, sondern auch durch ihre verborgene Stärke bedingt – mit anderen Worten dadurch, in welchem Grade sie wahrnehmbar sind. Natürlich können sie im offenen Kampf entdeckt und überwunden werden; ein Patient kann sich zum Beispiel völlig bewußt sein, daß er einen Widerstand dagegen hat, zur Analyse zu kommen, oder er kann sogar realisieren, daß er bis aufs Messer dagegen kämpft, eine neurotische Tendenz aufzugeben, wie Clare es schließlich in ihrem Kampf für und gegen ihre Abhängigkeit tat. Häufiger schleichen sich Widerstände in verschleierter Form an ihn heran, ohne daß er sie als solche erkennt. In diesem Fall weiß er nicht, daß Widerstandskräfte am Werk sind; er ist lediglich unproduktiv oder fühlt sich lustlos, müde, entmutigt. Und er ist natürlich hilflos, wenn er so mit einem Feind konfrontiert wird, der nicht nur unsichtbar ist, sondern, soviel er weiß, nicht einmal existiert.

Einer der wichtigsten Gründe, aus denen er das Vorhandensein eines Widerstandes nicht zu erkennen vermag, ist die Tatsache, daß Abwehrprozesse nicht nur in Bewegung gesetzt werden, wenn er direkt mit den einbezogenen Problemen konfrontiert wird, das heißt, wenn seine geheimen Ansprüche an das Leben aufgedeckt, eine Illusion in Frage gestellt, seine Schutzmaßnahmen gefährdet werden, sondern auch, wenn er sich diesen Bereichen von fern nähert. Je mehr er darauf bedacht ist, sie intakt zu erhalten, desto empfindlicher ist er gegen eine Annäherung selbst aus weiter Entfernung. Er ist wie ein Mensch, der sich vor Gewittern fürchtet und der nicht nur Angst vor Donner und Blitz hat, sondern sogar auf eine Wolke, die hinten am Horizont aufzieht, mit Besorgnis reagiert. Diese Fernreaktionen entgehen der Aufmerksamkeit so leicht, weil sie mit dem Aufkommen eines Themas entstehen, das offensichtlich harmlos ist und nicht den Anschein erweckt, starke Gefühle irgendwelcher Art zu erregen.

Die Fähigkeit, Widerstände zu erkennen, erfordert einige präzise Kenntnis ihrer Ursprünge und ihrer Äußerungen. Daher erscheint es angebracht, all das zu rekapitulieren, was über das Thema an verschiedenen Stellen des Buches gesagt wurde – oft ohne ausdrückliche Erwähnung des Terminus »Widerstand« –, und bestimmte Gesichtspunkte hinzuzufügen, die für die Selbstanalyse von besonderem Interesse sind.

Die Ursprünge des Widerstands sind die Summe der Interessen eines Menschen, den Status quo zu erhalten. Diese Interessen sind – und dies ganz entschieden – nicht identisch mit dem Wunsch, krank zu bleiben. Jeder möchte Behinderungen und Leiden loswerden, und in diesem Wunsch ist er ganz und gar für eine Änderung, und zwar schnell. Erhalten möchte er nicht »die Neurose«, sondern diejenigen ihrer Aspekte, die sich für ihn als von ungeheurem subjektivem Wert erwiesen haben und die seiner Meinung nach die Aussicht auf künftige Sicherheit und Befriedigung bieten. Die grundlegenden Faktoren, die niemand auch nur im geringsten modifizieren möchte, sind kurz jene, die seine geheimen Ansprüche auf das Leben betreffen, seine Ansprüche auf »Liebe«, Macht, Unabhängigkeit und ähnliches, seine Illusionen über sich selbst, die Sicherheitszonen, innerhalb deren er sich verhältnismäßig ungezwungen bewegt. Wie diese Faktoren genau beschaffen sind, hängt von der Natur seiner neurotischen Tendenzen ab. Da die Kennzeichen und die Triebkräfte neurotischer Tendenzen bereits beschrieben wurden, brauche ich hier nicht weiter ins Detail zu gehen.

Bei der fachlichen Analyse ist der Anlaß zum Widerstand in der großen Mehrzahl der Fälle etwas, das sich in der Analyse selbst ereignet hat. Wenn sich starke sekundäre Abwehrmechanismen entwickelt haben, tauchen die ersten Widerstände auf, sobald der Analytiker die Gültigkeit dieser Abwehrmechanismen in Frage stellt, das heißt, sobald er irgendeinen Zweifel an der Richtigkeit, Redlichkeit oder Unveränderlichkeit irgendeines Faktors in der Persönlichkeit des Patienten erhebt. So wird ein Patient, dessen sekundäre Abwehrmechanismen darin bestehen, alles, was ihn betrifft, Fehler eingeschlossen, als vortrefflich und einmalig anzusehen, ein Gefühl der Hoffnungslosigkeit entwickeln, sobald eine seiner Motivationen in Frage gestellt wird. Ein anderer Patient wird mit einer Mischung aus Reizbarkeit und Entmutigung reagieren, sobald er auf eine Spur von Unvernunft in sich stößt oder der Analytiker ihn darauf hinweist. Es geschieht in Übereinstimmung mit der Funktion der sekundären Abwehrmechanismen – Schutz des gesamten entwickelten Systems –, daß diese Abwehrmechanismen nicht nur ausgelöst werden, wenn ein spezieller verdrängter Faktor in Gefahr ist, aufgedeckt zu werden, sondern wenn irgend etwas, ohne Rücksicht auf den Inhalt, in Zweifel gezogen wird.

Aber wenn die sekundären Abwehrmechanismen keine solche Lebenskraft besitzen oder wenn sie aufgedeckt wurden und ihnen entgegengetreten worden ist, sind Widerstände größtenteils eine Reaktion auf Angriffe auf spezifische verdrängte Faktoren. Sobald man sich, dicht oder entfernt, einem Bereich nähert, der tabu für den einzelnen Patienten ist, wird er gefühlsmäßig mit Furcht oder Wut reagieren und automatisch eine Abwehrhandlung in Gang bringen, um weitere Übergriffe zu verhindern. Diese Verletzung eines Tabus braucht kein spezifischer Angriff zu sein, sondern kann lediglich aus dem allgemeinen Verhalten des Analytikers resultieren. Alles, was er tut oder verabsäumt, sagt oder nicht sagt, kann einen der wunden Punkte des Patienten treffen und ein bewußtes oder unbewußtes Ressentiment verursachen, das die kooperative Arbeit vorerst blockiert.

Aber Widerstände gegen die analytische Arbeit können auch durch Faktoren außerhalb der analytischen Situation ausgelöst werden. Wenn äußere Umstände sich während der Analyse derart ändern, daß sie ein reibungsloses Funktionieren der neurotischen Tendenzen begünstigen oder sie sogar tatsächlich nutzbar machen, wird der Anlaß zum Widerstand erheblich gesteigert; die Ursache ist natürlich, daß die sich der Wandlung widersetzenden Kräfte gestärkt worden sind. Aber Widerstand kann auch durch ungünstige Entwicklungen im täglichen Leben hervorgerufen werden. Wenn ein Patient beispielsweise meint, er sei von jemandem in seinem Kreis unfair behandelt worden, kann seine Empörung so groß sein, daß er in der Analyse jede Bemühung verweigert, den wirklichen Grund zu suchen, weshalb er sich gekränkt oder beleidigt fühlte, da seine gesamte Energie auf Rache konzentriert ist. Ein Widerstand kann, mit anderen Worten, durch Entwicklungen sowohl außerhalb als auch innerhalb der analytischen Situation erzeugt werden, wenn ein verdrängter Faktor berührt wird, sei es spezifisch oder indirekt.

Im Prinzip sind die Anlässe zum Widerstand bei der Selbstanalyse die gleichen. Hier sind es jedoch nicht die Deutungen des Analytikers, die einen Widerstand auslösen, sondern der Übergriff des Betreffenden selbst auf eine schmerzliche Einsicht oder Mitgegebenheit. Zudem fehlt der Anlaß, der im Verhalten des Analytikers liegen kann. Das ist in gewissem Grade ein Vorteil der Selbstanalyse, obwohl nicht vergessen werden sollte, daß sich diese Provokationen als höchst konstruktiv erweisen können, wenn die Reaktionen auf sie richtig analysiert werden. Schließlich haben bei der Selbstanalyse die Erfahrungen des täglichen Lebens anscheinend eine größere Macht, eine Sperre auszulösen. Das ist ohne weiteres verständlich: bei der fachlichen Analyse sind die Emotionen des Patienten weitgehend auf den Analytiker konzentriert, wegen der Bedeutung, die er für den Augenblick bekommen hat, aber wenn die Analyse allein unternommen wird, fehlt eine solche Konzentration.

Die Art und Weise, wie sich Widerstände in der fachlichen Analyse äußern, läßt sich ganz allgemein unter drei Rubriken einordnen: erstens ein offener Kampf gegen das provozierende Problem; zweitens emotionale Abwehrmechanismen; und drittens Abwehrhemmungen oder Ausweichmanöver. Diese diversen Äußerungen unterscheiden sich zwar in der Form, in ihrer Unmittelbarkeit, aber im wesentlichen nur graduell.

Zur Veranschaulichung wollen wir annehmen, daß der Analytiker sich bei einem Patienten, der ein zwanghaftes Streben nach absoluter »Unabhängigkeit« hat, mit dessen Schwierigkeiten in zwischenmenschlichen Beziehungen zu befassen beginnt. Der Patient empfindet diesen Schritt als indirekten Angriff auf seine Zurückhaltung und damit auf seine Unabhängigkeit. Hierin hat er recht, da jede Arbeit an seinen Schwierigkeiten mit Menschen nur sinnvoll ist, wenn das Endziel darin besteht, seine menschlichen Beziehungen zu verbessern, ihm zu größerer Freundlichkeit und zu einem Solidaritätsgefühl anderen gegenüber zu verhelfen. Der Analytiker mag diese Ziele nicht einmal bewußt anstreben; er mag glauben, daß er lediglich die Schüchternheit des Patienten verstehen möchte, sein herausforderndes Verhalten, seine Schwierigkeiten bei Frauen. Aber der Patient spürt die herannahende Gefahr. Sein Widerstand kann dann die Form einer offenen Weigerung annehmen, sich mit den erwähnten Schwierigkeiten zu befassen, einer freimütigen Erklärung, er wolle sich auf keinen Fall mit Menschen abgeben. Oder er kann mit Mißtrauen gegen den Analytiker reagieren und argwöhnen, daß dieser ihm seine Maßstäbe aufdrängen wolle; er kann zum Beispiel glauben, der Analytiker wolle ihm auferlegen, eine ihm widerwärtige Geselligkeit zu pflegen. Oder er kann einfach die Lust an der analytischen Arbeit verlieren; er kommt, wenn er bestellt ist, zu spät, ihm fällt nicht viel ein, er wechselt das Thema, er hat keine Träume mehr, er überhäuft den Analytiker mit so verwickelten Träumen, daß diesem deren Bedeutung unverständlich bleibt.

Die erste Form des Widerstandes, der offene Kampf, ist hinlänglich klar und bekannt und bedarf daher keiner ausführlichen Behandlung. Die dritte Form, Abwehrhemmungen oder Ausweichtaktiken, wird gleich im Hinblick auf ihre Bedeutung für die Selbstanalyse zu erörtern sein. Die zweite Form jedoch, emotionale Abwehrmechanismen, ist bei der fachlichen Analyse besonders bedeutsam, denn dort können solche Reaktionen auf den Analytiker konzentriert sein.

Es gibt mehrere Arten, auf die sich ein Widerstand in emotionalen Reaktionen, den Analytiker betreffend, äußern kann. In dem eben erwähnten Beispiel reagierte der Patient mit einem Verdacht, er werde irregeführt. Bei anderen kann die Reaktion eine intensive, aber vage Furcht sein, durch die Analyse verletzt zu werden. Oder sie kann nur in einer unklaren Verärgerung bestehen oder in einer Geringschätzung für den Analytiker, weil er zu dumm sei, zu begreifen oder zu helfen. Oder sie kann in Form einer verschwommenen Angst auftreten, die der Patient dadurch zu beschwichtigen sucht, daß er sich um die Freundschaft oder Liebe des Analytikers bemüht.

Die bestürzende Intensität, die diese Reaktionen mitunter annehmen, ist teilweise der Tatsache zuzuschreiben, daß der Patient sich in etwas bedroht fühlt, das für die von ihm aufgebaute Struktur wesentlich ist, sie ist aber auch auf den strategischen Wert der Reaktionen selbst zurückzuführen. Solche Reaktionen tragen dazu bei, das Schwergewicht von der wichtigen Aufgabe, Ursachen und Wirkungen herauszufinden, auf viel sichereres Gebiet zu verlagern, indem er eine gefühlsmäßige Situation zu dem Analytiker schafft. Anstatt seinen eigenen Problemen nachzugehen, konzentriert der Patient seine Bemühungen darauf, den Analytiker zu überzeugen, ihn für sich zu gewinnen, ihm zu beweisen, daß er sich irrt, seine Bemühungen zu durchkreuzen, ihn dafür zu bestrafen, daß er in ein Gebiet eingedrungen ist, das tabu ist. Und mit dieser Verlagerung des Schwergewichts gibt der Patient entweder dem Analytiker die Schuld an all seinen

Schwierigkeiten, wobei er sich selbst davon überzeugt, daß er mit jemandem, der ihn mit so wenig Verständnis und Fairneß behandelt, nicht vorwärtskommen kann, oder er schiebt dem Analytiker die ganze Verantwortung für die Arbeit zu und wird selbst untätig und teilnahmslos. Unnötig hinzuzufügen, daß diese emotionalen Kämpfe verborgen vor sich gehen können und daß es ein gut Teil analytischer Arbeit erfordern kann, sie dem Patienten zu Bewußtsein zu bringen. Wenn sie auf diese Weise verdrängt werden, macht sich nur die draus folgende Sperre bemerkbar.

In der Selbstanalyse äußern sich Widerstände auf die gleichen drei Arten, aber mit einem unvermeidlichen Unterschied. Clares Selbstanalyse löste nur einmal einen offenen, direkten Widerstand aus, aber sie rief sehr viel verschiedengeartete Hemmung der analytischen Arbeit gegenüber hervor und eine Menge Ausweichmanöver. Gelegentlich spürte Clare eine bewußte gefühlsmäßige Reaktion auf ihre analytischen Entdeckungen – wie ihren Schock, als sie ihre parasitäre Einstellung zu Männern entdeckte –, aber solche Reaktionen behinderten ihre weitere Arbeit nicht. Und ich glaube, daß dies ein ziemlich typisches Bild davon gibt, auf welche Art und Weise Widerstände bei der Selbstanalyse wirksam werden. Auf jeden Fall ist es ein Bild, das wir billigerweise erwarten können. Gefühlsmäßige Reaktionen auf die Entdeckungen müssen vorkommen: der Betreffende wird sich besorgt, beschämt, schuldbewußt oder irritiert fühlen über das, was er in sich entdeckt. Aber diese Reaktionen nehmen nicht die Ausmaße an, wie sie es in einer fachlichen Analyse tun. Ein Grund dafür ist, daß es keinen Analytiker gibt, mit dem er sich in einen Abwehrkampf einlassen oder den er verantwortlich machen kann: er ist auf sich selbst angewiesen. Ein anderer Grund liegt darin, daß er meistens behutsamer mit sich umgeht, als es ein Analytiker täte: er wird die Gefahr weit im voraus spüren und nahezu automatisch vor einer direkten Annäherung zurückschrecken und statt dessen zu dem oder jenem Mittel Zuflucht nehmen, dem Problem für den Augenblick auszuweichen.

Das bringt uns zu den Abwehrhemmungen und Ausweichmanövern, in denen sich ein Widerstand äußern kann. Diese Formen, den Weg zu blockieren, sind ebenso zahllos wie die Varianten in der Persönlichkeit, und sie können sich an jeder Stelle des Weges entwickeln. Ihre Symptome in der Selbstanalyse lassen sich am zweckmäßigsten erörtern, indem man auf bestimmte kritische Punkte hinweist, an denen sie den Fortschritt aufhalten können. Kurz zusammengefaßt, können sie einen Menschen daran hindern, mit dem Analysieren eines Problems zu beginnen; sie können den Wert seiner freien Assoziationen beeinträchtigen; sie können sein Verständnis blockieren; sie können seine Entdeckungen entkräften.

Eine Hemmung, mit dem Analysieren eines Problems zu beginnen, kann unmerklich sein, denn normalerweise analysiert sich ein Mensch, der allein arbeitet, sowieso nicht regelmäßig. Er sollte sich keine Sorgen wegen der Perioden machen, in denen er kein Bedürfnis nach Analyse empfindet, obwohl auch in solchen Zeiten ein Widerstand wirksam sein kann. Aber er sollte dann sehr wachsam sein, wenn er sich akut unglücklich, verstimmt, müde, verärgert, unentschlossen, ängstlich fühlt und trotzdem jeden Versuch unterläßt, den Zustand zu klären. Er kann dann ein bewußtes Widerstreben dagegen empfinden, sich zu analysieren, obgleich er genau weiß, daß er sich dadurch zumindest eine Chance geben würde, aus dem Elend herauszukommen und etwas daraus zu lernen. Oder er kann jede Menge von Ausreden dafür finden, daß er den Versuch nicht unternimmt – er ist zu beschäftigt, zu müde, zu knapp an Zeit. Diese Form des Widerstands tritt wahrscheinlich häufiger bei der Selbstanalyse als bei der fachlichen Analyse auf, weil bei dieser – wenn auch der Patient gelegentlich eine Stunde vergessen oder absagen mag – durch Routine, Höflichkeit und Geld hinlänglich Druck ausgeübt wird, um ihn daran zu hindern, dies sehr oft zu tun.

Im Prozeß der freien Assoziation wirken die Abwehrhemmungen und Ausweichmanöver auf gewundenen Wegen. Sie vermögen einen Menschen glatt unproduktiv zu machen. Sie können ihn dazu führen, lieber »auszurechnen« als seinen Gedanken freien Lauf zu lassen. Sie können seine Gedanken plötzlich in andere Richtung abschweifen lassen oder gar eine Art Dösen erzeugen, bei dem er vergißt, die auftauchenden Assoziationen zu verfolgen.

Ein Widerstand kann sein Verständnis dadurch blockieren, daß er bestimmten Faktoren gegenüber Ausfallerscheinungen hervorruft. Entweder wird er solchen Faktoren keine Aufmerksamkeit schenken, oder er wird ihren Sinn oder ihre Bedeutung nicht erfassen, auch wenn er dazu absolut imstande ist; dafür gab es in Clares Analyse mehrere Beispiele. Und die Gefühle oder Gedanken, die auftauchen, können unterschätzt werden, wie Clare zu Beginn ihr Ressentiment und ihr Unglücklichsein, ihre Beziehung zu Peter betreffend, unterschätzte. Überdies kann der Widerstand zum Forschen in einer falschen Richtung führen. Hier liegt die Gefahr nicht so sehr darin, insgesamt phantasievoll in den Interpretationen zu sein – das heißt, in die Assoziationen etwas hineinzulesen, das nicht vorhanden ist –, als vielmehr einen existierenden Faktor auszuwählen, ohne daß man den Zusammenhang berücksichtigt, in dem er erscheint, und ihn dadurch falsch einzugliedern. Clares Deutung der Erinnerung an ihre Puppe Emily ist ein Beispiel dafür.

Schließlich kann, wenn ein Mensch zu einer wirklichen Entdeckung gelangt, ein Widerstand, der durch Hemmungen oder Ausweichtaktiken wirksam wird, ihren konstruktiven Wert auf vielfältige Weise zunichte machen. Vielleicht wird er die Bedeutung seiner Entdeckung entkräften. Oder er kann, anstatt geduldig daran zu arbeiten, vorzeitig befinden, daß bewußte Bemühungen, die spezielle Schwierigkeit zu überwinden, alles sind, was erforderlich ist. Oder er kann davon absehen, sie zu verfolgen, weil er sie »vergißt«, »keine Lust« dazu hat oder aus dem oder jenem Grund einfach nicht dazu kommt, es zu tun. Und wenn es notwendig ist, daß er klar Stellung bezieht, kann er in bewußtem gutem Glauben zu der einen oder anderen Kompromißlösung greifen und sich dadurch selbst über das erzielte Ergebnis täuschen. Er wird dann glauben – wie es Clare mehrmals tat –, daß er ein Problem gelöst habe, obwohl er tatsächlich immer noch weit von einer Lösung entfernt ist.

Und wie sind nun Widerstände zu bekämpfen? Um damit zu beginnen, niemand kann etwas an denjenigen tun, die unmerklich sind, weil die erste und oberste Bedingung darin besteht zu erkennen, daß ein Widerstand am Werk ist. Die meisten Widerstände können übersehen werden, besonders da man in der Regel nicht allzu erpicht darauf ist, sie zu erkennen. Aber es gibt gewisse Formen, die der Aufmerksamkeit entgehen müssen, gleichgültig, wie wachsam oder wie versessen man darauf ist vorwärtszukommen. Bei diesen rangieren an erster Stelle die Ausfallerscheinungen und die Unterschätzung von Gefühlen.

Wie schwer das Hindernis ist, das sie bilden, hängt davon ab, wie weitverbreitet und hartnäckig sie sind, und ebenso von den Kräften, die hinter ihnen stehen. In der Regel sind sie lediglich ein Ausdruck der Tatsache, daß man noch nicht imstande ist, sich gewissen Faktoren zu stellen. Clare zum Beispiel hätte zu Anfang unmöglich die Tiefe ihres Ressentiments gegen Peter oder das Ausmaß, in dem sie unter der Beziehung litt, erkennen können. Sogar ein Analytiker hätte ihr kaum helfen können, das zu sehen oder es gar zu erfassen. Zuviel Arbeit mußte getan werden, bevor sie diese Faktoren anpacken konnte. In dieser Überlegung ist die ermutigende Aussicht enthalten, daß Ausfallerscheinungen sich oft mit der Zeit geben werden, wenn die Arbeit weitergeführt wird.

Fast das gleiche gilt für das Forschen in einer falschen Richtung. Ein Widerstand, der sich in dieser Form äußert, ist ebenfalls schwer zu entdecken und wird Zeitverlust verursachen. Aber sein Vorhandensein kann vermutet werden, wenn man nach einer Weile feststellt, daß kein Fortschritt erzielt worden ist oder daß man sich nur im Kreis bewegt, obwohl man an den betreffenden Problemen gearbeitet hat. Bei der Selbstanalyse ist es – wie in jeder Analyse – wichtig, sich nicht über den erzielten Fortschritt täuschen zu lassen. Eine solche Selbsttäuschung mag die Stimmung für eine Weile heben, aber sie verhindert ohne Zweifel die Entdeckung eines tiefsitzenden Widerstands. Diese Möglichkeit einer falschen Einordnung von Entdeckungen ist einer der Gründe, die eine gelegentliche Überprüfung bei einem Analytiker wünschenswert machen.

Die anderen Arten von Widerstand werden leichter wahrgenommen – mit gebührender Berücksichtigung der Tatsache, daß sie von gefährlicher Intensität sein können. Ein Mensch kann zweifellos seinen Widerstand, die Arbeit zu beginnen, bemerken, wenn die Situation wie oben geschildert ist. Im Assoziationsprozeß kann er gewahr werden, daß er kalkuliert, anstatt spontan zu denken; er kann bemerken, daß seine Gedanken abschweifen, und sich dann entweder rückblickend an ihre Reihenfolge erinnern oder zumindest den Punkt herausfinden, an dem sie abirren. Er kann zu Fehlschlüssen kommen, wenn er seine Notizen an einem anderen Tag durchgeht, wie es Clare in Zusammenhang mit ihren Hoffnungen auf Wunderhilfe tat. Er kann vermuten, daß etwas den Fortschritt blockiert, wenn er feststellt, daß seine

Entdeckungen mit auffallender Regelmäßigkeit überaus schmeichelhaft oder überaus wenig schmeichelhaft für ihn sind. Er kann sogar mutmaßen, eine Reaktion von Entmutigung sei eine Form des Widerstands, obgleich dies schwierig ist, wenn er sich in den Fängen eines solchen Gefühls befindet; hier sollte er die Entmutigung an sich als eine Reaktion auf die Analyse betrachten, anstatt sie für bare Münze zu nehmen.

Wenn er eine vorhandene Blockierung bemerkt, sollte er jedwede analytischen Arbeiten, mit denen er sich beschäftigt, aufgeben und den Widerstand als dringendstes zu behandelndes Problem nehmen. Es ist ebenso nutzlos, sich zu zwingen, weiter gegen den Widerstand anzugehen, wie es nutzlos wäre, um Freuds Veranschaulichung zu gebrauchen, wieder und wieder zu versuchen, eine Glühbirne einzuschalten, die nicht brennt; man muß herausfinden, wo der elektrische Strom unterbrochen ist, ob in der Birne, in der Fassung, in der Schnur oder im Schalter.

Die Methode, wie man einen Widerstand angeht, besteht darin, daß man versucht, zu ihm zu assoziieren. Aber bei allen während der analytischen Arbeit auftretenden Widerständen ist es hilfreich, vor dem Assoziieren die Notizen durchzusehen, die der Blockierung vorausgehen, da eine aussichtsreiche Chance existiert, daß der Schlüssel dafür in einem Problem liegt, das zumindest berührt wurde, und daß beim Überfliegen der Notizen der Ausgangspunkt ersichtlich werden kann. Und manchmal wird der Betreffende außerstande sein, einem Widerstand sofort nachzugehen: es kann ihm zu sehr widerstreben, oder er mag sich zu unsicher fühlen, es zu tun. Dann ist es ratsam, anstatt sich zu zwingen, lediglich eine Notiz zu machen, daß er sich an diesem oder jenem Punkt plötzlich unbehaglich oder müde fühlte, und die Arbeit am nächsten Tag wiederaufzunehmen, wenn er die Dinge vielleicht in neuem Licht sieht.

Wenn ich empfehle, er solle »zu einem Widerstand assoziieren«, so meine ich, daß er die besondere Blockierung in Betracht ziehen und seinen Gedanken in dieser Richtung freien Lauf lassen sollte. Wenn er so bemerkt hat, daß seine Deutungen, gleichgültig, welche Probleme betroffen sind, ihn immer als Sieger hervorgehen lassen, sollte er versuchen, diese Entdeckung als Ausgangspunkt für weitere Assoziationen zu nehmen. Ist er durch eine entmutigt worden, sollte er daran denken, daß diese

Faktoren berührt haben kann, die zu ändern er noch nicht imstande oder gewillt ist, und versuchen, unter Berücksichtigung dieser Möglichkeit zu assoziieren. Wenn seine Schwierigkeit darin liegt, mit der Analyse zu beginnen, obwohl er ein Bedürfnis nach Selbsterforschung verspürt, sollte er sich vergegenwärtigen, daß ein vorhergehender Teil der Analyse oder irgendein äußeres Ereignis eine Sperre ausgelöst haben können.

Diese von äußeren Faktoren hervorgerufenen Widerstände sind aus Gründen, die oben erwähnt wurden, bei der Selbstanalyse besonders häufig anzutreffen. Bei einem Menschen, der ein Opfer neurotischer Tendenzen ist – oder eigentlich fast bei jedem – ist es ziemlich wahrscheinlich, daß er sich durch ein spezielles Individuum oder durch das Leben im allgemeinen beleidigt oder unfair behandelt fühlt und seine gekränkte oder entrüstete Reaktion für bare Münze nimmt. In solchen Situationen erfordert es ein erhebliches Maß an Klarheit, zwischen einer echten und einer eingebildeten Kränkung zu unterscheiden. Und auch wenn sie echt ist, braucht sie nicht unbedingt solche Reaktionen auszulösen: wenn er selbst nicht anfällig ist für das, was andere ihm antun mögen, gibt es viele Kränkungen, auf die er eher mit Mitleid oder Mißbilligung für den Urheber, vielleicht auch mit offenem Kampf reagieren kann als mit Gekränktheit oder Groll. Es ist viel einfacher, lediglich ein Recht, wütend zu sein, zu empfinden, als genau zu untersuchen, welcher wunde Punkt in ihm selbst getroffen worden ist. Aber in seinem eigenen Interesse ist dies der Weg, den er verfolgen sollte, auch wenn kein Zweifel daran besteht, daß der andere grausam, unfair oder rücksichtslos gewesen ist.

Nehmen wir an, daß eine Ehefrau zutiefst erregt ist, als sie erfährt, daß ihr Mann eine vorübergehende Affäre mit einer anderen gehabt hat. Selbst Monate danach kann sie nicht darüber hinwegkommen, obwohl sie weiß, daß die Angelegenheit der Vergangenheit angehört, und obwohl der Ehemann alles tut, um wieder eine gute Beziehung herzustellen. Sie macht sich und ihn unglücklich und ergeht sich von Zeit zu Zeit in bitteren Vorwürfen gegen ihn. Es gibt eine Reihe von Gründen, die erklären könnten, warum sie auf diese Weise fühlt und handelt, ganz abgesehen von einer echten Gekränktheit über den Vertrauensbruch. Es kann ihren Stolz verletzt haben, daß der Ehemann jemand anders als ihr zugetan sein konnte. Es kann unerträglich für sie sein, daß der Ehemann ihrer Kontrolle und Herrschaft zu entgleiten vermochte. Die Episode kann eine Furcht, im Stich gelassen zu werden, ausgelöst haben, wie es bei einem Menschen wie Clare der Fall gewesen wäre. Sie mag aus Gründen, von denen sie nichts weiß, unzufrieden über die Ehe sein und diesen Eklat als Vorwand benutzen, all ihre verdrängten Ressentiments zu äußern, womit sie lediglich eine unbewußte Rachekampagne eröffnet. Sie kann sich zu einem anderen Mann hingezogen gefühlt haben und sich daran stoßen, daß ihr Mann sich eine Freiheit erlaubte, die sie sich nicht gegönnt hatte. Wenn sie solche Möglichkeiten untersuchte, könnte sie nicht nur die Situation erheblich verbessern, sondern auch eine viel klarere Erkenntnis über sich selbst erwerben. Beides ist jedoch unmöglich zu erreichen, solange sie lediglich auf ihrem Recht, wütend zu sein, besteht. Die Situation wäre im wesentlichen die gleiche, wenn sie ihre Wut verdrängt hätte, wobei es in diesem Fall allerdings sehr viel schwieriger wäre, ihren Widerstand gegen Selbsterforschung zu entdecken.

Eine Bemerkung über den Geist, wie man Widerstände angeht, mag am Platze sein. Wir sind leicht geneigt, uns über uns selbst zu ärgern, weil wir einen Widerstand haben, als zeige er eine störende Dummheit oder Starrsinn an. Eine solche Einstellung ist verständlich, denn es ist lästig oder sogar zum Verzweifeln, selbstgemachten Hindernissen auf unserem Weg zu einem Ziel zu begegnen, das wir in unserem eigensten Interesse ersehnen. Trotzdem liegt weder eine Berechtigung noch auch nur irgendein Sinn darin, wenn ein Mensch sich wegen seiner Widerstände beschimpft. Er ist nicht für die Entwicklung der dahinterstehenden Kräfte verantwortlich zu machen, und nebenbei haben ihm die neurotischen Tendenzen, die sie zu schützen versuchen, ein Mittel gegeben, mit dem Leben fertig zu werden, wenn alle anderen versagt haben. Es ist vernünftiger, wenn er die Gegenkräfte als gegebene Faktoren betrachtet. Ich bin fast zu sagen geneigt, daß er sie als einen Teil seiner selbst respektieren sollte – respektieren nicht in dem Sinn, sie zu billigen und sie gewähren zu lassen, sondern sie als organische Entwicklungen anzuerkennen. Eine solche Einstellung wird nicht nur ihm selbst mehr gerecht, sondern wird ihm auch eine viel bessere Grundlage für den Umgang mit Widerständen geben. Nähert er sich ihnen mit einer feindseligen Entschlossenheit, sie zu vernic' ten, wird er kaum die zu ihrem Verständnis erforderliche Geduld und Bereitschaft aufbringen.

Wenn Widerstände auf die Weise und in dem Geist, wie angedeutet, angepackt werden, besteht eine gute Chance, daß sie verstanden und überwunden werden können – vorausgesetzt, sie sind nicht stärker als der jeweilige konstruktive Wille. Diejenigen, die stärker sind, stellen Schwierigkeiten dar, die bestenfalls nur mit fachkundiger Hilfe überwunden werden können.

11. Kapitel

# Grenzen der Selbstanalyse

Der Unterschied zwischen Widerstand und Grenze ist nur graduell. Jeder Widerstand kann sich, wenn er stark genug ist, in eine tatsächliche Grenze verwandeln. Jeder Faktor, der den Antrieb eines Menschen, sich mit sich selbst auseinanderzusetzen, verringert oder lähmt, bildet eine mögliche Schranke für die Selbstanalyse. Ich sehe keinen anderen Weg, diese Faktoren darzustellen, als sie getrennt zu besprechen, obgleich sie keine getrennten Phänomene sind. So wird auf den folgenden Seiten derselbe Faktor manchmal von mehreren Gesichtspunkten aus behandelt.

Zunächst stellt ein tief verwurzeltes Gefühl von Resignation eine ernstliche Grenze für die Selbstanalyse dar. Ein Mensch kann so hoffnungslos sein, jemals seinen psychischen Verstrickungen zu entrinnen, daß er keinen Antrieb hat, mehr als einen halbherzigen Versuch zu unternehmen, seine Schwierigkeiten zu überwinden. Hoffnungslosigkeit ist bis zu einem gewissen Grad in jeder schweren Neurose vorhanden. Ob sie ein ernsthaftes Hindernis für die Therapie bildet, hängt von der Menge konstruktiver Kräfte ab, die noch wirksam oder noch zu reaktivieren sind. Solche konstruktiven Kräfte sind häufig vorhanden, auch wenn sie verlorengegangen zu sein scheinen. Manchmal jedoch ist ein Mensch in jungen Jahren so völlig zerbrochen oder in solch unlösbare Konflikte verstrickt worden, daß er Hoffnungen und Kampf seit langem aufgegeben hat.

Diese resignierte Einstellung kann gänzlich bewußt sein, wobei sie sich in einem immer gegenwärtigen Gefühl von Sinnlosigkeit, was das eigene Leben betrifft, äußert oder in einer mehr oder minder entwickelten Philosophie über die Sinnlosigkeit des Lebens im allgemeinen. Häufig wird sie durch einen Stolz bestärkt, zu den wenigen Menschen zu gehören, die sich dieser »Tatsache« nicht verschlossen haben. In manchen Menschen hat keine solche bewußte Ausarbeitung stattgefunden; sie sind lediglich passiv, ertragen das Leben auf eine stoische Weise und reagieren nicht mehr auf irgendeine Aussicht auf eine sinnvollere Existenz.

Eine solche Resignation kann sich auch hinter einem Gefühl von Gelangweiltsein durch das Leben verbergen, wie in Ibsens *Hedda Gabler*. Ihre Erwartungen sind äußerst dürftig. Das Leben sollte ab und zu amüsant sein, sollte etwas Spaß, Erregung oder Spannung bieten, aber sie erwartet nichts von positivem Wert. Diese Einstellung wird oft – wie bei Hedda Gabler – von einem tiefen Zynismus begleitet, dem Ergebnis eines Zweifels an irgendeinem Wert im Leben und an irgendeinem anzustrebenden Ziel. Aber eine tiefe Hoffnungslosigkeit kann auch in Menschen vorhanden sein, bei denen man es nicht vermuten würde, Menschen, die oberflächlich den Eindruck vermitteln, daß sie imstande seien, das Leben zu genießen. Sie können gute Gesellschafter sein, Freude am Essen, Trinken, an sexuellen Beziehungen haben. In der Jugend können sie vielversprechend gewesen sein, zu echten Interessen und echten Gefühlen fähig. Aber aus dem oder jenem Grund sind sie seicht geworden, haben ihren Ehrgeiz eingebüßt; ihr Interesse an der Arbeit ist oberflächlich geworden, ihre Beziehungen zu Menschen sind unverbindlich, leicht angeknüpft und leicht beendet. Kurz, auch sie haben aufgehört, nach einem sinnvollen Dasein zu streben, und sich statt dessen der Peripherie des Lebens zugewendet.

Eine ganze andere Art von Grenze wird der Selbstanalyse gesetzt, wenn eine neurotische Tendenz das ist, was wir, einigermaßen ungenau, zu erfolgreich nennen könnten. Eine Sucht nach Macht kann zum Beispiel in solchem Ausmaß befriedigt werden, daß der Betreffende über jeden Vorschlag einer Analyse spotten würde, auch wenn seine Zufriedenheit mit seinem Leben faktisch auf Treibsand gebaut ist. Dasselbe gilt, wenn ein Verlangen nach Abhängigkeit in einer Ehe erfüllt wird – einer Ehe zum Beispiel zwischen einem solchen Menschen und einem, der einen Drang zur Herrschsucht hat – oder darin, daß man sich einer Gruppe unterordnet. Ähnlich kann sich ein Mensch erfolgreich in einen Elfenbeinturm zurückziehen und sich relativ wohl fühlen, wenn er innerhalb dessen Grenzen bleibt.

Diese anscheinend erfolgreiche Behauptung einer neurotischen Tendenz wird durch eine Kombination von inneren und äußeren Voraussetzungen hervorgebracht. Was die ersteren betrifft, so muß eine neurotische Tendenz, die »Erfolg hat«, nicht in allzu heftigem Konflikt zu anderen Bedürfnissen stehen. Tatsächlich ist ein Mensch niemals gänzlich von nur einer zwanghaften Strebung erfüllt, wobei alles andere ausgelöscht ist: kein menschliches Wesen wird je zu einer stromlinienförmigen Maschine reduziert, die in eine Richtung fährt. Aber diese Konzentration kann fast erreicht werden. Und äußere Bedingungen müssen so beschaffen sein, daß sie eine solche Entwicklung zulassen. Die relative Bedeutung von äußeren und inneren Voraussetzungen variiert ungeheuer. In unserer Gesellschaft kann sich ein Mann, der finanziell unabhängig ist, mühelos in seinen Elfenbeinturm zurückziehen; aber ein minderbemittelter Mensch kann sich ebenfalls von der Welt zurückziehen, wenn er seine übrigen Bedürfnisse auf ein Minimum beschränkt. Ein Mensch ist in einer Umgebung aufgewachsen, die ihm die Entfaltung von Macht oder Ansehen erlaubt, ein anderer hingegen hat zwar mit nichts angefangen, macht sich aber äußere Umstände derart rücksichtslos zunutze, daß er am Ende dasselbe Ziel erreicht.

Doch gleichgültig, wie eine solche »erfolgreiche« Behauptung einer neurotischen Tendenz erreicht wird, das Ergebnis ist eine mehr oder minder vollständige Barriere gegen eine Entwicklung durch Analyse. Einmal ist die erfolgreiche Tendenz zu wertvoll geworden, um sie irgendwelchen Fragen auszusetzen. Und zum anderen würde das Ziel, das in der Analyse angestrebt wird – eine harmonische Entwicklung mit guten Beziehungen zu sich und anderen –, bei einem solchen Menschen keinen Anklang finden, weil die Kräfte, die auf den Appell reagieren könnten, zu geschwächt sind.

Eine dritte Grenze wird der analytischen Arbeit durch das Vorherrschen destruktiver Tendenzen gesetzt, ob sie primär andere oder das Ich betreffen. Es sollte betont werden, daß solche Tendenzen nicht unbedingt buchstäblich destruktiv sind, zum Beispiel im Sinne eines Selbstmordtriebes. Häufiger treten sie in Form von Feindseligkeit, Verachtung oder einer allgemein negierenden Einstellung auf. Diese destruktiven Impulse entstehen in jeder schweren Neurose. In größerem oder geringerem Maße sind sie die Ursache für jede neurotische Entwicklung und werden durch den Zusammenstoß starrer, egozentrischer Ansprüche und Illusionen mit der Außenwelt intensiviert. Jede schwere Neurose ist wie ein enganliegender Panzer, der den Menschen daran hindert, ein erfülltes, aktives Leben mit anderen zu führen. Das erzeugt notwendigerweise einen Groll auf das

Leben, ein tiefes Ressentiment, ausgeschlossen zu sein, das Nietzsche als »Lebensneid« bezeichnet hat. Aus vielen Gründen können Feindseligkeit und Verachtung in bezug auf das Ich ebenso wie auf andere so stark sein, daß es verlockend erscheint, sich dadurch zu rächen, daß man sich zerrütten läßt. »Nein« zu sagen auf alles, was das Leben zu bieten hat, bleibt als einzige Selbstbehauptung übrig. Ibsens Hedda Gabler, die bereits bei der Erörterung des Faktors der Resignation erwähnt wurde, bietet ein gutes Beispiel eines Menschen, in dem der gegen andere und gegen das Ich gerichtete Zerstörungstrieb eine vorherrschende Tendenz ist.

Wie hinderlich eine solche Tendenz für die Selbstentwicklung ist, hängt immer von dem Schweregrad ab. Wenn ein Mensch beispielsweise meint, ein Triumph über andere sei weitaus wichtiger, als etwas Konstruktives mit seinem eigenen Leben anzufangen, wird er wahrscheinlich nicht viel Nutzen aus der Analyse ziehen. Wenn Genuß, Glück und Zuneigung oder jede nahe Beziehung zu Menschen in seinen Augen zu Anzeichen für verächtliche Weichheit oder Mittelmäßigkeit geworden sind, kann es für ihn oder jeden anderen unmöglich sein, seinen Panzer von Härte zu durchdringen.

Eine vierte Grenze ist umfassender und schwieriger zu definieren, da sie den schwer faßbaren Begriff vom »Ich« betrifft. Was ich hier meine, wird vielleicht am besten durch William James' Begriff vom »wahren Ich« zum Unterschied vom materiellen und sozialen Ich bezeichnet. Mit einfachen Worten betrifft es das, was *ich* wirklich fühle, was *ich* wirklich möchte, was *ich* wirklich glaube, was *ich* wirklich entscheide. Es ist das lebendigste Zentrum des Seelenlebens oder sollte es sein. An eben dieses psychische Zentrum wird bei der analytischen Arbeit der Appell gerichtet. In jeder Neurose werden sein Spielraum und seine Lebendigkeit verringert, denn echte Selbstachtung, angeborene Würde, Initiative, die Fähigkeit, für das eigene Leben Verantwortung zu übernehmen, und ähnliche Faktoren, die für die Entwicklung des Ich verantwortlich sind, wurden fortlaufend demoliert. Außerdem haben die neurotischen Tendenzen selbst sich eines großen Teils seiner Energien bemächtigt, weil sie – um eine zuvor benutzte Analogie wiederaufzunehmen – einen Menschen zu einem ferngesteuerten Flugzeug machen.

In den meisten Fällen gibt es genügend Möglichkeiten, das

Ich wiederzuerlangen und zu entwickeln, obgleich die Stärke dieser Möglichkeiten zu Anfang schwer einzuschätzen ist. Hat aber das wahre Ich erheblichen Schaden genommen, so hat der Mensch seinen Schwerpunkt verloren und wird durch andere Kräfte gelenkt, von innen oder von außen. Er kann sich seiner Umgebung übermäßig anpassen und zum Automaten werden. Er kann seine einzige Existenzberechtigung darin finden, anderen zu nützen, und so gesellschaftlich verdienstvoll sein, obwohl das Fehlen jedes inneren Schwerpunktes seinen Nutzeffekt beeinträchtigen muß. Er kann jeden inneren Orientierungssinn verlieren und entweder ziellos dahintreiben oder völlig durch eine neurotische Tendenz gelenkt werden, wie bei der Erörterung »überaus erfolgreicher« neurotischer Tendenzen erwähnt. Seine Gefühle, Gedanken und Handlungen können nahezu ausschließlich durch ein aufgetriebenes Bild, das er von sich aufgebaut hat, bestimmt werden; er wird nicht mitfühlend sein, weil er es wirklich empfindet, sondern weil es ein Teil seines Image ist, mitfühlend zu sein; er wird spezielle »Freunde« oder »Interessen« haben, weil sein Image diese Freunde oder Interessen erfordert.

Eine letzte Grenze, die zu erwähnen ist, wird durch stark entwickelte sekundäre Abwehrmechanismen gesetzt. Wenn die gesamte Neurose durch starre Überzeugungen, alles sei richtig, gut oder unabänderlich, geschützt wird, kann es kaum einen Antrieb geben, etwas zu ändern.

Jeder, der darum kämpft, sich aus neurotischen Zwängen zu befreien, weiß oder spürt, daß einige dieser Faktoren in ihm selbst am Werk sind, und auf diejenigen, die mit der psychoanalytischen Therapie nicht vertraut sind, kann die Aufzählung dieser Grenzen eine abschreckende Wirkung haben. Man muß sich jedoch vor Augen halten, daß keiner dieser Faktoren in einem absoluten Sinne verhindernd ist. Es läßt sich entschieden und kategorisch behaupten, daß ohne Flugzeuge heutzutage keine Aussicht besteht, einen Krieg zu gewinnen. Aber es wäre unsinnig, rundweg zu erklären, daß ein Gefühl von Zwecklosigkeit oder ein unklares Ressentiment gegen Menschen jemanden abhalten würde, sich selbst zu analysieren. Seine Chancen für eine fruchtbare Selbstanalyse hängen weitgehend von der relativen Stärke des »ich kann« und »ich kann nicht« oder »ich will« und »ich will nicht« ab. Und das wiederum hängt von der Intensität jener Einstellungen ab, die eine selbständige Entwicklung gefährden. Es besteht eine großer Unterschied zwischen einem Menschen, der sich zwar nur treiben läßt und keinen Sinn im Leben findet, der aber trotzdem vage nach etwas sucht, und einem anderen, der wie Hedda Gabler mit einer bitteren, endgültigen Resignation dem Leben den Rücken gekehrt hat. Genauso existiert er zwischen einem Menschen, der sehr zynisch ist und jedes Ideal als reine Heuchelei abwertet, und einem anderen, der anscheinend ebenso zynisch ist, aber trotzdem eine eindeutige Achtung und Zuneigung für jeden empfindet, der echten Idealen gemäß lebt. Oder zwischen einem Menschen, der sich weitgehend reizbar und verächtlich zu anderen verhält, aber auf ihre Freundlichkeit reagiert, und einem, der, wie Hedda Gabler, Freund und Feind gegenüber gleichermaßen bösartig ist und sogar besonders dazu tendiert, diejenigen zu zerstören, die an Überreste von weicheren Gefühlen in ihm rühren.

Wenn die Barrieren für eine selbständige Entwicklung durch Analyse wirklich unüberwindlich sind, ist niemals ein Faktor allein dafür verantwortlich, sondern eine Verbindung von mehreren. Tiefe Hoffnungslosigkeit zum Beispiel bildet nur dann ein absolutes Hindernis, wenn sie mit einer verstärkenden Tendenz zusammengeht, einem Panzer von Selbstgerechtigkeit vielleicht oder einer totalen Zerstörungswut; vollständige Selbstentfremdung kann nicht verhindernd wirken, wenn nicht zugleich eine derart verstärkende Tendenz wie eine festsitzende Abhängigkeit vorhanden ist. Mit anderen Worten existieren echte Grenzen nur bei schweren und komplizierten Neurosen, und selbst da können noch konstruktive Kräfte lebendig sein, wenn man sie nur findet und nutzen kann.

Es gibt verschiedene Arten, auf die hindernde psychische Kräfte wie die oben besprochenen ein Bemühen um Selbstanalyse beeinträchtigen können, wenn sie nicht von solch unwiderstehlicher Stärke sind, daß sie das Bestreben gänzlich unterbinden. Einmal können sie die gesamte Analyse unmerklich zunichte machen, indem sie bewirken, daß sie in einem nur teilweise aufrichtigen Geist durchgeführt wird. In diesen Fällen bestehen die einseitigen Gewichte und die Ausfallerscheinungen, die ziemlich weite Bereiche betreffen und die zu Beginn jeder Analyse vorhanden sind, während der ganzen Arbeit weiter, anstatt allmählich in Ausmaß und Intensität abzunehmen. Faktoren, die außerhalb dieser Bezirke liegen, kann man direkt ins Auge sehen. Da aber kein Bereich im Ich von anderen isoliert ist und folglich nicht wirklich verstanden werden kann, ohne mit der gesamten Struktur in Zusammenhang gebracht zu werden, bleiben selbst die Faktoren, die gesehen werden, auf der Ebene oberflächlicher Einsichten.

Rousseaus *Confessions*, wenngleich nur entfernt verwandt mit Analyse, mögen als Beispiel für diese Möglichkeit dienen. Hier ist ein Mann, der offenbar ein ehrliches Bild von sich geben möchte und dies auch in bescheidenem Umfang tut. Aber durch das ganze Buch hindurch behält er Ausfallerscheinungen bei, die seine Eitelkeit und seine Liebesunfähigkeit betreffen – um nur zwei hervorstechende Faktoren zu erwähnen – und die so eklatant sind, daß sie uns heute grotesk anmuten. Er äußert sich offen über das, was er von anderen erwartet und akzeptiert, aber er interpretiert die daraus resultierende Abhängigkeit als »Liebe«. Er erkennt seine Verwundbarkeit, bringt sie jedoch mit seinem »fühlenden Herzen« in Zusammenhang. Er gibt seine Animositäten zu, aber sie stellen sich immer als gerechtfertigt heraus. Er sieht seine Fehlschläge, doch stets sind andere dafür verantwortlich.

Natürlich sind Rousseaus Bekenntnisse keine Selbstanalyse. Doch als ich das Buch in den letzten Jahren noch einmal las, wurde ich oft an Freunde und Patienten erinnert, deren analytische Bestrebungen nicht allzu unterschiedlich waren. Das Buch verdient in der Tat ein sorgfältiges, kritisches Studium. Ein Bemühen um Selbstanalyse, wenn auch differenzierter, kann leicht ein ähnliches Schicksal erleben. Ein Mensch, der mit größerem psychologischem Wissen ausgerüstet ist, könnte nur subtiler in seinen Versuchen sein, seine Handlungen und Motivationen zu rechtfertigen und zu beschönigen.

Es gibt jedoch einen Punkt, in dem Rousseau ehrlich ist: seine sexuellen Eigentümlichkeiten. Diese Offenheit muß fraglos gewürdigt werden. Aber seine Freimütigkeit in sexuellen Dingen trägt dazu bei, ihn vor der Erkenntnis zu bewahren, wie wenig er sich tatsächlich seinen anderen Problemen stellt. Auch in dieser Hinsicht ist die Lektion, die wir immer noch von Rousseau lernen können, erwähnenswert. Da die Sexualität ein wichtiger Bereich in unserem Leben ist, kommt es wesentlich darauf an, ihr gegenüber ebenso schonungslos ehrlich zu sein wie gegenüber allem anderen. Aber die einseitige Betonung, die Freud auf sexuelle Faktoren gelegt hat, kann viele Menschen dazu verleiten, sie vor anderen herauszuheben, wie es Rousseau tat. In sexuellen Fragen aufrichtig zu sein ist notwendig; Ehrlichkeit nur bei ihnen aber reicht nicht aus.

Eine weitere einseitige Betonung ist es, wenn die beharrliche Tendenz besteht, eine besondere gegenwärtige Schwierigkeit als statische Wiederholung eines speziellen Kindheitserlebnisses zu betrachten. Wenn ein Mensch sich selbst verstehen möchte, ist es ohne jeden Zweifel wichtig, daß er die Kräfte begreift, die bei seiner Entwicklung mitgewirkt haben, und es gehört zu Freuds vorrangigen Entdeckungen, den Einfluß erkannt zu haben, den Kindheitserfahrungen auf die Persönlichkeitsbildung ausüben. Aber es ist immer die Gesamtsumme all unserer frühen Erlebnisse, die dazu beigetragen hat, die heutige Struktur zu formen. Und daher ist es sinnlos, isolierte Zusammenhänge zwischen einer bestimmten gegenwärtigen Störung und einem bestimmten Einfluß in der Kindheit aufzudecken. Derzeitige Eigenheiten können nur als ein Ausdruck des gesamten wechselseitigen Spiels der Kräfte verstanden werden, die in der heutigen Persönlichkeit wirksam sind. Zum Beispiel hatte die eigentümliche Entwicklung, die in Clares Beziehung zu ihrer Mutter stattfand, einen eindeutigen Einfluß auf ihre Abhängigkeit von Männern. Hätte aber Clare nur die Ähnlichkeiten zwischen der alten und der neuen Struktur gesehen, so hätte sie die wesentlichen Triebkräfte nicht erkannt, die sie zwangen, die Struktur fortbestehen zu lassen. Sie hätte sehen können, daß sie sich Peter unterordnete, wie sie es bei der Mutter getan hatte; daß sie mit Peter Heldenverehrung betrieb, wie sie die Mutter angebetet hatte; daß sie von ihm erwartete, sie zu beschützen und ihr in der Not beizustehen, wie sie von der Mutter Hilfe erwartet hatte; daß sie die Zurückweisung durch Peter übelnahm, wie sie die Benachteiligung durch die Mutter verübelt hatte. Durch die Erkenntnis dieser Zusammenhänge hätte sie einfach dadurch, daß sie das Wirken einer neurotischen Struktur erkannte, eine gewisse Distanz zu ihrem aktuellen Problem gewinnen können. Tatsächlich aber klammerte sie sich an Peter, nicht weil er ein Mutterbild darstellte, sondern weil sie durch ihre neurotische Bescheidenheit, durch ihre verdrängte Arroganz und ihren Ehrgeiz ihre Selbstachtung und nahezu ihre Identität verloren hatte; so war sie ängstlich, gehemmt, wehrlos, isoliert und aus diesen Gründen gezwungen, Schutz und Wiederherstellung ihres Ich auf Wegen zu suchen, die zum Scheitern verurteilt waren und sie nur noch tiefer in dem Netz ihrer Hemmungen und Ängste verstrickten. Allein dadurch, daß sie sich über diese Triebkräfte klarwurde, konnte sie sich schließlich von den Nachwirkungen einer unglücklichen Kindheit befreien.

Noch eine weitere einseitige Betonung liegt in einer Tendenz, stets von den »schlechten« Seiten zu reden oder von dem, was als solche angesehen wird. Bekennen und Verurteilen kann dann an die Stelle des Verständnisses treten. Das geschieht teilweise in einem Geist feindseliger Selbstanklage, aber auch mit dem geheimen Glauben, daß Bekenntnis allein genüge, eine Belohnung zu ernten.

Diese Ausfallerscheinungen und einseitigen Betonungen sind natürlich in jedem Bemühen um Selbstanalyse zu finden, ob die zuvor besprochenen Grenzen nun vorhanden sind oder nicht. In gewissem Grade können sie aus falschen Vorurteilen über die Psychoanalyse resultieren. In diesem Fall lassen sie sich korrigieren, wenn der Betreffende ein abgewogeneres Verständnis für psychische Prozesse erlangt. Aber der Punkt, den ich hier unterstreichen möchte, ist der, daß sie auch lediglich ein Mittel, den Kernproblemen auszuweichen, darstellen können. In diesem Fall sind sie letztlich durch Widerstände gegen Weiterentwicklung verursacht, und wenn diese stark genug sind – wenn sie auf das hinauslaufen, was ich als Grenzen bezeichnet habe –, können sie ein eindeutiges Hindernis für den Erfolg der Analyse bilden.

Die oben erwähnten hemmenden Kräfte können die Selbstanalyse auch dadurch vereiteln, daß sie eine vorzeitige Beendigung der Bemühungen bewirken. Ich beziehe mich hier auf Fälle, in denen die Analyse bis zu einem bestimmten Punkt Fortschritte macht, in gewissem Grade hilfreich ist, aber über diesen Punkt nicht hinausgeht, weil der Betreffende sich nicht mit den Faktoren in sich auseinandersetzen will, die seine weitere Entwicklung verhindern. Das kann geschehen, nachdem er die störendsten Faktoren überwunden hat und kein dringendes Bedürfnis mehr empfindet, an sich zu arbeiten, auch wenn viele diffuse Behinderungen geblieben sind. Die Versuchung, auf diese Weise nachzulassen, ist besonders groß, wenn das Leben glatt verläuft und keine besondere Herausforderung bietet. Natürlich sind wir alle in solchen Situationen weniger erpicht auf vollständige Selbsterkenntnis. Und es ist letztlich eine Frage unserer persönlichen Lebensanschauung, wie hoch wir eine konstruktive Unzufriedenheit mit uns selbst bewerten, die uns zu weiterer Entwicklung und Entfaltung treibt. Wünschenswert ist jedoch, daß wir uns klar darüber sind oder werden, welches genau unsere Wertorientierungen sind, und entsprechend handeln. Es würde einen wesentlichen Mangel an Aufrichtigkeit uns gegenüber bedeuten, wenn wir bei einem bewußten Festhalten am Ideal der Entwicklung in Wirklichkeit unsere Bemühungen, ihm zu entsprechen, aufgäben oder sie sogar durch blasierte Selbstzufriedenheit ersticken ließen.

Jemand kann jedoch seine Bemühungen um Selbstanalyse aus einem völlig entgegengesetzten Grund abbrechen: er ist zu verschiedenen relevanten Einsichten in seine Schwierigkeiten gelangt, aber nichts ändert sich, und er wird durch fehlende greifbare Ergebnisse entmutigt. Tatsächlich stellt, wie erwähnt, die Entmutigung an sich ein Problem dar und sollte als solches angepackt werden. Aber wenn sie aus schweren neurotischen Verstrickungen herrührt – zum Beispiel aus der zuvor geschilderten Einstellung hoffnungsloser Resignation –, kann der Betreffende unfähig sein, allein damit fertig zu werden. Das bedeutet nicht, daß seine Bemühungen bis zu diesem Punkt zwecklos gewesen sind. Sehr häufig ist es ihm – trotz der Grenzen, die dem von ihm Erreichbaren gesetzt sind – gelungen, das eine oder andere sichtbare Symptom seiner neurotischen Schwierigkeiten loszuwerden.

Innewohnende Grenzen können noch auf andere Weise eine vorzeitige Beendigung der Selbstanlyse bewirken: der Betreffende kann zu einer Art von Scheinlösung gelangen, indem er sein Leben so einrichtet, daß es zu seiner verbliebenen Neurose paßt. Das Leben selbst kann behilflich sein, solche Lösungen zustande zu bringen. Er kann in eine Situation gestürzt werden, die ein Betätigungsfeld für einen Machttrieb liefert oder ein Leben in Verborgenheit und Unterordnung gestattet, in dem er sich nicht zu behaupten braucht. Er kann die Gelegenheit zu einer Heirat ergreifen, um seinen Drang nach Abhängigkeit zu befriedigen. Oder er kann mehr oder minder bewußt einsehen, daß seine Schwierigkeiten in menschlichen Beziehungen – von denen er einige erkannt und begriffen hat – eine zu starke Belastung seiner Energien darstellen und daß die einzige Möglichkeit, ein friedliches Leben zu führen oder seine schöpferischen Fähigkeiten zu retten, darin besteht, sich von anderen zurückzuziehen; er kann dann sein Bedürfnis nach Menschen und materiellen Dingen auf ein Minimum beschränken und unter diesen Bedingungen imstande sein, sich ein erträgliches Dasein zu gestalten. Diese Lösungen sind natürlich nicht ideal, aber ein seelisches Gleichgewicht kann auf einem besseren Niveau als zuvor erlangt werden. Und in manchen Fällen von sehr schweren Verstrickungen können solche Scheinlösungen das Äußerste sein, was zu erreichen ist.

Im Prinzip sind diese Grenzen für konstruktive Arbeit bei der fachlichen Analyse ebenso vorhanden wie bei der Selbstanalyse. Faktisch wird, wie zuvor dargelegt, der Gedanke an Analyse überhaupt abgelehnt werden, sofern die behindernden Kräfte stark genug sind. Und selbst wenn er nicht zurückgewiesen wird – falls der Betreffende so sehr unter dem Druck seiner Unzulänglichkeit leidet, daß er eine analytische Behandlung wagt –, ist der Analytiker kein Zauberer, der Kräfte heraufbeschwören kann, die vollständig unterdrückt sind. Es besteht jedoch kein Zweifel, daß die Grenzen für die Selbstanalyse insgesamt erheblich größer sind. In vielen Fällen kann ein Analytiker konstruktive Kräfte dadurch freisetzen, daß er dem Patienten konkrete Probleme aufzeigt, die einer Lösung zugänglich sind, während der Patient, wenn er allein arbeiten und sich in unsichtbaren und anscheinend unlösbaren Verstrickungen blindlings gefangen fühlen würde, unmöglich genügend Mut fassen könnte, um sich mit seinen Problemen auseinanderzusetzen. Zudem kann sich die relative Stärke der verschiedenen seelischen Kräfte in dem Patienten während der Behandlung verändern, da keine dieser Kräfte eine konstante Größe bildet. Jeder Schritt, der ihn näher an sein wahres Ich und an andere heranführt, macht ihn weniger hoffnungslos und weniger isoliert und trägt dadurch zu seinem aktiven Interesse am Leben bei, was auch sein Interesse an seiner eigenen Entwicklung einschließt. Daher können sogar Patienten, die mit heftigen neurotischen Schwierigkeiten anfingen, nach einer Zeit gemeinsamer Arbeit mit einem Analytiker in manchen Fällen imstande sein, wenn nötig, allein weiterzumachen.

Obwohl der Vergleich mit der Analyse im ganzen zu deren Gunsten ausfällt, sobald es um komplizierte und weitreichende Verstrickungen geht, gibt es doch gewisse Vorbehalte, an die man sich erinnern sollte. Es ist nicht ganz fair, die Selbstanalyse und ihre unvermeidlichen Mängel mit einer idealen analytischen Behandlung zu vergleichen. Ich kenne mehrere Menschen, die durch die Behandlung kaum berührt wurden, sich aber danach allein mit recht ernsten Problemen erfolgreich auseinandersetzten. Wir sollten in beiden Richtungen vorsichtig sein und das, was ohne fachmännische Hilfe getan werden kann, weder unter- noch überschätzen.

Dies bringt uns auf eine Frage zurück, die im Hinblick auf die spezifischen Bedingungen, unter denen ein Mensch sich selbst analysieren kann, zu Anfang gestellt wurde. Wenn er bereits einige analytische Behandlung gehabt hat und wenn die Umstände günstig sind, so glaube ich, wie ich durch das ganze Buch betont habe, daß er allein weitermachen und dabei hoffen kann, weitreichende Ergebnisse zu erzielen. Das Beispiel von Clare – und auch andere, hier nicht geschilderte Fälle – zeigt deutlich, daß es mit vorangegangener Erfahrung möglich ist, allein selbst mit schweren und komplizierten Problemen fertig zu werden. Die Hoffnung erscheint berechtigt, daß beide, Analytiker wie Patienten, dieser Möglichkeit mehr gewahr werden und daß man mehr Versuche dieser Art machen wird. Man darf ferner hoffen, daß Analytiker allmählich Kriterien sammeln, die es ihnen ermöglichen zu beurteilen, wann sie den Patienten billigerweise ermutigen können, eine Arbeit selbständig fortzusetzen.

In diesem Zusammenhang gibt es eine Überlegung, die ich hervorheben möchte, obwohl sie sich nicht direkt auf Selbstanalyse bezieht. Wenn der Analytiker dem Patienten gegenüber keine autoritäre Haltung einnimmt, sondern von Anfang an klarmacht, daß es sich um ein kooperatives Vorhaben handelt, wobei beide, Analytiker wie Patient, aktiv auf dasselbe Ziel hinarbeiten, wird der Patient imstande sein, seine eigenen Fähigkeiten in viel höherem Maße zu entwickeln. Er wird das lähmende Gefühl verlieren, daß er mehr oder weniger hilflos ist und daß der Analytiker die alleinige Verantwortung tragen muß, und lernen, mit Inititative und Wendigkeit zu reagieren. Allgemein gesagt, hat sich die psychoanalytische Behandlung folgendermaßen entwickelt: von einer Situation, in der Patient und Analytiker relativ passiv sind, zu einer, in der der Analytiker aktiver ist, und schließlich zu einer, in der beide Beteiligten eine aktive Rolle übernehmen. Wo dieser Geist vorherrscht, kann in kürzerer Zeit mehr erreicht werden. Daß ich diese Tatsache hier erwähne, geschieht nicht, um auf die Möglichkeiten, die analytische Behandlung abzukürzen, aufmerksam zu machen, obwohl das wünschenswert und wichtig ist, sondern um darauf hinzuweisen, wie eine solche kooperative Einstellung zu den Entwicklungschancen der Selbstanalyse beitragen kann.

Schwieriger ist es, denjenigen ohne vorausgegangene analytische Erfahrung eine eindeutige Antwort, die Möglichkeit der Selbstanalyse betreffend, zu geben. Hier hängt viel, wenn nicht alles, von der Schwere der neurotischen Störung ab. In meinen Augen besteht kein Zweifel, daß schwere Neurosen in die Hände von Fachleuten gehören: jeder, der an ernstlichen Störungen leidet, sollte einen Experten konsultieren, bevor er mit Selbstanalyse beginnt. Aber wenn man die Möglichkeiten der Selbstanalyse erwägt, ist es ein Fehler, primär an schwere Neurosen zu denken. Zweifellos sind sie den leichteren Neurosen gegenüber weit in der Minderzahl, und die verschiedenen neurotischen Störungen werden in erster Linie durch die Schwierigkeiten einer besonderen Situation verursacht. Menschen, die an diesen leichteren Störungen leiden, kommen Analytikern selten unter, aber ihre Schwierigkeiten sollten nicht leichtgenommen werden. Ihre Beschwerden verursachen nicht nur Leiden und Belastungen, sondern haben auch eine Vergeudung wertvoller Energien zur Folge, denn der Betreffende wird daran gehindert, seine menschlichen Fähigkeiten bestmöglich zu entwickeln.

Ich meine, daß im Hinblick auf diese Schwierigkeiten die Erfahrungen, wie sie in dem Kapitel über gelegentliche Selbstanalyse berichtet werden, ermutigend sind. In mehreren dort geschilderten Fällen hatten die Betreffenden, wenn überhaupt, wenig Erfahrung mit analytischer Behandlung. Natürlich gingen sie in ihren Bemühungen um Selbsterforschung nicht weit genug. Aber es scheint keinen vernünftigen Grund zu geben, nicht zu glauben, daß mit einer weiterverbreiteten allgemeinen Kenntnis über die Natur neurotischer Störungen und die Wege, sie anzupacken, Versuche dieser Art weitergeführt werden können – immer vorausgesetzt, die Schwere der Neurose verbietet es nicht. Die Persönlichkeitsstruktur ist bei leichteren neurotischen Verstrickungen so viel weniger starr als bei schweren, daß selbst Versuche, die nicht sehr weit geführt werden, beträchtlich helfen können. Bei schweren Neurosen ist oft eine große Menge analytischer Arbeit erforderlich, bevor irgendeine befreiende Wirkung erzielt wird. Bei leichteren Störungen kann sogar ein einziges Aufdecken eines unbewußten Konflikts der Wendepunkt zu einer freieren Entwicklung sein.

Aber selbst wenn wir annehmen, daß sich eine beachtliche Anzahl von Menschen nutzbringend selbst analysieren kann, werden sie die Arbeit je vollenden? Werden nicht immer Probleme übrigbleiben, die nicht gelöst oder nicht einmal berührt wurden? Meine Antwort lautet, daß es so etwas wie eine vollständige Analyse nicht gibt. Und diese Antwort erfolgt nicht in einem Geist der Resignation. Fraglos, je größer der Grad von Transparenz ist und je mehr Freiheit wir erreichen können, desto besser für uns. Aber die Vorstellung von einem vollendeten menschlichen Werk erscheint nicht nur vermessen, sondern entbehrt meiner Meinung nach sogar jedes starken Anreizes. Das Leben ist Kampf und Streben, Entwicklung und Wachstum – und die Analyse ist eines der Mittel die bei diesem Prozeß helfen können. Zweifellos sind ihre positiven Leistungen wichtig, aber auch das Streben selbst ist von spezifischem Wert. Wie Goethe im *Faust* gesagt hat:

> Wer immer strebend sich bemüht,
> den können wir erlösen.

# NAMEN- UND SACHREGISTER

# Inhalt

# KINDLER TASCHENBÜCHER
# GEIST UND PSYCHE

| | | |
|---|---|---|
| (2001)** | Anna Freud | Das Ich und die Abwehrmechanismen |
| (2002)* | Karen Horney | Der neurotische Mensch unserer Zeit |
| (2004)* | Viktor von Weizsäcker | Natur und Geist |
| (2005)** | Erich Neumann | Tiefenpsychologie und neue Ethik |
| (2010)** | C. G. Jung | Welt der Psyche |
| (2019)**** | Albert Görres | Methode und Erfahrungen der Psychoanalyse |
| (2030)* | Hans Driesch | Parapsychologie |
| (2032)* | August Mayer | Reifungsprobleme im Leben der Frau |
| (2034)** | Fritz Stirnimann | Psychologie des neugeborenen Kindes |
| (2040)*** | Georg Groddeck | Das Buch vom Es |
| (2044)* | Hermann Rorschach | Ausgewählte Aufsätze |
| (2046)** | Alexis Carrel | Betrachtungen zur Lebensführung |
| (2048)** | Oscar Forel | Einklang der Geschlechter |
| (2050)* | Alphonse Maeder | Der Psychotherapeut als Partner |
| (2052)* | Eduard Schweingruber | Der sensible Mensch |
| (2053)* | Hans Driesch | Alltagsrätsel des Seelenlebens |
| (2054)* | Franziska Baumgarten | Demokratie und Charakter |
| (2057)** | Erich Stern | Der Mensch in der zweiten Lebenshälfte |
| (2059)* | Wolfgang Wilhelm | Bewußte Lebensführung |
| (2060)** | Michael Fordham | Vom Seelenleben des Kindes |
| (2062)** | Alphonse Maeder | Selbsterhaltung und Selbstheilung |
| (2064)* | Heinz Artur Strauß | Psychologie und astrologische Symbolik |
| (2065)*** | Rudolf Gelpke | Drogen und Seelenerweiterung |
| (2069)** | Michael und Enid Balint | Psychotherapeutische Techniken in der Medizin |
| (2072)** | Wilhelm Bitter | Die Angstneurose |
| (2074)** | J. H. Schultz | Grundfragen der Neurosenlehre |
| (2076)* | Hoimar von Ditfurth | Die endogene Depression |
| (2077)* | Leonard J. Friedman | Virginität in der Ehe |
| (2078)*** | Herbert Lippert | Einführung in die Pharmakopsychologie |
| (2079)***** | Parin/Morgenthaler Parin-Matthey | Die Weißen denken zuviel |
| (2080)** | Medard Boss | Sinn und Gehalt der sexuellen Perversion |
| (2082)**** | Jean-Hyppolyte Michon | System der Graphologie |
| (2083)**** | Hans Giese | Der homosexuelle Mann in der Welt |
| (2084)* | Heinz-Rolf Lückert | Der Mensch – das konfliktträchtige Wesen |

7–1–10–3–4